普通高等学校体育专业教材

体育赞助

（第二版）

主　编　杨晓生　程绍同　沈佳
副主编　张永忠

高等教育出版社·北京

内容提要

本书为体育经济与管理系列教材之一,在《体育赞助导论》的基础上结合国内外体育赞助市场的发展,对教材体系进行了系统、全面的修订。在全面依法治国背景下,补充了体育赞助市场规制与纠纷解决的内容,结合体育商业化和品牌国际化的趋势,运用大量体育赞助的案例,为广大赞助调研人员和学生提供了具有实践指导意义的体育赞助理论知识和实用技能。全书共9章,主要内容包括:体育赞助概述、体育赞助的理论基础、体育赞助的效益、体育赞助的激活策略、体育赞助活动的实施、企业赞助体育的运作、体育赞助策划书的撰写、体育赞助评估、体育赞助的法律问题。本书可作为高等学校体育经济管理专业、社会体育指导与管理专业、休闲体育专业、体育教育专业的教材,也可作为体育赞助市场调研人员的参考书。

图书在版编目(CIP)数据

体育赞助 / 杨晓生,程绍同,沈佳主编. -- 2 版. -- 北京:高等教育出版社,2017.12(2020.8重印)
ISBN 978-7-04-048744-2

Ⅰ. ①体⋯ Ⅱ. ①杨⋯ ②程⋯ ③沈⋯ Ⅲ. ①体育-赞助-高等学校-教材 Ⅳ. ①G80-05

中国版本图书馆 CIP 数据核字(2017)第 259686 号

| 策划编辑 | 范 峰 | 责任编辑 | 廖倩雯 | 封面设计 | 张 楠 | 版式设计 | 于 婕 |
| 插图绘制 | 杜晓丹 | 责任校对 | 刘娟娟 | 责任印制 | 尤 静 | | |

出版发行	高等教育出版社	网 址	http://www.hep.edu.cn
社 址	北京市西城区德外大街4号		http://www.hep.com.cn
邮政编码	100120	网上订购	http://www.hepmall.com.cn
印 刷	涿州市京南印刷厂		http://www.hepmall.com
开 本	787mm×960mm 1/16		http://www.hepmall.cn
印 张	16.25	版 次	2004年7月第1版
字 数	250千字		2017年12月第2版
购书热线	010-58581118	印 次	2020年8月第2次印刷
咨询电话	400-810-0598	定 价	29.80元

本书如有缺页、倒页、脱页等质量问题,请到所购图书销售部门联系调换
版权所有 侵权必究
物 料 号 48744-00

普通高等学校体育经济与管理专业系列教材编委会

主　　　任：戴　健

执 行 主 任：曹可强　范　峰

编委会成员：（按姓氏笔画为序）

代方梅　刘　勇　张　林　肖林鹏　李　节　李　海

沈　佳　陈　琦　杨晓生　杨升平　郑　芳　凌　平

席玉宝　徐　佶　曹可强　谢　英　程绍同　靳厚忠

序

　　党的十八大以来，以习近平总书记为核心的党中央高度重视体育工作，并对我国体育事业寄予厚望，要求从全面建成小康社会、实现中华民族伟大复兴的中国梦的战略高度重视发展体育事业，进一步明确了从体育大国向体育强国迈进的目标，并提出了"健康中国"建设的重大战略，体育领域的综合改革正全面深入展开，体育事业发展面临着前所未有的战略机遇。随着国务院《关于加快发展体育产业促进体育消费的若干意见》和国务院办公厅《关于加快发展健身休闲产业的指导意见》的发布，我国体育产业步入了快速发展的轨道，对既懂经营又懂管理的体育产业专门人才提出了很大的需求。社会和市场的需要，不仅为体育经济与管理专业人才培养提供了广阔的发展空间，也对人才培养规格提出了新的更高的要求。

　　为了培养从事于体育产业开发、经营与管理等方面的专门人才，自1995年以来，一些高等院校相继设置了体育产业经营管理类专业。为了加强体育产业经营管理类专业建设，中国体育科学学会体育产业分会于2006年6月在上海体育学院召开了首届体育产业经营管理学科建设研讨会，共同探讨专业建设与人才培养。此后，还专门成立了"体育产业分会学科建设委员会"，以团结全国相关高等院校、研究机构和社会组织，加强体育产业分会的学科建设，促进相关专业的发展，肩负起培养我国体育产业合格人才的重任。

　　2012年10月，为适应国家和区域经济社会发展需要，建立动态调整机制，不断优化学科专业结构，教育部在对1998年印发的普通高等学校本科专业目录和1999年印发的专业设置规定进行修订的基础上，发布了新的《普通高等学校本科专业目录》，首次在管理学学科门类的工商管理类下特设了体育经济与管理专业。至此，多年来，一些高等学校为适应我国体育产业快速发展，着力培养体育产业经营管理人才而设置的诸如体育产业经营管理、体育市场营销等目录外专业，终于有了自己统一的专业名称，全国体育经济与管理专业的办学院校也已经达到了40余所。完善体育经济与管理专业的课程体系、更新课程内容和教材内容成为教学的迫切需要。为此，亟待需要编写一套顺应我国体育产业发展大势、适应社会需要的体育经济与管理专业教材，以满足我国体育产业快速发展对体育经济与管理人才的需求。

2016年7月，中国体育科学学会体育产业分会与高等教育出版社密切合作，在上海体育学院举行的第八届全国体育产业经营管理学科建设研讨会上，正式启动了体育经济与管理专业教材编写工作，确定了首批9本教材，包括：体育产业概论、体育产业经营管理、体育产业经济学、体育产业创新创业教育、体育市场调查、体育赞助（第二版）、体育活动策划与运作、休闲体育概论、体育产业投融资实务。会上，各位专家就每本教材的编写思路、编写提纲和主要内容进行了审阅，提出了修改与完善建议。首批系列教材于2017年7月陆续出版，供各高等院校使用。

本套系列教材突出地体现了以下特点：① 以社会需求为导向，紧紧围绕本专业的人才培养目标顶层设计各本教材内容，力避各本教材内容之间可能的重复；② 系列教材全面涵盖体育产业发展的各领域，融入体育产业发展的最新研究成果；③ 注重知识体系与实践技能体系的相互融合，增加了案例分析和二维码案例，突出本专业的应用性特点。

多年来，办学院校的同仁们忠诚党的教育事业，以高度负责的精神，为办好体育经济与管理专业、为提高人才培养质量做了大量开拓创新的工作。本套系列教材的策划、编写和出版发行过程，不仅凝聚了广大体育经济与管理专业人士的辛勤劳动和智慧，更得到高等教育出版社体育分社范峰社长的大力支持。同时，对所有关心、支持本套教材顺利出版发行的专家、学者表示衷心的感谢！

戴　健

2017年3月

编 写 说 明

随着全球化的发展和休闲时代的来临，人们的生活方式发生了根本性的变化。体育正以其大众化、社会化和休闲化的发展趋势，影响并改变着人们的生活观念和行为。"健康中国"背景下全民健身热潮的兴起，体育赛事及体育服务市场的繁荣，为体育产业的发展创造了良好的条件，体育产业的价值及地位也日益凸显。

作为体育产业发展过程的助燃剂、催化剂，体育赞助一直备受关注。2004年，《体育赞助导论》这本教材在高等教育出版社出版。经过十几年的发展，体育赞助领域在观念和科学技术的推动下已今非昔比。此次修订，书稿新增加了在全面依法治国背景下，体育赞助的市场规制与纠纷解决的内容，也结合了体育商业化和品牌国际化的趋势，运用了大量体育赞助的案例，更充分地体现了体育赞助的实践属性。

本书由杨晓生（华南师范大学）、程绍同（台湾师范大学）和沈佳（上海体育学院）担任主编，张永忠担任副主编。编写组成员中既有体育学领域的学者，也有法学领域的专家；既有长期从事体育赞助理论教学和研究的学者，也有拥有丰富赞助实践运作经验的业界人士。各章节编写的具体分工如下：第一章，冯晓丽；第二章，杨晓生和庹权；第三章、第四章，程绍同；第五章，陈阳；第六章，沈佳；第七章，潘喜梅；第八章，付群；第九章，张永忠。全书最后由杨晓生、沈佳统稿。在本书的撰写过程中，李海龙同志协助主编做了大量工作。

本书在编写过程中，参考了国内外大量的相关文献，在此对所有原作者一并致谢。

限于编写人员的知识水平和经验，本书的不足之处在所难免，敬请广大读者批评指正。

杨晓生

2017年8月于羊城

目　　录

第一章　体育赞助概述……………………………………………………… 1
 第一节　体育赞助的起源与定义 ………………………………………… 3
 第二节　体育赞助的形成与发展 ………………………………………… 6
 第三节　体育赞助未来的发展趋势 ……………………………………… 32

第二章　体育赞助的理论基础 ……………………………………………… 41
 第一节　体育赞助的价值体现 …………………………………………… 43
 第二节　体育赞助的核心——双赢 ……………………………………… 47
 第三节　体育赞助的管理 ………………………………………………… 50
 第四节　体育赞助的层级 ………………………………………………… 64

第三章　体育赞助的效益 …………………………………………………… 75
 第一节　体育赞助的四大基本效益 ……………………………………… 76
 第二节　消费者购买决策行为与赞助效益的关系 ……………………… 85
 第三节　影响企业赞助体育的因素 ……………………………………… 86
 第四节　体育赞助与品牌资产 …………………………………………… 90

第四章　体育赞助的激活策略 ……………………………………………… 97
 第一节　体育赞助的激活策略 …………………………………………… 98
 第二节　体育赞助的激活策略组合 ……………………………………… 110
 第三节　体育赞助激活策略组合的规划步骤 …………………………… 111
 第四节　体育赞助活化策略组合的经典案例 …………………………… 114

第五章　体育赞助活动的实施 ……………………………………………… 121

I

第一节　体育赞助活动实施的流程……………………………………… 122
第二节　体育赞助活动的媒体公关……………………………………… 139
第三节　赞助商礼遇和服务……………………………………………… 146

第六章　企业体育赞助的运作………………………………………………… 153
第一节　确定体育赞助目标……………………………………………… 154
第二节　寻找体育赞助对象……………………………………………… 162
第三节　体育赞助策划与实施…………………………………………… 171

第七章　体育赞助策划书的撰写……………………………………………… 185
第一节　体育赞助策划书的作用和分类………………………………… 186
第二节　撰写体育赞助策划书的基本原则和要求……………………… 187
第三节　体育赞助策划书的撰写流程…………………………………… 190
第四节　不同阶段体育赞助策划书的特征……………………………… 201

第八章　体育赞助评估………………………………………………………… 207
第一节　体育赞助评估的依据…………………………………………… 210
第二节　体育赞助评估的方法…………………………………………… 218
第三节　体育赞助评估的流程…………………………………………… 222
第四节　体育赞助评估报告的撰写……………………………………… 224

第九章　体育赞助的法律问题………………………………………………… 231
第一节　体育赞助的规范化路径………………………………………… 232
第二节　合同法视角下的体育赞助合同………………………………… 234
第三节　法律规制视角下的体育赞助…………………………………… 237
第四节　体育赞助中运动员无形资产的法律保护……………………… 243
第五节　体育赞助纠纷解决方式………………………………………… 246

第一章 体育赞助概述

>>> 本章导语 >>>

体育赞助是市场经济条件下体育融入经济的切入点，也是体育产业开发的重要内容，能起到促进体育和经济共同发展的作用。2014年10月，国务院印发了《关于加快发展体育产业 促进体育消费的若干意见》，文件指出：到2025年基本建立布局合理、功能完善、门类齐全的体育产业体系，体育产品和服务更加丰富，市场机制不断完善，消费需求愈加旺盛，体育产业总规模超过5万亿元，成为推动经济社会持续发展的重要力量。这给体育赞助带来了前所未有的发展契机。本章通过阐述体育赞助的相关基础知识，为后续章节的学习奠定基础。

>>> 学习目标 >>>

了解体育赞助的起源与定义；正确认识体育赞助的形成与发展过程；掌握体育赞助的分类与特征；把握体育赞助未来的发展趋势。

案例导入

中国体育品牌"掘金"里约奥运会

2016年里约奥运会官网显示，此次奥运会赞助商有两家中国企业：作为奥运会官方支持商的运动品牌361°和作为官方供应商的家电品牌格力，361°还成了2016年里约奥运会及残奥会的官方合作伙伴。在赞助权益上，361°独家提供的里约奥运会及残奥会官方制服包括技术官员、医疗人员、赛会服务人员、其他工作人员的专业运动装备以及正装。据悉，此前的三届奥运会，组委会运动装备类的官方赞助商一直是阿迪达斯，在里约奥运会361°取代了阿迪达斯的同时，还在里约当地建造了迷你体育公园，为运动爱好者们提供新的"休息加油站"，并将其作为运动集结地，定期开展不同主题的运动派对。

安踏以中国奥委会合作伙伴的身份参加了里约奥运会，安踏体育用品有限公司总裁郑捷表示，2016年是安踏与中国奥委会合作的第8年，这8年的彼此激励也让安踏成长为中国体育用品领导品牌，2016年安踏再次为里约奥运会的中国军团提供冠军龙服。除此之外，安踏还为中国代表团中的体操、蹦床、举重、摔跤、柔道、拳击、跆拳道、赛艇、皮划艇、水球等10支队伍提供比赛装备。

匹克和李宁则退而走国际路线，分别与巴基斯坦奥委会和印度奥委会合作。2016年4月10日，匹克在泉州总部正式举行了与巴勒斯坦奥委会的战略签约仪式，这也标志着匹克的奥运军团增加至10支，分别是大洋洲的新西兰，欧洲的斯洛文尼亚、乌克兰和塞浦路斯，亚洲的约旦、黎巴嫩、巴勒斯坦，非洲的尼日利亚、埃及和阿尔及利亚等10个国家或地区的奥运代表团，超越上一届伦敦奥委会匹克赞助的7支代表团。匹克体育董事长许景南表示，匹克签约的奥运代表团数量已经超过了其他中国运动品牌，也是全球第三大支持奥委会征战奥运会的运动品牌，2016年的里约奥运会，匹克采取"广撒网"的模式，而李宁在本次里约奥运会中除了赞助印度代表团之外，也与我国代表团的乒乓球、羽毛球、射击、跳水4支运动队签约，为他们提供奥运装备。

（资料来源：新华网. 中国体育品牌"掘金"里约奥运会［EB/OL］. http://news.xinhuanet. com/fashion/2016-05-20/c_128997354. htm）

第一节 体育赞助的起源与定义

一、赞助的起源与定义

（一）赞助的起源

赞助（sponsorship）起源于西方，是由捐赠（donor）发展而来的。捐赠的历史可以追溯到古罗马时代的杰出政治家和诗人米西奈斯（Gaius Clinius Maecenas），他曾资助过 3 位著名的诗人——贺拉斯、维杰尔和普罗佩茨，使得他们能够创作出许多传世佳作，给后人留下了一笔宝贵的财富。人们为了纪念他，在拉丁文和英文字库中创造了一个以他的名字 Maecenas 为原型的名词，意为"文学与艺术的资助人"。德语中也有一个以其名字作为词根的字 maecenatentum，意为"资助"。开始时捐赠仅限于向著名的艺术家和文学家提供较好的生活环境，以便于他们创作出更多更好的作品，在 19 世纪以后捐赠领域逐渐扩大到庆典、卫生医疗、娱乐、科学、教育、社会福利等其他社会公益性的事物中。

（二）赞助的定义

最早出现赞助（英语为 sponsorship，德语和法语为 sponsoring），这个词的定义是由 1971 年英国体育顾问委员会（Sport Council of the UN）提出的，他们认为赞助是一种以提供方便和特权为回报，以出风头为目的的物质或金钱的捐赠，最早出现的关于"赞助"的文字记载仅限于"出风头"，可见当时赞助基本就是等同于捐赠。而现代社会已经把体育赞助看作一种商业行为，人们提到"sponsorship"，便习惯性把它描述为商业赞助的含义。Waite（1977）指出："赞助是：① 商业机构（赞助者）为了某一娱乐活动（被赞助者）而提供资源。② 赞助者期望通过此举获得一些具有商业价值的利益。③ 作为交换，被赞助者同意向赞助者提供一些方便。"[1]Sleight 在对赞助的定义中，强调互惠关系的重要性，他认为："赞助是资金、资源或服务

---

[1] 蔡俊五，赵长杰. 体育赞助——双赢之策[M]. 北京：人民体育出版社，2001：10.

提供者与可以用作商业优势关联物的个人、事件或组织之间的一种商业关系。"①Dress 认为："赞助是指赞助者向其选定的被赞助者提供金钱、实物或劳务并从被赞助者处取得商定的回报，以达到某些商业性的目的。"②虽然上述关于赞助的表述各异，但一般都把赞助视为一方或多方的协作互动互利关系，是企业或个人用于社会沟通和市场营销的途径。

我国学者对赞助的概念也是众说纷纭，台湾学者康永华（1992）及刘念宁（1991）认为："赞助，旨在增进社会福利及提供公共利益，通过提供金钱或劳务，对他人表达善念或对社会做出贡献。"③他们认为赞助就是企业免费向社会公益事业和文化事业提供帮助。蔡俊五将赞助定义为："赞助是一种由企业（赞助者）和公益事业单位（被赞助者）之间以支持和回报的等价交换为中心的平等合作、共同获益的营销沟通手段。"④他认为赞助是一种营销沟通手段。俞诚士（瑞典籍华人，2004）在其专著《体育赞助攻略》中对体育赞助的概念定义为："赞助是一方为实现其预定的商业或社会目标，向另一方面提供物质支持，并期望获得回报的一种现代市场交易法。"⑤他认为赞助是一方投资与另一方交换某些权利。

综上关于赞助的理解，我国学者对赞助的定义可以概括为：赞助是赞助者和被赞助者之间一种以投入和回报作为互惠互利的交换关系，商业行为是赞助的性质，赞助双方都以获利为行为目标和价值取向。

二、体育赞助的起源与定义

（一）体育赞助的起源

据记载，最早出现的体育赞助出现在 1852 年，当时美国新英格兰铁路运输公司免费运送哈佛大学和耶鲁大学划船队去参加比赛，并借此大力宣传，使得上千名体育爱好者买票坐该公司火车前去观看比赛，新英格兰公司因此获取了巨大的商业利润。1861 年，两名在澳大利亚做生意的英国人 Spiers 和 Pond 赞助英国板球队到澳大利亚参加比赛，并借此大肆炒作，使

---

① 张大庆.体育赞助的发展与管理［M］.大连：大连海事大学出版社，2009：1.
② 蔡俊五，赵长杰.体育赞助——双赢之策［M］.北京：人民体育出版社，2001：10～11.
③ 杨晓生，程绍同.体育赞助导论［M］.北京：高等教育出版社，2004：4.
④ 蔡俊五，赵长杰.体育赞助——双赢之策［M］.北京：人民体育出版社，2001：11.
⑤ 俞诚士.体育赞助攻略［M］.石家庄：河北科学技术出版社，2004：11.

得该公司的知名度和销售额显著提升，额外获利1.1万英镑。正式的大规模的体育赞助始于20世纪60年代中期的英国。1965年，英国壳牌、埃索和BP三家跨国石油公司投资1 000万西德马克赞助1.5公升级的汽车大赛，并取得了在参赛汽车上粘贴公司品牌的回报，从而开创了企业大规模赞助与自身产品有直接关联的运动项目的先例。一年后，由于英国政府禁止电视播放烟草广告，随之而来的是香烟产量、销量等急剧下滑，烟草业遭受到了巨大的打击，于是英国烟草商灵机一动，改用赞助汽车和摩托车比赛的方式继续为其产品做广告，从而成为企业大规模赞助与自身产品没有直接关联的运动项目的先锋。同年，在前南斯拉夫举行的赛艇世界锦标赛上，第一次出现了赞助商的大型广告牌，由此，体育赞助之风也慢慢刮向了全世界。

我国的体育赞助出现于20世纪80年代初，最早的案例是国家球类项目接受境外企业的服装赞助。1983年，在上海举行的第五届全国运动会上，第一次出现了体育赞助性的广告。但真正意义上作为商业行为的体育赞助在我国兴起于20世纪90年代，伴随着足球的职业化，体育赞助有了快速的发展，特别是在2008年北京奥运会期间，体育赞助的企业不断增加，投入资金不断扩大，赞助领域也在不断扩展，无论是体育赞助的规模还是形式都在不断进步。

（二）体育赞助的定义

关于体育赞助的定义，最早见于1981年在西班牙举行的欧洲体育部长研讨会上，即"体育赞助是个人或组织之间一种具有共同利益的关系"。Hagstedt（1983）在其专著《赞助与体育广告》书中，对体育赞助的定义是："体育赞助可看做企业和体育公共事业之间的一个简要术语，赞助行为具有商业或其他社会动机（不包括理想化工作和做善事），是体育与企业之间的一种交换方式。"[①]同时他还在书中强调，不仅是企业与体育之间具有这种共同事业，也包括企业与文化、教育、研究等方面的共同事业。综合国内研究者杨晓生、程绍同（2004）、张大庆（2009）、沈佳（2012）等的研究成果，本书将体育赞助的定义为：以体育为题材，以支持和回报为内容，以利益交换为形式，以达成各自组织目标为目的的一种商业行为。

---

① 张大庆. 体育赞助的发展与管理［M］. 大连：大连海事大学出版社，2009：2.

第二节 体育赞助的形成与发展

一、国内外体育赞助的形成与发展

（一）国外体育赞助的形成与发展

正式的、大规模的体育赞助始于20世纪60年代的英国，壳牌、埃索和BP三家跨国石油公司投资1 000万西德马克赞助1.5公升级的汽车大赛，自此后日本和欧洲的企业也先后于20世纪60年代及70年代兴起了赞助体育的热潮。

20世纪80年代以来，体育赞助快速发展，已经成为美国、意大利、德国、日本等国体育产业的一个重要组成部分，尤其是80年代迅速崛起的计算机技术及现代电视直播技术的广泛应用，大大促进了体育赞助的发展。1984年洛杉矶奥运会，美国人尤伯罗斯以完全商业化的方式举办奥运会，企业以提供现金、产品或服务等赞助方式与奥运会结合，一种全新而有效的营销策略不仅使企业得以全新发展，而且奥运会也首次盈利了2.25亿美元，国际奥委会从此次奥运会中看到了体育赞助的商业价值，随即于1985年推出了奥林匹克全球合作伙伴赞助计划即著名的"TOP计划"，这是体育赞助发展史上一个重要的里程碑。

20世纪90年代以来，根据IEG（国际赛事营销集团）出版的《2001年赞助调查报告》显示：在体育产业最发达的北美地区，体育赞助在1984—1998年期间以惊人的67%的年增长率远远超过其他类型的赞助活动（图1-1）。1994年，全球企业在体育赞助方面的花费金额为108.5亿美元，其中北美地区占了39%（42.5亿美元），欧洲占了31%（34亿美元），其他地区占了10%（图1-2）。

2001年，全球赞助总额已经达到236亿美元，其中体育赞助额约为160亿美元。随着赞助市场的发展，对体育赛事或运动队的赞助费用也一路攀升。以德国为例，2002年德国体育赞助市场规模整体下降了1.5%，2003年基本停滞，仅有0.3%的增长，根据德国体育赞助商新闻记者的调查，有225家赞助商在2004年加大了体育赞助投入，预计赞助费用提高了3.5%，达到

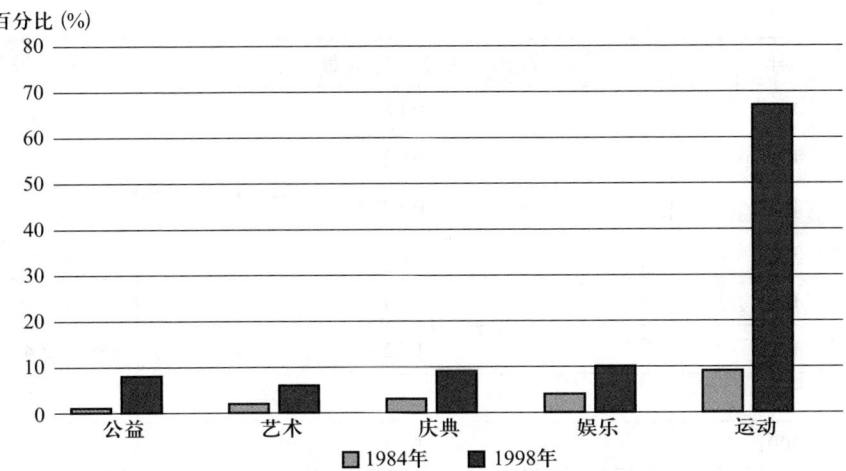

图1-1 北美各赞助活动增长百分比对照表

(资料来源:程绍同.第五促销元素[M].台北:滚石文化,2001.)

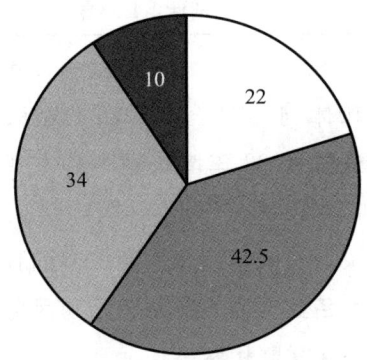

图1-2 全球体育赞助分配比例图

了13.3亿欧元(表1-1)。德国的啤酒行业这两年的体育赞助投入相比于以前大幅减少,而新经济的代表如电力、银行、基金会和保险行业对体育赞助投入明显上升。由于2006年足球世界杯在德国举行,足球赞助方兴未艾,许多企业还进一步加大了赞助力度。

表1-1 1992—2004年德国体育赞助市场

年份	数额(单位:10亿欧元)	增长(%)
1992	0.71	+15
1993	0.77	+7

续表

年份	数额（单位：10 亿欧元）	增长（%）
1994	0.86	+12
1995	0.92	+8
1996	0.98	+6
1997	1.07	+9
1998	1.14	+2.23
1999	1.22	+2.4
2000	1.3	+2.54
2001	1.33	+2.3
2002	1.28	−1.5
2003	1.28	+0.3
2004	（预计）1.33	+3.5

（资料来源：张大庆. 体育赞助的发展与管理［M］. 辽宁：大连海事大学出版社，2009：48.）

根据澳大利亚体育和休闲部门（2000）的数据，1996年澳大利亚的体育赞助金额为4.29亿澳元，1998年增长到5.19亿澳元，1999年达11.6亿澳元，而2001年则达到了12.48亿澳元。从中可以看出，澳大利亚企业对体育赞助的投资发展很快。澳大利亚商务经济咨询服务公司（CEASA）调查研究发现，澳大利亚前5名受欢迎的赞助运动项目是：摩托车赛、F1、澳大利亚规则橄榄球赛、橄榄球联盟和赛马。

根据国际奥委会公布的2015年市场手册中的数据，2012年伦敦奥运会的TOP赞助商总共有11家，获取赞助收入9.5亿美元，平均每家赞助费8 636万美元。而在2004年雅典奥运会，11家TOP赞助商收入为6.63亿美元，平均每家赞助费仅6 000万美元。2012年伦敦奥运会的11个全球合作伙伴（The Olympic Partner，"TOP"赞助商）分别是：可口可乐、麦当劳、Visa、通用电气、欧米茄、三星、源讯、松下、宝洁、陶氏化学和宏碁；伦敦奥运会合作伙伴（London 2012 Olympic Partners）分别是：阿迪达斯、宝马、BP、英国航空公司、英国电信、法国电力、劳埃德TSB银行；2012年伦敦奥运会供应商（London 2012 Olympic Supports）有：瑞士阿第克公司、安赛乐米塔尔、思科、吉佰利、德勤、托马斯&库克旅行社、UPS快递。

第二节 体育赞助的形成与发展

作为一项全球性的赛事，世界杯的赞助费也是水涨船高。据媒体报道，自2006年德国世界杯后，国际足联（FIFA）创立了一套新的商业合作模式，2014年巴西世界杯的市场合作伙伴分为三个层次：国际足联合作伙伴（FIFA Partner）、国际足联世界杯赞助商（FIFA World Cup Sponsor）以及主办国支持商（National Supporter）。国际足联合作伙伴有：阿迪达斯、可口可乐、现代起亚汽车、阿联酋航空、索尼、VISA信用卡；国际足联世界杯赞助商有：百威啤酒（哈尔滨啤酒）、嘉实多机油、大陆轮胎、强生、麦当劳、Moy Park（养鸡著名企业）、OI（全球最大玻璃瓶罐制造商、世界500强）、英利绿色能源（中国知名企业）；主办国巴西国内支持商有：私人银行伊塔乌银行、巴西国家出口与投资促进局（APEXBRASIL）、保险公司LIBERTY SEGUROS、嘉乐多巧克力、沃思普（教育产业）等。在以往的世界杯中，豪华的足球明星阵容、激情飞扬的音乐是赞助商吸引消费者的不二法宝，而在2014年的世界杯上，随着技术的创新和媒体形态以及渠道的多元化，赞助商在活动形式、媒体渠道与消费者互动上有了更大的选择和发挥空间。例如，英国独立电视（Independent Television，ITV）表示，自己可以在整场比赛中通过"第二屏"设备"连播90分钟广告"。数字媒体、移动化更是给赞助商提供了前所未有的展示自我、接近消费者的方式。机遇的背后就是挑战。在新的媒介环境下，可口可乐公司采用了新的营销模式，世界杯活动的主题曲《The World is Ours》就是通过众筹的形式选出的。可口可乐公司还开展移动营销，发布了一系列交互式迷你汽水瓶，消费者可通过社交媒体、手机APP等，向迷你瓶的拥有者发送信息或者形象化的符号，用手机摄像头对准迷你瓶扫描，瓶身上的标记还会被激活，变成动态效果。另一个移动应用是Happiness Flag。可口可乐把球迷们的各种自拍照汇集在一面旗子上，这面旗将会出现在世界杯首场比赛的赛场上。公司试图借助这次世界杯，了解不同地区的球迷文化，通过收集14个不同传播平台上消费者的实时反馈意见，利用大数据分析，掌握不同国家、地区球迷的心态，了解在何时何地、利用哪种媒介资源，用什么样的内容能精准定位消费者。

据市场经济专家分析，一般情况下，投入1亿美元，品牌知名度可提高1%，而赞助奥运会投入1亿美元，知名度有可能提高3%。国际奥委会也曾做过一次调查，结果显示，只有20%的奥运会赞助商能取得预期效果，但奥运会依然是企业品牌绝不能错过的"黄金营销期"。2016年里约奥运会全球合作伙伴（Worldwide Olympic Partners）共 11 家：Cocacola（可口可乐）、Atos（源讯）、Bidgestone（普利司通轮胎公司）、Dow（陶氏化学公司）、GE（美国通用电气公司）、McDonald's（麦当劳）、Omega（欧米茄）、Panasonic（松下电器）、P&G（宝洁）、Samsung（三星集团）、Visa（维萨公司）；正式赞助商（Official Sponsors of Rio 2016 Olympic Games）共 6 家：Bradesco（布拉德斯科银行）、BradescoSeguros（布拉德斯科保险公司）、Correios（巴西国营邮局）、Embratel、Claro、Nissan（日产汽车）；正式支持商（Official Supporters of Rio 2016 Olympic Games）有 8 家，包括：中国的 361°、Alliansce Shopping Centers、Cisco、Estacio、EY、Globo、Sadia（巴西食品公司）、Batavo。这些企业最终成为奥运赞助商不仅需要高昂的赞助费用，而且后期做活动的开发推广费用是赞助费的 3~6 倍以上。虽然赞助费用较高，但是不同赞助级别的赞助商也会享有不同的权益回报，主要体现在标志使用的组合方式、宣传媒介使用的范围和优先权、吉祥物使用权、接待权益、荣誉待遇以及识别计划等多个方面。值得一提的是，NBC（美国全国广播公司）将会给三星 Galaxy 手机的美国用户提供虚拟现实体验，通过专门的头戴设备，观众可以获得 360°的观赛体验。截止到 2020 年，NBC 投入历届奥运会的转播赞助费为 44 亿美元，从 2021—2032 年预计投入的奥运会转播费为 76.5 亿美元。从以往的历史数据看，在两周奥运会期间，道琼斯指数的平均增长率是 1.8%，奥运会举办国国内主要股票指数平均增长率是 75%，说明只有不断地提高科学技术的创新、朝着规模化的方向发展，才能实现真正意义上的共赢。

（二）国内体育赞助的形成与发展

1. 起始阶段

我国体育赞助的起步相对较晚，出现于 20 世纪 80 年代初，最早的案例是国家排球队接受国外企业的服装赞助。随后是在 1983 年上海举行的第五届全国运动会，第一次改变了完全由政府财政拨款的运作方式，出现了赞助性广告。尽管当时的总金额只有 11.36 万元，占全部支出的 1.16%，但这毕竟是我国体育赞助史上的一次历史性跨越。1984 年，我国首次参加洛杉矶奥运会，代表团仅获得"健力宝"和"海鸥表"这两家企业赞助的实物和资金，总金额为 70 万元。在此之后，健力宝还资助了一支青少年足球队赴巴西训练，培养出了李铁、李金羽、李玮峰等多名国脚，成为当时的社会热点。我国早期的体育赞助大多是公益性的,以支持体育事业为目的。在20世纪90年代,特别是我国足球联赛职业化后,具有商业行为的真正意义上的体育赞助在我国正式兴起,企业不仅赞助实物,还出资赞助队伍出国参加比赛,而且大力支持国内举办的各类国际比赛,体育赞助经费迅速增长,充分显示了体育赞助的魅力。1990年,我国首次举办的北京亚运会,可口可乐公司赞助了270万美元,富士公司赞助了300万美元,健力宝公司赞助了1 650万元,香港企业家霍英东先生赞助了1亿港元。1993年12月,中国足协推出甲A联赛,万宝路以120万美元成为第一个联赛赞助商。1995年,该公司又以130万美元购买了联赛的冠名权。1998年,百事可乐从万宝路手中接过中国足球甲A联赛的冠名权,赞助费用高达1 000万美元。从表1-2中可以看出,全国体委系统1994—1997年的赞助收入分别为5.559 9亿元、6.721 6亿元、6.842 9亿元和4.797 5亿元,分别占当年全国体育事业经费预算收入的27.42%、28.14%、24.06%和11.95%。据调查,国家体育总局所属各运动项目管理中心1998年的赞助收入约为1.524亿元,相当于这些中心当年国家基数拨款6 494万元的2.35倍,其中,名列第一的足球中心的赞助收入高达6 745万元,是足球当年国家基数拨款的47倍(表1-3)。

表1-2 各级体委1994—1997年的赞助收入

指标	1994年	1995年	1996年	1997年
直属企事业单位赞助收入	8 183万元	8 763万元	1.052 8亿元	5 236万元
赞助性比赛赞助收入	4.741 6亿元	5.845 3亿元	5.790 1亿元	4.273 9亿元
赞助收入合计	5.559 9亿元	6.721 6亿元	6.842 9亿元	4.797 5亿元
当年全国体育经费收入	20.235 5亿元	23.880 3亿元	28.417 4亿元	40.136亿元
赞助占当年全国体育经费收入	27.42%	28.14%	24.06%	11.95%

(资料来源:蔡俊五、赵长杰. 赞助——双赢之策[M]. 北京:人民体育出版社,2001:350.)

表1-3 国家体育总局各运动项目管理中心1998年体育赞助收入

中心名称	赞助收入(万元)	国家基数拨款(万元)	赞助收入占国家拨款(%)
足球	6 745	143	4 716.78%
篮球	2 008	221	908.60%

续表

中心名称	赞助收入（万元）	国家基数拨款（万元）	赞助收入占国家拨款（%）
排球	1 420	223	636.77%
乒乓球	1 032	571	180.73%
水上项目	1 000	457	218.82%
社会体育	1 000	44	2 272.73%
田径	553.9	649	85.35%
棋类	345	181	190.61%
体操	240	411	54.42%
自行车、摩托车、击剑	220	454	48.46%
重竞技	122	935	13.05%
登山	120	0	
游泳	98	660	14.85%
铁人三项	81	120	67.5%
冬季项目	77	486	15.85%
网球	74	187	39.57%
射击	55	609	9.03%
武术	50	143	34.97%
合计	15 240.9	6 494	234.69%

（资料来源：蔡俊五、赵长杰．赞助——双赢之策［M］．北京：人民体育出版社，2001：351.）

2. 我国体育赞助进入"井喷期"

进入 21 世纪，越来越多的中国企业进入体育赞助的市场。2001 年 7 月，北京取得了 2008 年奥运会的承办权，一些行业巨头纷纷开始关注体育赛事赞助。联想集团于 2004 年 3 月 26 日在北京与国际奥委会、北京奥组委、都灵冬季奥运会组委会签署合作协议，宣布正式成为第六期国际奥委会全球合作伙伴。这是奥运历史上首次中国企业获此资格，这不仅表明我国已经能够全面参与国际奥委会事务，而且显示出我国经济和企业在全世界迅速崛起的雄姿。2004 年 3 月 16 日，中国石化和负责 F1 赛事广告的 APM 公司在伦敦签订了赞助 F1 赛事的合同。这是中国企业首次赞助 F1 赛事，高达 8

第二节 体育赞助的形成与发展

亿元的赞助费换来了 2004—2006 年 F1 中国赛事的冠名权以及赛道广告、F1 在我国的电视转播权等多项权利,中石化希望借助赛事打造包括加油站、润滑油、沥青等产品在内的整体品牌形象。2004 年 4 月 13 日,海尔集团与澳大利亚墨尔本老虎篮球队在北京签署合作协议,海尔正式冠名该球队。该队队长、著名的世界级篮球明星安德鲁·盖茨应邀出任海尔的形象代言人。2004 年 5 月 28 日,李宁公司的谈判代表到西班牙马德里与西班牙篮球协会签订协议,成为 2004—2008 年西班牙国家男子、女子篮球队的指定运动装备赞助商。在这 4 年中,李宁公司为西班牙篮球队专门开发篮球装备,包括比赛服、训练服、场外服装、篮球配件等 35 个品类的产品,合作的成本总价值在 200 万元左右。2005 年江苏第十届全运会是我国第一次采用申办方式确定承办单位的大型综合性运动会。合同收益为 6 亿元,最后实际收入为 4 亿元,远远超过了八运会 1 亿元、九运会 2 亿元的收益,满足了办赛经费 4 亿元的需要,首次实现了举办全运会收支平衡(表 1-4)。在 6 亿元收入中,赞助收入占 72%,特许经营占 2%,门票占 8%,捐赠占 4.5%,电视转播占 2%,其他占 11.5%。

表 1-4 江苏十运会市场开发情况 单位:万元

项目	收入	数量	备注
合作伙伴 (含电视转播权)	1 500 万元/家	12	中国石化、中国移动、中国电信、中华网、可口可乐、江苏东恒、特步、双沟、隆力奇、南京汽车、长安福特、中央电视台
赞助商	800 万元/家	5	江苏牡丹汽车、广东大哥大、张家港大客车、盐城达奇汽车
独家供应商	300 万元/家		
一般供应商	50 万元/家, 共收 4.44 亿元		
特许经营商	1 200 万元		仅金属制品一项就超 100 万元收入
门票	4 800 万元		
捐赠	2 700 万元 (其中折现 240 万元)		

续表

项目	收入	数量	备注
其他商业开发	6 900 万元		仅新闻发布会冠名收入 420 万元；献爱心公益活动收入 1 400 万元
总计	6 亿元	4 亿元	

（资料来源：方达儿.亚运掘金：广州亚运会赞助营销历程 [M].广州：华南理工大学出版社，2010：154~158.）

2008 年北京奥运会，体育赞助搭上了中国经济飞速发展的快车，很多企业纷纷瞄准北京奥运会赞助的商机，希望能加入奥运赞助商的行列。其中，除了 12 家国际奥组委长期合作伙伴之外，还有近 50 家中外企业以合作伙伴、赞助商或供应商等不同形式与北京奥组委建立合作，并最终实现了创纪录的 12.18 亿美元的国内赞助收入，取得了空前的成功，创造了奥运赞助史上的一个巅峰（表 1-5）。

表 1-5　2008 年北京奥运会赞助企业分为 5 个层次

第一层	国际奥委会全球合作伙伴（TOP 赞助商）	共有 12 家企业，分别是：联想、可口可乐、柯达、欧米茄、源讯、宏利人寿、三星、通用集团、麦当劳、松下电器、强生、VISA
第二层	2008 年北京奥运会合作伙伴	共有 11 家企业：大众汽车、中国银行、中国移动、中国网通、中国国航、中国石油、中国石化、国家电网、强生、阿迪达斯、中国人保财险
第三层	2008 年北京奥运会赞助商	共有 10 家企业：UPS、伊利、海尔、青岛啤酒、燕京啤酒、百威啤酒、恒源祥、必和必拓、统一方便面、搜狐
第四层	2008 年北京奥运会独家供应商	共有 15 家企业：长城葡萄酒、金龙鱼、歌华特玛捷服务、梦娜、贝发文具、华帝、亚都、士力架、千喜鹤、思念、泰诺健、皇朝家私、思泰博、亚立克、Schenker
第五层	2008 年北京奥运会供应商	共有 15 家企业：泰山、英孚、爱国者理想飞扬、水晶石科技、元培翻译、奥康、立白、普华永道、大运、首都信息、优派克、微软中国、国誉、新奥特、盟多

（资料来源：张大庆.体育赞助的发展与管理 [M].大连：大连海事大学出版社，2009：147~150.）

2008年北京奥运会在内的第六期TOP赞助商的门槛大约为6 000万美元，大部分企业的赞助费用要高于这个基本价位，而1984年的洛杉矶奥运会企业赞助门槛只有400万美元，由此可以看出，TOP赞助商的门槛在不断升高。北京奥委会合作伙伴的竞争也是异常激烈，起价为3亿元，赞助商则起价为1.3亿元，其中大众汽车以7 000万美元的高价战胜了现代汽车，成为第一个2008年北京奥运会的合作伙伴。而阿迪达斯以8 000万美元战胜了我国本土品牌李宁。第四层和第五层北京奥运会的独家供应商和供应商的准入门槛分别是：独家供应商4 100万元，普通供应商为1 600万元，而实际的价位要远远高于这个准入价位。通过投入价位的不同，这些赞助企业获得的权益也各不相同，主要有：可以使用奥运会、奥组委的徽记和称谓进行广告和市场营销活动；享有特定产品和服务类别的排他权利；获得奥运会的接待权益，包括奥运会期间的住宿、证件、开闭幕式及比赛门票，使用赞助商接待中心等；享有奥运会期间电视广告及户外广告的优先购买权、享有赞助文化活动及火炬接力等主题活动的优先选择权等。同时，奥组委还会实施防范隐性市场计划，以保护赞助商权益。

在2008年北京奥运会赞助商中，中国企业赞助占了绝大多数，一是因为政府和全民族的奥运情结对大多数企业来说是一次树立品牌形象的绝佳时机；二是虽然某些商家得不到TOP赞助商的全球品牌垄断权，但是可以获得政府的支持，这对于本土企业来说意义重大。

3. 持续发展阶段

据2010年广州亚组委公布的数据，2010年广州亚运会募集到的赞助金额超过人民币30亿元，是多哈亚运会的5倍，釜山亚运会的3.5倍。广州亚运会官方网站显示，此次设定的赞助商体系，从高级合作伙伴到普通供应商共分为5个级别，赞助门槛分别为3 000万美元、2 000万美元、1 000万美元和500万美元。此次亚运会赞助的费用标准已经接近奥运会，除广汽集团的赞助金额人民币6亿元外，三星电子、361°等企业赞助费也都在2亿元以上。加速实现国际化、拓展海外市场、打造全球性的品牌是很多企业赞助亚运会的重要目标之一。

根据2012年伦敦奥运会官方网站公布的赞助商名单，与国际奥委会签订了全球奥运伙伴协议的企业，即奥运顶级赞助商，包括可口可乐、宏碁、法国源讯公司（Atos）、陶氏化学公司（Dow）、通用电气、麦当劳、欧米茄、松下、宝洁、三星和维萨（Visa），其中仅有宏碁为中国台湾地区公司。然而，在奥运赞助计划之外却有一支隐性的中国赞助军团。据英国《每日电讯报》报道，伦敦奥运会官方网站上的194种奥运产品中，90%是海外制造，其中，近2/3的商品都在中国生产，9%的产品在土耳其生产，4%的产品是菲律宾制造。另据不完全统计，赞助2008年奥运会的厂商数量达60余家，而在2012年伦敦奥运会上，中国奥运代表团共获得了国内外约65家赞助商的支持。通过比较前后两届奥运会，我国品牌厂商赞助数量并无太大的变化，说明在经历了2008年北京奥运会之后，中国赞助商在奥运经济上回归了理性的一面。

　　据2016年里约奥运会官方统计，全球赞助商共有26家，其中正式支持商中有两家是中国的企业，分别是361°和ManBetX万博。此次里约奥运会中国国家奥委会赞助商层级主要由三个部分组成，包括6个合作伙伴，2个赞助商，3个供应商。其中，361°提供了全部奥运会、残奥会和测试赛的志愿者、技术人员以及火炬接力人员的服装；格力中标多项为迎接奥运会而兴建的酒店、机场改造等配套项目；伊利邀请宁泽涛代言，并以1.75亿元拿下央视"2016年里约奥运会《中国骄傲》独家庆贺"赞助权益；蒙牛发起"牛到里约"话题，签约国家游泳队；光明携手中国女排助力奥运，并在央视招标会上获得了"2016年里约奥运会《奖牌榜》"独家冠名权；锐澳旗下的两位代言人杨洋和郭采洁成为本届奥运会火炬手受邀前往希腊参与奥运圣火的传递；安踏赞助了中国奥运代表团的领奖服；恒源祥赞助了开幕式中国运动员入场服装。

　　近年来，校园足球赞助异军突起，引人注目。湖南省长沙市"可口可乐"杯校园足球联赛从2014年开始，涵盖小学、初中、高中和大学校园足球四级联赛体系，由湖南中粮可口可乐全程赞助。从2012—2016年的5年时间里，湖南中粮可口可乐已投入近600万元，支持足球、篮球等竞赛活动和其他大型群众性体育文化活动。2015年4月，广药集团"王老吉校园足球俱乐部"宣布成立。这是国内第一家由企业出资建立的校园足球俱乐部，该俱乐部将成立校园足球发展基金，全方位支持我国青少年足球事业的发展，首批在全国100个学校内援建100个足球场。同时该企业承诺5大服务体系：提供专业的足球场供学校培训和比赛；充分调动历届在俱乐部效力的球员和教练为孩子们提供专业的培训指导；对校园足球赛事提供经费支持；

走进校园进行足球文化知识普及与传播；开展校园足球精英培育工程，选拔资助优秀的"足球小将"到国外顶级俱乐部进行培训。2016年8月29日，深圳市足球俱乐部通过服装赞助商——卡尔美（中国）有限公司向中国宋庆龄基金会捐出价值39 000元的足球运动装备，用于支持中国中西部偏远贫困地区校园足球的发展。

2016年北京国际马拉松赛共吸引了约35 000名参与者。比赛始于1981年，每年举办一届。2016年是阿迪达斯连续第七次赞助该项比赛。自2010年以来，阿迪达斯一直是北京国际马拉松赛的官方合作伙伴及唯一指定运动装备供应商，并于2016年将这一赞助合作续签至2019年。目前，阿迪达斯赞助了全世界六大国际马拉松赛事中的三项赛事，除赞助北京马拉松赛之外，阿迪达斯还是过去两届上海国际半程马拉松的官方赞助商。2015年4月，阿迪达斯在上海开设了阿迪达斯RUNBASE西岸基地，这是我国首个公开专用的跑步场所。阿迪达斯方面表示，跑步是其"2020年大中华区立新战略"的主要增长驱动力之一。随着对中国跑步市场的信心增长，阿迪达斯在成都开设了全球首家阿迪达斯跑步旗舰店，并计划在上海及中国大陆其他城市开设更多的专业门店。

我国体育赞助事业虽然起步晚，但发展速度较快，行业日趋规范。当然同西方发达国家的体育赞助规模和市场相比还是存在着较大的差距。在快速发展过程中，我国的体育赞助主要存在的问题有：体育赞助整体规模偏小；企业的体育赞助行为不规范，部分企业盲目追求短期利益；体育赞助中介机构力量还显薄弱。要促进我国体育赞助的蓬勃发展需要政府的支持以及政策的优惠，进一步努力发展和壮大体育赞助的中介组织，建立良性、公平的体育赞助市场以及更加完善的体育法律法规体系。

二、体育赞助的分类与特征

（一）体育赞助的分类

为便于体育赞助的研究和运作，需要将体育赞助进行分类。

1. 以赞助的形式分类

以赞助的形式分类，主要划分为实物赞助、现金赞助和技术赞助。

（1）实物赞助

当赞助方的产品与体育活动或赛事的需求直接挂钩时，大多数赞助商会选择实物赞助,因为在这种情况下,实物赞助远比其他方式的赞助效果好,它可以让产品与消费者进行零距离的接触,充分了解产品的性能和品质。例如,联想集团在2006—2008年期间为都灵冬奥会、北京奥运会及世界200多个国家和地区的奥委会及奥运代表团独家提供台式电脑、笔记本、服务器、打印机等计算机技术设备支持。2016年里约奥运会,超过60%的赞助商投入以产品和服务的形式支付。赞助商提供的产品包括5 000辆日产汽车运送运动员和组织者;通用电工赞助场馆照明设备;三星提供智能手机和平板电脑;松下为35个赛场安装了72台大型影像设备,72块LED大型影像显示装置,110多台高亮度、紧凑型、2万流明投影机以及其他视听设备;布拉德思科保险为2万名运动员提供健康保险;可口可乐提供了主办方饮料;361°提供志愿者服装等。由于巴西经济情况不佳,实物赞助成为奥委会迫切需要的赞助形式。

(2)现金赞助

现金赞助是体育赞助中赞助商最常用的一种方式,也是最实用、最直接的赞助形式。体育赞助作为市场经济条件下等价交换的特殊商业行为,现金形式的赞助支出是一种常见形式,主要目的是为了获得与企业宣传推广、知识产权利用等相对应的现金方面的报酬。

(3)技术赞助

技术赞助一般出现在高科技含量较高的体育运动或信息技术、数据分析等服务项目中。2008年北京奥运会,源讯相比其他赞助商显得"低调",提供了奥运会的信息技术服务,被奥组委前市场开发总监迈克尔·佩恩称为"看不见的赞助商"。柯达作为具有110年奥运赞助史的影像公司,一直为奥运提供影像技术服务。2008年的北京奥运会,柯达提供的影像技术主要分为三部分:① 柯达影像中心为采访奥运会的专业记者免费提供高质量的传统及数码照片输出、加工以及网上传送服务。② 提供医疗影像服务帮助现场医务工作人员为受伤的运动员进行迅速准确的诊断和治疗。③ 利用先进的数码影像技术为数万名运动员、官员、赞助商、媒体和志愿者制作统一身份证件,保证各项赛事顺利、安全地进行。2016年里约奥运会,澳洲七号电视台与三星公司通力合作,通过虚拟现实(VR)技术,为观众提供了100小时、360°全方位的里约奥运会实况转播。用户可以结合Gear VR耳机在三星Galaxy系列智能手机上通过"7Rio VR 2016 APP"手机应用软件实时观看奥运会。因此，技术赞助从某种程度上也可以理解为赞助商向赞助需求方"提供优质和免费的服务"。

2. 按赞助的性质分类

从赞助性质看，体育赞助分为冠名赞助、独家赞助、指定赞助和联合赞助。

（1）冠名赞助

冠名赞助是指直接以企业或产品的名称作为体育运动或赛事的主题名称、场馆名称、奖杯名称。如2015年12月9日，阿里巴巴与国际足联达成协议，成为国际足联俱乐部世界杯的独家冠名赞助商，合作协议期限为2015—2022年。梅赛德斯奔驰公司在德国斯图加特、德国柏林、中国上海、美国新奥尔良、美国亚特兰大冠名赞助球场，平均赞助年限都在12年，长时间营造球场冠名概念，创造品牌的长久效益。冠名赞助使企业或产品的名称直接与体育运动或赛事挂钩，能取得很好的宣传效果，是多数大型公司、企业最爱采用的赞助方式。相较于国外赛事，近几年本土品牌对于国内赛事的关注度也逐渐升温，如万达和中国平安冠名赞助中超联赛，一年的赞助费用高达上亿元，由此可见冠名体育赛事已经成为品牌相互竞争的重要途径（表1-6）。

表1-6　2011—2016年中超冠名赞助商一览表

赛季	品牌/行业	赞助费
2011	万达广场/地产	5 000万元+1 000万元
2012	万达广场/地产	5 500万元+1 000万元
2013	万达广场/地产	5 500万元+1 000万元
2014	中国平安/保险	1.5亿元
2015	中国平安/保险	1.65亿元
2016	中国平安/保险	1.815亿元

（2）独家赞助

由一家公司（企业）独立赞助体育运动或赛事称为独家赞助。这种赞助的方式能给人产生一种赞助商"实力雄厚""独树一帜"的感觉，从而形成良好的"第一印象"，为其他营销手段的推广创造条件。常见的独家赞助类型主要表现在某一行业、某一区域上的独家，如独家供应商、独家经营商、区域性独家赞助商等。2012年伦敦奥运会独家赞助商为"英国国家彩票"（The National Lottery）、独家汽车赞助商"宝马"；2015年PPTV赞助西甲获得2015—2020年中国区独家全媒体版权；泰山集团成为2016年里约奥运会独家供应商等。

（3）指定赞助

指定赞助是指由赞助需求方根据体育运动或赛事的需要，在众多的赞助商中指定一家或多家公司（企业）作为体育运动或赛事的赞助商。被指定的赞助商获得的权益比普通赞助商要大。2016年"宁泽涛事件""CBA比赛易建联脱鞋事件"发生后，中国国家游泳队及CBA联赛对于宁泽涛和易建联的处罚都体现了指定赞助商的权益不容侵犯。这两次事件也显现出我国迅速发展的体育市场与当下相关制度建设的不匹配，在设置指定赞助商时，一定要处理好球员、企业、管理部门之间的矛盾，做好异议处理和救济渠道。

（4）联合赞助

由多家公司（企业）联合赞助体育运动或赛事称为联合赞助。这种赞助方式总体收益不错，但也有一定的弊端。过多的企业赞助会使每一家企业的信息都不突出，难以收到"全面开花，面面俱到"的效果。赞助商热情高涨，数量日益增多，而各自又都以利益为先，因此如何整合整体的赞助效益成为日益突出的矛盾。那些拥有强大资金来源的品牌可以从赞助中获得更多利润，小品牌则处于较不利的地位。当前，采用联合赞助的方式获得收益多表现在媒体平台，如《英超精选》栏目采用的联合赞助方案，分为栏目前后标版、主持人口播、栏目前、中、后插播广告。标版及口播形式为"英超精选由×××冠名赞助并协同×××联合赞助播出"。

3. 以赞助的时间跨度分类

根据赞助的时间跨度，可以把体育赞助分为短期体育赞助和长期体育赞助两类。

赞助的时间跨度取决于体育运动或赛事本身的吸引力和赞助商的策略。体育运动或赛事的水平越高、周期性越明显、投资效益越大，赞助商的赞助热情就越高，越容易形成长期体育赞助。提到体育赞助的时间跨度，不得不提奥运"TOP计划"。"TOP计划"代表着国际奥委会在全球最高级别的合作伙伴，也称为顶级赞助商。它向整个奥林匹克运动提供资金支持，是目前国际体育市场开发最成功的项目。"TOP计划"每4年为一个运作周期，每个周期含一届冬季奥运会、一届夏季奥运会。加入该计划的企业将获得在全球范围内使用奥林匹克知识产权、开展市场营销等权利的一整套权益回报，更为重要的是"TOP 计划"成员享有在全球范围内产品、技术、服务类别的排他权利。这种类别的排他权利通过国际奥委会与各国（地区）奥委会、组委会签订协议的方式得到保障。自奥运"TOP 计划"实行以来，可口可乐、松下、VISA 就一直是奥运会的顶级赞助商，持续赞助时间最长。虽然"TOP 计划"每四年重新选一次，但上一届 TOP 成员具有优先加入权。"TOP 计划"赞助商情况如表 1-7 所示。

4. 以赞助的对象分类

按赞助对象分类，体育赞助可分为赞助体育赛事、奥林匹克运动、体育联盟、职业体育俱乐部、体育明星、体育场馆、体育公益事业等。

（1）赞助体育赛事

体育赞助的大部分资金（超过 65%）都投入在体育赛事上，任何一种体育赛事都可以进行赞助，从奥运会、足球世界杯、亚运会乃至各国职业联赛。无论公司大小，只要操作得当，大都能从对体育赛事赞助中获得丰厚回报。如今互联网时代带来的高曝光率、高传播度以及多元媒介平台，也使得越来越多的企业开始关注体育赛事。

（2）赞助奥林匹克运动

国际奥委会曾在洛桑公布了一项调查，调查的内容是人们对奥运五环标志的熟悉程度。调查在澳大利亚、德国、印度、日本、英国、美国、巴西、牙买加、尼日尼亚等国进行。在调查的人员中，有 86% 的人认为五环标志是全世界人们所熟悉的；有 82% 的人认为五环标志代表着世界上最大型的运动会；有 77% 的人认为，看到奥运五环标志就会使人立即想起体育运动；还有 74% 的人认为五环是成功的标志。为此，国际奥委会认为，人们对五环标志的熟悉程度远远超过世界上任何品牌企业的商用标志。为了利用奥运会及奥运五环标志的影响力，世界上一些著名的大企业纷纷出资赞助奥运会。1985 年国际奥委会推出"TOP 计划"后，赞助费逐年升高，从 1985 年的平均 1 千万美元发展到现在平均 1 亿美元，平均每届 TOP 赞助商和国内赞助商的赞助金额占到每届奥运会收入的 35.51%，可见赞助商对于奥运会的青睐。如表 1-8 所示，可口可乐、松下、VISA 等品牌自 1985 年至今一直是奥运会的顶级赞助商，高频率的曝光率使得其国际品牌的形象深入人心。

表1-7 奥运"TOP计划"赞助商变化表

TOP阶段	第1代TOP	第2代TOP	第3代TOP	第4代TOP	第5代TOP	第6代TOP	第7代TOP	第8代TOP
合作期	1985—1988年	1989—1992年	1993—1996年	1997—2000年	2001—2004年	2005—2008年	2009—2012年	2013—2016年
冬奥会/夏季奥运会	卡尔加里/汉城	阿尔贝维尔/巴塞罗那	利勒哈墨尔/亚特兰大	长野/悉尼	盐湖城/雅典	都灵/北京	温哥华/伦敦	索契/里约热内卢
顶级赞助商	可口可乐 柯达 松下 VISA 运动画刊 3M 飞利浦 兄弟 Fed Experss	可口可乐 柯达 松下 VISA 运动画刊 3M 飞利浦 兄弟 美国邮政 博士伦 Mars 理光	可口可乐 柯达 松下 VISA 运动画刊 恒康人寿 施乐 IBM 博士伦 联合快递	可口可乐 柯达 松下 VISA 运动画刊 恒康人寿 联合快递 三星 施乐 麦当劳 IBM	可口可乐 柯达 松下 VISA 运动画刊 恒康人寿 三星 施乐 麦当劳 联合快递 Swatch	可口可乐 柯达 松下 VISA 三星 欧米茄 Atos Origin 宏利金融 麦当劳 强生 通用（GE） 联想	可口可乐 松下 VISA 陶氏化学（DOW） 三星 欧米茄 Atos Origin 麦当劳 通用（GE） 宝洁 Acer	可口可乐 松下 VISA 陶氏化学（DOW） 三星 欧米茄 Atos Origin 麦当劳 通用（GE） 宝洁 普利司通
顶级赞助商数量	9	12	10	11	11	12	11	11
赞助费用	0.96亿美元	1.72亿美元	2.79亿美元	5.79亿美元	6.63亿美元	8.66亿美元	9.5亿美元	

（注：资料来源于国际奥委会官方网站：www.olympic.org.）

表1-8　5届奥运会的收入情况　　　　　　　　单位：百万美元

奥运会市场收入：过去5届奥运会收入情况					
收入来源	1993—1996	1997—2000	2001—2004	2005—2008	2009—2012
电视转播	1 251	1 845	2 232	2 570	3 850
TOP计划	279	579	663	866	950
国家奥委会赞助	534	655	796	1 555	1 838
门票收入	451	625	411	274	1 238
许可	115	66	87	185	170
总计	2 630	3 770	4 189	5 450	8 046

（3）赞助体育联盟

随着体育的国际化和商业化，互联网等多元媒体快速发展，越来越多的企业开始关注职业体育联盟，一些顶级体育联盟的赞助费用也在不断刷新纪录。2015年MLB（美国职业棒球大联盟）赞助商收入创纪录地获得了7.78亿美元。即便如此，也只能屈居北美四大联盟第二位。2014赛季NFL（美式橄榄球大联盟）赞助收入达到11.5亿美元，高居四大联盟榜首。2014—2015赛季，NBA的赞助收入是7.39亿美元，NHL为4.47亿美元。随着我国对体育产业的大力发展，大众体育消费意识逐渐提升，国外职业体育联盟纷纷瞄准中国市场，将国际合作伙伴和赞助商作为市场开发的重要内容和对象，如联想、海信、OPPO、科健企业、鼎盛果业等。

现阶段我国体育联盟获得赞助情况比较好的主要是篮球、足球、羽毛球等群众基础较好的项目。赞助商也主要以本土品牌为主，如CBA的赞助商李宁、中超的赞助商中国平安等。2016赛季中超联赛的各级赞助商带来的商业收入至少达5亿元。与此同时，中超联赛的版权也卖出了5年80亿元的天价，体奥动力分阶段向中超联赛支付版权费用，前两年支付的金额分别为10亿元。2016年中超在版权+赞助商两大版块的收益就达15亿元，联赛的"吸金能力"逐渐凸显，如表1-9所示。表1-10为国内外体育联盟赞助商情况。

表1-9 2016年中超联赛各级赞助商出资情况

层级	类型	赞助商	赞助年限	赞助金额
一级	冠名赞助商	中国平安（保险业）	2014—2017年	第一年1.5亿元，其后按照每年10%幅度逐渐递增，2016年1.815亿元
二级	官方合作伙伴	耐克（体育运动装备）	2009—2019年	每年1 500万美元（包括赞助费及中超所有球队的全部装备）
		福特（汽车）	2014—2017年	由IMG代理，约每年4 000万元
		嘉士伯（啤酒）	2013—2016年	由IMG代理，约每年2 000万元
		京东（电商）	2014—2018年	约每年3 500万元
		DHL（快递）	2014—2017年	约每年2 000万元
		红牛（功能饮料）	2016—2017年	约每年2 000万元
三级	官方供应商及合作伙伴	雷曼光电（LED产品服务商及体育资源运营商）	2011—2016年	资源置换，雷曼提供14个赛场LED设备，获得每场中超比赛现场广告牌12分钟曝光时间
		壳牌	2014—2016年	约每年2 000万元
		泰格豪雅表	2016—2019年	约每年4 000万元

（注：数据来源于《中超联赛价值报告》）

表1-10 国内外部分体育联盟赞助商情况列表

联盟（赛）名称	部分赞助商	国别
NBA	State Farm、运通、雪碧、佳得乐、Sprint、起亚、BBVA Compass、安海斯·布希、斯伯丁、Adidas	美国
NFL	银子弹啤酒、三星、现代、佳得乐、微软、Bose、联想	美国
MLB	亚马逊网络服务、百威英博、美国银行、佳得乐、雪佛兰、鲶科、百事可乐、海飞丝	美国
NHL	Adidas、VISA、联邦快递、宝洁、通用汽车、百威英博、联想、达能、麦当劳	美国

续表

联盟（赛）名称	部分赞助商	国别
中国足球超级联赛	爱福克斯、佳能、耐克、恒源祥、正大福瑞达、上海文广传媒集团、INFRONT	中国
CBA	李宁、京东、一汽大众、搜狐、美孚、TCL、UPS、百岁山、腾讯体育	中国
中国乒乓球俱乐部超级联赛	茅台集团、中国联通、红双喜	中国
中国羽毛球超级联赛	雪铁龙、李宁、尤尼克斯、VICTOR	中国
英格兰足球超级联赛	巴克莱银行、艺电体育、耐克、嘉宁啤酒、Topps、Sporting iD	英国
意大利足球甲级联赛	帕尼尼集团、耐克、意大利电信移动公司	意大利
西班牙足球甲级联赛	耐克、Santander、mahow、TAGHeuer、EA sports、三星、马自达	西班牙
欧洲冠军联赛	乐事薯片、NISSAN 汽车、Adidas、MasterCard、Heineken	—

（4）赞助职业体育俱乐部

职业体育俱乐部的收入来源中，赞助占据着重要的位置。2007—2014年，欧洲足球俱乐部主要收入来源于播放权收入和赞助（图1-3）。

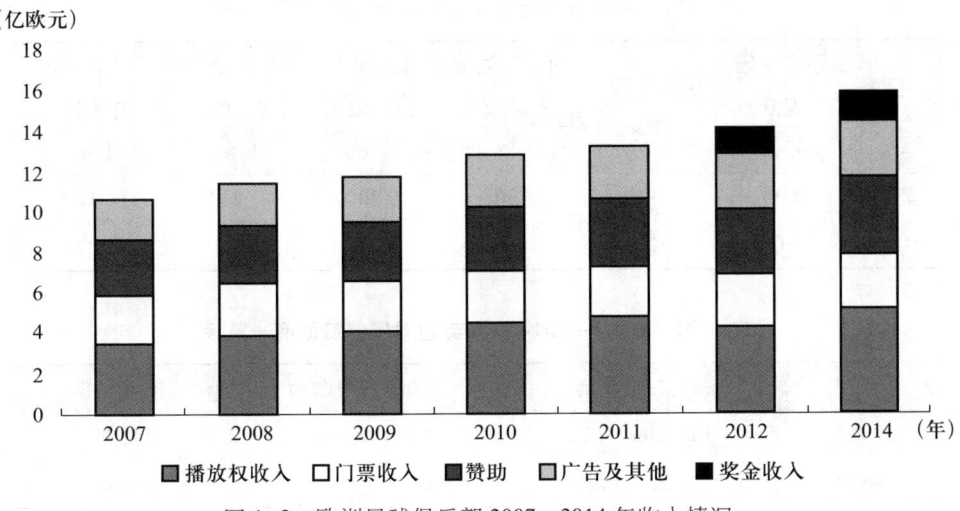

图1-3 欧洲足球俱乐部2007—2014年收入情况

1996—2014 年，欧洲足球俱乐部收入增长了 559%，年均增速 9.5%，且 2014 年收入达 159 亿欧元（不含转会收入），是全球足球产业最为发达的地区（图1-4）。

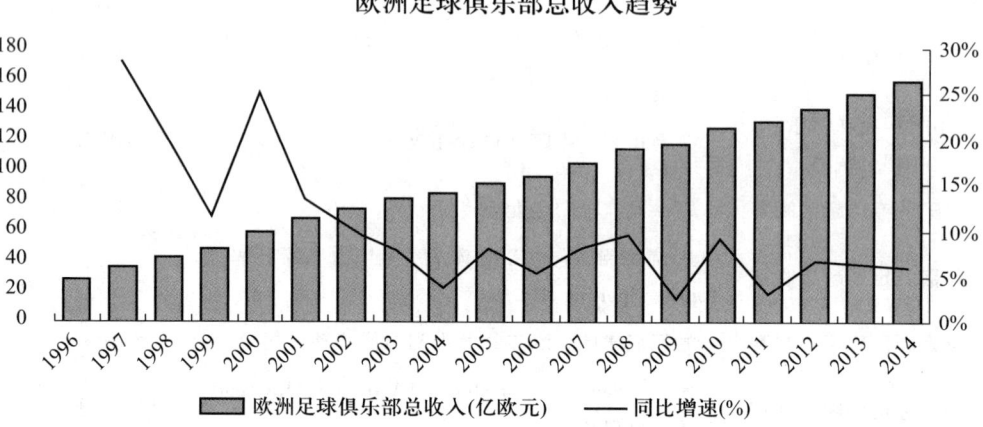

图 1-4　欧洲足球俱乐部总收入情况

对比中超和英超职业足球俱乐部收入情况，中超的俱乐部收入单一，主要依靠赞助。而英超俱乐部相对平均，电视转播收入、门票、赞助及广告各占 1/3。在收入来源比例方面，中超与英超虽有所差异，但英超赞助收入还是远远高于中超（表 1-11）。2013—2014 赛季，英超 20 家俱乐部全部获得赞助，赞助商主要为体育博彩公司和 IT 行业，其次为啤酒和物流行业（表 1-12）。

表 1-11　中英职业足球俱乐部经营状况比较一览表

	平均每场观众（万人）	平均上座率（%）	门票收入占总收入（%）	电视转播占总收入（%）	广告赞助占总收入（%）	其他收入占总收入（%）
英超	3.34	90	30	30	28	12
中超	1.01	35	12	1	60	27

表 1-12　2013—2014 赛季英超俱乐部赞助商一览表

俱乐部	主赞助商	博彩赞助商	球衣品牌
阿森纳	Emirates（航空）	betsson	耐克
维拉	大发（博彩）	-	macron

续表

俱乐部	主赞助商	博彩赞助商	球衣品牌
切尔西	三星（IT）	-	阿迪达斯
埃弗顿	Chang Beer（啤酒）	PaddyPower、大发	耐克
富勒姆	Marathonbet（博彩）	-	阿迪达斯
利物浦	渣打银行（银行）	188BET	Warrior
曼城	ETIHAD（航空）		耐克
曼联	Aon（保险）	bwin	耐克
纽卡斯尔	Wonga.com（小额贷款）	138.com	彪马
诺维奇	AVIVA（保险）	-	Errea
水晶宫	GAC（物流）	-	AVEC
斯托克	bet365（博彩）	-	阿迪达斯
桑德兰	Bidvest（投资）	Betbutler、同乐城	阿迪达斯
斯旺西	32RED（博彩）	-	阿迪达斯
托特纳姆热刺	HP（IT）	betfred、乐天堂	Under Armour
西布罗	Zoopla（互联网，IT）		阿迪达斯
卡迪夫	Malaysia（航空）	-	彪马
西汉姆	Alpari（外汇经纪）	-	阿迪达斯
赫尔城	Cash Converters（典当）	-	阿迪达斯
南安普顿	aap3（IT）	-	阿迪达斯

（5）赞助体育明星

因为体育明星在某种程度上是广大体育迷追捧的偶像，体育明星的一举一动都可能产生轰动效应。体育明星已成为大众及企业关注体育赛事和运动项目时所使用的高频词汇。体育明星为企业品牌做广告，形象代言人可以使产品迅速曝光，占领市场，为企业创造巨大的经济效益和社会效益。体育明星的商业价值和市场价值魅力是任何企业无法抗拒的。例如，耐克公司赞助詹姆斯，其赞助费用远远高出与杜兰特签约的10年3亿美元赞助费，并且与詹姆斯签订终身合同。2003年与詹姆斯签订合同时，耐克年销售额为103亿美元，双方合作第一年，耐克球鞋在海外的销售量大大高于美国国内销售量，詹姆斯的影响力功不可没。从表1-13福布斯2015年全年收入最高的

10 名运动员及代言情况可见，越是普及度、知名度高的项目，体育明星的代言收入比例越高，可见赞助商更加青睐在群众基础高的体育明星上投资。

表 1-13　福布斯 2015 年全球收入最高的 10 名运动员

2015 年排名	姓名	收入（万美元）	代言收入（万美元）	项目
1	梅威瑟	30 000	1 500	拳击
2	帕奎奥	16 000	1 200	拳击
3	克里斯蒂亚诺·罗纳尔多	7 960	2 700	足球
4	梅西	7 380	2 200	足球
5	费德勒	6 700	5 800	网球
6	詹姆斯	6 480	4 400	篮球
7	杜兰特	5 410	3 500	篮球
8	菲儿·米科尔森	5 080	4 800	高尔夫
9	泰格·伍兹	5 060	5 000	高尔夫
10	科比	4 950	2 600	篮球

（6）赞助体育场馆

体育活动吸引着广大观众，充满动感的体育场馆的广告效应效果显著。广告专家曾调查，0.3 亿~1 亿美元购买一个大型体育场馆的命名权 20 年，意味着这家企业的名字将可以通过印刷文字、互联网、广播、手机 APP，跟潜在顾客接触超过 10 亿次，与传统的商业广告方法相比，其效果不言而喻。通过对体育场馆进行赞助，购买体育场馆冠名权，可以使一家默默无闻的公司扬名四海。美国作为体育强国，拥有众多的体育场馆，四大职业体育联盟几乎每一支队伍都拥有自己的体育场馆及冠名赞助商，如丰田体育中心和斯台普斯球馆、飞利浦竞技场等，都已在球迷心目中成为耳熟能详且口口相传的品牌，体育场馆设施的收入也是美国城市经济发展的重要来源。表 1-14 列出的是世界上冠名价值最高的十大体育场馆。

我国大型综合性的室内体育场馆不多，其目的大多为配合大型运动会举办，在商业性开发上较为欠缺。在场馆的赛后利用上，除了北京五棵松体育馆和上海梅赛德斯奔驰文化中心，其他场馆的利用率均不到 50%（表 1-15）。

表 1-14 世界上冠名价值最高的十大体育场馆

排名	球馆名称	年限	平均每年	赞助总额
1	Reliant Stadium	30	0.1 亿美元	3 亿美元
2	FedEx Field	27	0077 亿美元	2.07 亿美元
3	American Airlines Center	30	0.065 亿美元	1.95 亿美元
4	Philips Arena	20	0.091 亿美元	1.819 亿美元
5	University of Phoenix Stadium	20	0.077 亿美元	1.54 亿美元
6	Bank of America Stadium	20	0.07 亿美元	1.4 亿美元
7	Lincoln Financial Field	20	0.07 亿美元	1.396 亿美元
8	Lucas Oil Stadium	20	0.061 亿美元	1.215 亿美元
9	Invesco Field at Mile High	20	0.06 亿美元	1.2 亿美元
10	Staples Center	20	0.058 亿美元	1.16 亿美元

表 1-15 我国场馆冠名权开发情况表

场馆名称	冠名者	年份	合同年限	冠名金额
宁波雅戈尔体育场	雅戈尔集团股份有限公司	1999	5 年	300 万元
恒基伟业体育场	四川恒基伟业	2001	10 年	1 600 万元
青岛双星体育馆	青岛双星集团	2003	10 年	200 万元
山东成山体育场	山东成山轮胎股份有限公司	2003	50 年	3 000 万元
上海奔驰文化中心	梅赛德斯奔驰	2010	10 年	5 亿元
北京万达中心（2016 年更名为乐视体育生态中心）	万事达（2011—2015 年）乐视（2016—2020 年）	2011 2016	5 年	2 亿元（未知）

（资料来源：沈佳. 体育赞助［M］. 上海：复旦大学出版社，2012.）

（7）赞助体育公益事业

公益事业性体育赞助其实质是一种社会公共关系的商业性营销活动，企业通过对体育公益性事业的支持，树立企业良好形象，提高知名度，从而达到营销获利的根本目的。阿迪达斯在德国大力开展青少年街道篮球运动，还在全球 40 个国家举办街道篮球全国锦标赛，赞助举办世界街道篮球锦标赛，俨然成了世界青少年街道篮球的"推广大使"。2010 年匹克启动"匹克青少年篮球发展计划"，为中国培养篮球后备力量，打造新一批篮球巨星。通过在一些一线城市建立公益性质的篮球公园，匹克公司每年带领众多 PEAK TEAM 的 NBA 球员明星来到中国，与中国青少年进行面对面的交流和比赛，强化青少年对于篮球项目的参与度，提高青少年的篮球水平，为青少年篮球迷们打造最强的篮球平台，创造与世界顶级篮球文化碰撞的机会。匹克还为我国贫困地区、比赛和训练条件不成熟的篮球爱好者捐赠篮球装备，让 NBA 球星与他们交流互动，将篮球的精神带到全国各地，为篮球爱好者们提供属于自己的"精神家园"。2013 年，中国平安与中国奥委会携手，在全国 18 个城市开展"第 27 届奥林匹克日长跑活动"，号召全民健身，将公益体育项目提升到新高度。通过以上案例可以看出，对公益事业的体育赞助，是美化企业形象的重要途径。

在赞助类型划分时还要注意赞助商的产品细分与市场的相关因素，产品区分不清，往往会影响赞助商的长期赞助，其次赞助商的排他权益也应注意相关法律层面的规制。

（二）体育赞助的特征

基于体育赞助的性质，结合当前社会发展的特点，体育赞助具有以下特征：

1. 商业性

商业性是体育赞助最突出的特征，也是体育赞助最本质的功能。"在经济社会里，永远没有免费的午餐，你想得到一个机会，就必须付出一定的代价"，这是市场经济的基本原则。少投入、多产出、追求利润的最大化是赞助商的首要目标。以体育活动或赛事为平台和载体，利用体育赛事的巨大影响力，形成"体育搭台，经济唱戏"的双赢局面是体育赞助可实现的目标。因其商业性不像其他传统沟通手段那样直接，而是在赛事比赛过程中，让观众潜移默化地接受广告宣传，且体育运动所传达出的公平、公正、和谐等理念，也对企业的品牌产生积极的正面影响，使企业品牌具有顽强的市场生命力。

2. 整体性

体育赞助活动一般涉及赞助方、被赞助方、中介方和媒体。赞助方和被赞助方是体育赞助的主体。赞助方是体育赞助的买方，它向被赞助方体育组织或运动员提供资金、物质、劳务或技术等支持，换取冠名、广告、专利和促销等商业回报权益。被赞助方体育组织或运动员是体育赞助的卖方，具体负责体育赞助的策划、营销、组织和实施。中介方指体育赞助经纪人，它是两大主体之间的中介。其主要任务是向赞助双方提供居间、代理和行纪服务，促成赞助交易；或者作为赞助双方的代理人或行纪人，具体策划、筹备、营销和运作赞助事宜。尽管有的体育赞助活动并没有涉及中介机构，但也具备鲜明的整体性特点。媒体包括电视、广播、报纸、杂志、网络等，在体育赞助中媒体起着非常重要的作用。体育赞助的整体性特点要求体育赞助双方在实施体育赞助过程中要加强合作，分工明确，按照市场规则办事。只有各个环节紧密协作，才能形成一个完备的整体，实现赞助商的利益最大化。

3. 多元性

体育赞助的多元性特征具有以下几个方面的含义：一是赞助商的多元化选择及其得到的多元化回报。赞助商可以根据产品的类别、性质等因素，结合体育竞赛的项目、规模、特点等选择赞助的形式、内容，从赞助活动中得到包括媒体宣传报道、树立产品在消费者心目中的形象和地位、现场促销等方面的回报。二是体育赞助产生了多元化效应：体育赞助的作用不仅仅是在经济上得到双赢，而且在社会、文化等方面也产生了巨大的影响，能够增强人们的社会责任感、丰富人们的精神文化生活。三是在体育赞助活动过程中的多因素综合。在体育赞助活动过程中，产品营销是最主要的因素，而关系营销、运筹学、市场预测和管理等也是赞助活动能否获得成功的重要因素，因此赞助双方必须考虑多方面的因素，为体育赞助活动的成功打下坚实的基础。

4. 风险性

由于体育赞助是一个完整的系统，必须保证每个环节万无一失。若其中任意一个环节出现纰漏，都会导致失败，因而体育赞助具有一定的风险性。例如由于天气等原因使得一些原先计划好的比赛和回报措施无法实现；因假球、黑哨、兴奋剂、官员受贿等无法预料的丑陋现象殃及赞助者的形象；参赛运动员出现丑闻、受伤或死亡等都会导致企业的实际收入与预想的出现偏差，对企业的形象造成不利影响。在事先策划体育赞助时，要考虑周全，尽量做到全面、具体，准备好防御措施，即使面对风险，也要将损失降到最低。

5. 全球性

体育赞助逐渐向国际化趋势发展，转播技术的发展使得现场画面更清晰，也可以从多角度、多方位进行多次展示，从而大大提高了赞助商对体育赛事的兴趣。新传媒技术的广泛应用，使得体育赞助的影响和作用在全球范围内迅速扩大。随着经济全球化的发展，体育赞助也逐渐呈现全球化的趋势，长时间以来，欧美是世界体育产业和体育赞助的中心，但随着全球化脚步的加快，欧美企业将目光投向了亚洲市场，体育赞助的中心将逐渐向东方转移，例如，瑞典 VOLVO 汽车集团多年仅赞助高尔夫、网球、马术和滑雪滑冰等体育项目。但近年来，他们也开始赞助中国举办的世界乒乓球锦标赛和高尔夫比赛。

6. 隐含性

从赞助传播的过程来看，体育赞助具有隐含性，并且是一种间接的软性广告传播行为，可归属于广告范畴，其商业目的隐含于赞助行为之中。虽伴有商业目的，但大多体育赞助活动在非商业状态下进行，一方面不会招致人们的反感；另一方面又是一种非常自然而又带有强制性的软广告。人们在观看比赛以及参与赛事的过程中，会无意识地接受到赞助商的广告和营销信息，从而使企业在消费者的认知中留下更深刻的印象。在 2011 年 NBA 全明星周末的扣篮大赛中，热门选手麦基在每轮扣篮之前都要换一双鞋。在与超级新人格里芬的对决中，麦基甚至两脚穿不同配色的匹克球鞋完成扣篮。他频繁换鞋的举动自然也吸引了导演的注意，在他为最后一轮扣篮做准备时，导演给了他脚上的匹克球鞋一个长达 3 秒钟的特写镜头，这是连 NIKE 都未曾享受过的待遇，而参加扣篮大赛的 4 名球员中，除了麦基，其他人均穿着 NIKE 的球鞋。在全明星周末的前一天，匹克董事长许志华现身匹克在洛杉矶的分公司，宣布 2011 年匹克将全面进军美国市场，而麦基在扣篮大赛上的惊艳表现无疑为匹克在美国的推广开了个好头。

第三节 体育赞助未来的发展趋势

一、媒体发展对体育赞助未来的影响

（一）传统媒体依然影响着体育赞助的未来发展

媒体在体育赞助中具有重要的地位和作用，是体育赞助的重要组成部

分,任何一项体育赞助活动,都离不开媒体的大力宣传,没有众多媒体的包装、宣传、转播报道和评论等方面的推动,体育赞助活动的影响力将大大降低,许多赞助回报也因曝光率太低而减少。当今世界各类媒体种类繁多,我国目前拥有大量体育类的报纸,如《中国体育报》《体坛周报》《足球报》等专业报纸,还有一些综合性报纸都设有体育版。然而随着社会的发展,作为传统传播行业的平面广告、户外广告和电视广告这三种以前普遍被认同的推广方式逐渐被以互联网为主题的传播模式冲击,但是传统媒体依然发挥着对体育赞助的重要影响。在所有的传统媒体中,对体育报道力度最大、最受欢迎的是电视媒体,中央电视台体育节目的年播出量就高达 7 000 小时,占总播出时间的 15%,各省、自治区、直辖市有线电台体育节目的播出量也高达 6 000 小时,而且播出的体育节目时间长、数量多、内容丰富多彩。

(二)新媒体对体育赞助未来的发展影响深远

随着大数据时代的到来,互联网使人们的生活水平和生活质量有了显著的变化,互联网技术的广泛普及进一步加深了体育赞助的复杂程度,给传统的体育赞助理念带来巨大的影响和冲击。在当今所有媒体中,互联网很好地满足了用户娱乐性与互动性的一体化需求,成为最具消费力的年轻人群获取体育资讯的首选,任何企业要开展体育营销都将无法绕开互联网平台。互联网对体育赞助过程的影响表现在各个方面,如帮助赞助商与被赞助商高效便捷地在线沟通、进行数据传递、在线销售、全球化推广等(表 1-16),尤其是体育赞助的评定方面,互联网出现之前赞助效果的评定一直困扰着赞助商,互联网出现后,这个过程的操作可行性明显提高。

表 1-16 互联网对体育赞助过程的影响

赞助过程	过程要素	互联网的贡献
赞助目标	提高企业知名度	通过 E-mail、MSN、QQ 视频等
	扩大曝光率	内部沟通(在线视频会议等)
	接触目标消费者	外部沟通(谈判、与消费者接触等)
	建立品牌形象	全球化(轻松接触全球目标消费群)
	促进销售	保持和获得竞争优势,节约成本,在线销售产品
	沟通关系	数据传递,公司形象展示

续表

赞助过程	过程要素	互联网的贡献
赞助预算	公司规模	内部及外部高效便捷地在线沟通
	赞助经历	公司内勤管理
	竞争均势	节约成本
	销售份额	电子数据传递
	费用分配	
赞助对象选择	确定赞助的范围	内外部在线沟通
	确定运动平台	公司内勤管理
	选择具体的赞助平台	节约成本
		数据文本在线传递
赞助执行与评定	确定实施步骤	精准地定位目标人群
	寻找合适的效力评定方法	内外部在线沟通
		节约成本
		信息反馈与搜集
		数据文本在线传递

（资料来源：徐建华，程丽平，杨冬钧. 赞助过程视角下互联网对体育赞助的影响探析[J]. 2010，9（8）：43~45.）

案例 1-1

互联网互动事件营销

随着体育营销在中国的不断发展，以往传统的硬广式宣传已不能更好地满足广告主的需求，因此，互动事件营销渐成趋势。根据艾瑞《2010年世界杯热点营销研究报告》调研数据显示，网民对于世界杯营销活动的偏好呈现出一种多元化的态势，赛事结合兑奖、世界杯口号和运动理念等相关活动以及体育明星代言广告，都是与世界杯主体密切结合的营销主题。营销活动必须要以内容作为载体，因此，南非世界杯，各大门户网站纷纷推出大批量的临时栏目，搜狐甚至打造出十几档世界杯相关主题栏目以及几十个世界杯互动营销活动。联想与搜狐在世界杯期间共同打造的世界杯主题活动《司马TA燃情世界杯》，此外还有针对学生和刚跨入职场的年轻人，主打情感牌"你最想和谁一起看球"，并通

> 过搜狐博客、微博、社区以及搜狐白社会，上传忆旧文字或图片，以丰厚的奖品吸引网友参与，并鼓励网友与自己同事、同学分享，相约在线观看世界杯赛事。
>
> 实践证明，这个活动是一次相当成功的尝试。

著名战略规划专家王志纲曾说，在当今这个竞争激烈的社会，企业若要发展，就必须做到：业态创新，模式为王。体育赞助的有效开展同样离不开模式创新。互联网的普及为体育赞助模式创新提供了绝佳的平台。2009年7月上线的Sport Driven是英国第一个利用互联网的在线体育营销平台，让赞助商和广告客户能够很容易地找到体育产业新的商业机会。Sport Driven能够帮助投资者，一般是赞助商节约时间、金钱，提高效率，让他们通过一个全面的体育营销搜索目录，寻找当前商业机会的范围、地理位置、赞助价格、体育类别和机会分析等。另外，Sport Driven会向有意进行赞助的用户提供更多、更详细、更有价值的信息，方便他们快速、准确地和体育活动联系人进行联系，让整个赞助的过程变得简单、快捷。随着当前体育产业的发展，专业的体育赞助营销服务非常必要，但到底能在多大程度上真正地实现体育活动组织者、球队与广告、赞助商的网络对接，有待实践。

互联网时代从渠道、价格到产品策略等诸多方面引发营销的变革，对传统的营销管理观念产生巨大的冲击和影响。对于具有战略眼光的赞助商来说，互联网在体育赞助过程中可能会成为非常有前景的市场营销战略工具，如果管理运用得好，它可以提供两种极为重要的靠信息驱动的商业环境：通过丰富的数据库文档拉近与消费者的关系；通过嵌入式环境和文字化交流扩大品牌累积效应。体育赞助应该定义为一种关系建设工具，而不是一种广告或者销售工具。在即时信息流和网络全球化的时代下，体育赞助商必须增加与消费者互动，了解消费者信息和满足消费者的体验。总之，在全球市场范围内，网络化的体育赞助可以凭借全球化的影响力与低成本相结合的优势为赞助商瞄准分散但同类的目标消费群，从而为自己的投资获得更多的回报。

二、科学技术的发展对体育赞助未来的影响

随着科技的进步和数字化生活成为主流，体育赞助中技术和社交媒体的

运用也变得不可忽视。数字时代的体育赞助,需要更有想象力,数字体验不再是加分选项而是必备因素,由此可见科技在体育赞助中扮演着越来越突出的角色。

案例 1-2

VR 直播——未来体育营销新的引爆点

从北京飞往里约热内卢,需要乘坐 25 小时的飞机。借势奥运水涨船高的机票,来回就要耗费 3 万多元。这让不少体育爱好者为无法亲临奥运现场感受热情的桑巴氛围感到惋惜。然而,每届奥运会都不乏新的惊喜。今年,虚拟现实技术的兴起使得奥运会有了新"看法"。奥运会前夕,美国 NBC 广播公司携手三星和奥林匹克广播服务公司,宣布推出里约奥运会 VR 直播,利用 VR 技术让观众更近距离接触奥运会。

从奥运会开幕式的第二天,一直持续到奥运会闭幕后一天,NBC 针对里约奥运会推出 85 小时的 VR 节目,包括奥运会开幕式和闭幕式,男子篮球、体操、田径比赛、沙滩排球、跳水、拳击和击剑等项目的精彩片段。视频画面由国际奥委会专门设立的奥运会主转播商——奥林匹克广播服务公司录制,然后通过 NBC 奥运频道转播,三星消费者通过他们的付费电视提供商认证之后,可以在 NBC 体育应用上的 TV Everywhere 观看虚拟现实内容,这将是 VR 技术在奥运会节目中的首次广泛应用。

未来的体育赛事将会更加强调互动性及娱乐性,如今国内外越来越多硬件供应商开始争抢 VR 体育直播这个"香饽饽",VR 技术在体育直播中的应用正在逐渐增多。

VR 直播不仅能够给场外观众带来身临其境的观赛体验,也为体育赞助商带来了新的商机。借助 VR 技术的构建沉浸式虚拟场景,商家可以提供非同一般的消费体验,从而刺激消费。VR 硬件通过传感器可以探测到观众视觉焦点,这让广告商们不用再猜测"观众的视线会在什么地方停留",而能真正把想传达的信息呈现在"焦点上"。这也将为未来奥运营销大战点燃新的引爆点。

(资料来源:亢樱青. VR+直播,是现实颠覆还是虚火一场[J]. 商学院,2016(8).)

三、国际化发展对体育赞助未来的影响

经济全球化以后,世界各国的经济都紧密联系在一起,通过对外贸易、资本流动、技术转移、服务提供等业务形成了一个全球范围内的有机经济整体。一些大型的跨国公司为占领中国市场斥巨资进行体育赞助,因为这些跨国公司意识到要想进入中国市场并被迅速接受,一个重要的经营策略就是对本土的运动员、赛事进行体育赞助,以取得消费者在情感、行为和价值观等方面的沟通和认同。这些大公司有专门的体育赞助管理机构、人员和预算体系,赞助工作规范化、经常化。可口可乐、百事可乐、飞利浦、三星等一批著名跨国公司在我国的成功都证明了体育赞助的特有魅力。

（一）对赞助权的保护要求更高

随着体育赞助花费的增加,有些企业开始干扰和侵害赞助商的合法权益,采用不合理的手段享受赞助商的合法权益,严重地损害了赞助商的合法权益。例如在瑞典,俱乐部销售其赞助资源时,需要充分注意如何对待赞助活动中"伏击营销"的威胁。例如,坚持赞助企业的排他权,一个项目只能接受一家同类公司。有效听取赞助商建议,切实保护赞助商的合法权益和回报落实,严防其产品服务受到某种形式的干扰等。此外,瑞典还采取了制定权利保护立法；明确企业产品领域和竞争者定义；签署防渗透和排他性协议以及对比赛场地扩张保护措施等方法。

（二）赞助和企业都要拥有"国际化"的基因

近些年来,以亚洲为代表的东方国家经济快速发展,形成了巨大的体育市场。西方企业在体育赞助过程中也逐渐了解东西方体育的差异,即使在亚洲各国体育赞助项目也不尽相同,垒球、棒球主要在日本；羽毛球在印度尼西亚最普及；韩国的射箭最有名；巴基斯坦的曲棍球实力强劲等。此外,美国的篮球逐渐在亚洲体育舞台上占据重要地位,姚明、王治郅等中国球员进入 NBA 参加比赛,美国 NBA 的一些球员进入中国的 CBA 进行比赛,无形中提升了赛事的品牌度和知名度。日本职业棒球投手野茂英雄（Hideo Nomo）虽扬名于美国洛杉矶道奇队（Dodgers）,却可以在日本国内签下 6 个产品代言的赞助合约,一年可获利 150 万美元。

案例 1-3

可口可乐赞助奥运会的国际化之路

可口可乐从 1907 年赞助美国棒球比赛，至今已有 100 余年的赞助传统。1928 年，1 000 箱可口可乐和参加第九届奥运会的美国代表团一道运抵阿姆斯特丹，揭开了可口可乐赞助奥运会的历史篇章。从那时起，可口可乐就和奥运会结下了不解之缘（表 1-17）。

表 1-17　可口可乐公司在历届奥运会中的赞助活动

年份	地点	事件
1932 年	第 10 届洛杉矶奥运会	在奥运会期间有 200 多名青少年，身着白色夹克衫，带着白手套，作为可口可乐的特别代表出现在比赛中，可口可乐还专门为奥运会带来了一个奥运会纪录指示器，随时向人们展示 8 项奥运会纪录，18 项世界纪录
1948 年	第 14 届伦敦奥运会	第二次世界大战后，由于物资极度匮乏，可口可乐公司把生产设备从苏格兰运往伦敦，以充分满足运动员以及观众对可口可乐饮料的渴求
1952 年	第 15 届赫尔辛基奥运会	可口可乐公司送去 30 万箱可口可乐，大部分贡献给了残疾退役军人协会，并由该协会在奥运会期间义卖为"第二次世界大战"中的伤兵筹款
1960 年	第 17 届罗马奥运会	意大利可口可乐公司推出至今仍走红的奥运会歌曲唱片，贡献给运动员、官员和观众
1964 年	第 18 届东京奥运会	可口可乐为奥运选手、观众及新闻记者提供了一份导游图、路标指南、观光说明书和极为实用的日本短语手册，这一手册一直沿用到 1968 年的墨西哥奥运会
1968 年	第 19 届墨西哥奥运会	为了庆祝美国人登月成功，可口可乐特地让其服务人员穿上红白色的太空服，为来自 112 个国家和地区的观光者提供可口可乐

续表

年份	地点	事件
1972年	第20届慕尼黑奥运会	在15 000人的奥运村，随处可以免费品尝可口可乐，此外，公司还精心制作了一台反映奥运史上17个有纪念意义的夺冠的电视节目。该节目的销售收入全部捐献给美国奥运会以资助美国参赛选手
1976年	第21届蒙特利尔奥运会	可口可乐公司买下了优良赛马"观察家"作为礼物送给加拿大人民，后来，此马成了加拿大马术队队长的坐骑
1984年	第23届洛杉矶奥运会	可口可乐公司推出一种数量不多的吉祥物，印有"山姆鹰"和一瓶可口可乐的奥林匹克纪念章。目前，该纪念章的价值已高达1 500美元一枚
1992年	第25届巴塞罗那奥运会	可口可乐发起并赞助举办首次邀请非举办国代表参加的奥林匹克火炬传递活动，共有来自50个国家和地区的200名代表参加
1996年	第26届亚特兰大奥运会	亚特兰大是可口可乐公司总部所在地，为了迎接百年一遇的大好机会，公司不惜动用一半的广告和营销预算资金大力开展声势浩大、丰富多彩的赞助沟通活动
2000年	第27届悉尼奥运会	可口可乐公司在奥运会开始前在世界各国举办奥运会少年使者活动，选拔一些优秀的少年参观奥运会并到奥运会场参加服务工作
2004年	第28届雅典奥运会	在刘翔获得110米栏跨栏冠军时，可口可乐公司及时推出了"为奥运英雄举杯喝彩"的庆祝广告，再次掀起庆祝红色胜利的宣传高潮
2008年	第29届北京奥运会	作为奥运会火炬接力全球合作伙伴之一，可口可乐拥有在全球范围行使与火炬接力相关的排他性市场权益，并从资金、经验和市场推广等方面助力奥运会火炬接力
2012年	第30届伦敦奥运会	可口可乐公司为伦敦奥运会赞助了大约1亿英镑，但表现并不如意，销售量甚至比2011年下跌了3%

续表

年份	地点	事件
2016年	第31届里约奥运会	可口可乐是2016年里约奥运会官方赞助商，公司在全球各国的分公司抽调了近400名专员来负责奥运火炬传递和品牌的宣传。在火炬途经的所有国家和地区，可口可乐组织随行的团队，包括全球统一设计的火炬巴士，饮料赞助，安保服务，音乐娱乐赞助，甚至粉丝赞助。在可口可乐品牌的大本营美国，可口可乐选择和5位来自不同领域的知名奥运选手合作，包括足球、游泳、田径、体操还有残奥会选手

复习思考题：

1. 简述体育赞助与捐赠的区别。
2. 体育赞助的特征与功能是什么？
3. 新媒体对体育赞助未来的影响是什么？请举例说明。

本章参考文献：

［1］蔡俊五，赵长杰. 体育赞助——双赢之策［M］. 北京：人民体育出版社，2001.

［2］张大庆. 体育赞助的发展与管理［M］. 大连：大连海事大学出版社，2009.

［3］杨晓生，程绍同. 体育赞助导论［M］. 北京：高等教育出版社，2004.

［4］俞诚士. 体育赞助攻略［M］. 石家庄：河北科学技术出版社，2004.

［5］沈佳. 体育赞助［M］. 上海：复旦大学出版社，2012.

［6］方达儿. 亚运掘金：广州亚运会赞助营销历程［M］. 广州：华南理工大学出版社，2010.

第二章　体育赞助的理论基础

>>> **本章导语** >>>

本章主要阐述了体育赞助的价值，指出双赢是实现体育赞助价值的核心。为达到双赢的目的，需要遵循目标契合、换位思考、沟通协调和利益共享四大原则，要注重体育赞助的管理，还要科学确立体育赞助层级。在确立体育赞助层级时，要注重科学性原则、长久性原则、适应性原则和融合性原则。

>>> **学习目标** >>>

了解体育赞助的价值，体育赞助的管理，体育赞助的层级；掌握实现体育赞助双赢、确立体育赞助层级的原则及方法。

案例导入

2016年《财富》杂志"世界500强"评选中,三星电子以1 774.4亿美元的营业收入、165.32亿美元的利润,高居第13位。而在20世纪80年代至90年代初期,三星负债累累,常常通过打折促销消耗产品堆积。当时在美国,三星被看作是地摊上的廉价产品。为了摆脱"三流产品"印象,树立高端产品形象,三星在当时韩国国内金融危机、裁员30%、负债170亿美元的逆境中,毅然决然地选择成为1988年汉城奥运会的赞助商进行体育营销。最终三星集团不退反进,收获了27%的业绩增长量。

在经历1988年汉城奥运会后,三星品牌的国际知名度迅速提升,但国际化市场的局面一直未能打开。三星意识到体育赞助营销是扩大影响力、提升知名度、打开新兴市场的最佳选择,但要想迅速将自身品牌打造成国际知名品牌,普通的体育赞助是不够的,自此三星开始寻找成为奥运TOP赞助商的契机。

1997年,三星抓住竞争对手摩托罗拉与国际奥委会间的赞助费用分歧,通过连续三天的谈判,最终与国际奥委会达成TOP赞助协议,成为国际奥委会的TOP赞助商。值得一提的是,当三星做出这一决定时,三星集团乃至整个韩国正面临着金融危机,但为了改变自己"三流品牌"的形象并迅速走向国际市场,三星义无反顾地选择了增加营销预算为TOP计划买单。为了和TOP赞助商的身份相匹配,三星逐步摆脱了以往产品和企业的低端形象,将产品定位于高端市场。根据数据显示,到2016年,三星的品牌价值达到了518亿美元。这家韩国企业先后赞助了长野、悉尼、盐湖城、雅典、都灵、北京、温哥华、伦敦、索契以及里约奥运会。

三星的成功就像曼德拉所说的:"体育,拥有改变世界的力量。"三星的迅速崛起与它成功的体育赞助营销密不可分,除了奥运会赞助商之外,三星还积极赞助各种赛事,包括世界杯、欧洲五大职业足球联赛、NFL、NBA等。正是依靠着产品革新、经营理念的转变以及奥运赞助营销的帮助,三星才能成功转型,战线斐然。以手机为例,1999年,三星手机的全球占有率不过5%,到了2006年上升到11.6%,2015年,根据

> 市场研究公司 IDC 发布的 2015 年度智能手机市场报告显示,其总出货量已经达到 3.248 亿台,全球范围内的市场占有率高达 22.7%。就像三星的一位高级负责人所说的那样:"体育营销和奥运营销必须要耐心,而且需要持续投入——'罗马不是一天建成的'。坚持长期战略,总有一天,你的投入会得到回报。"

第一节 体育赞助的价值体现

一、体育赞助是重要的营销手段

(一)体育赞助的诉求逐年递增

随着"互联网+"时代的到来,体育以其独特的魅力与价值开始渗透于各行各业,体育赞助也逐渐成为企业品牌塑造与营销的重要手段。在各类赞助中,体育与艺术是主要的赞助对象,体育事件赞助占 75%~80%,艺术事件赞助占 10%~15%。纵观世界体育赞助市场的发展,IEG(国际事件集团,International Event Group)数据报告显示,2014 年全球体育赞助市场增速为 13.20%,远高于全球 GDP 增速的 2.80%。亚太市场的体育赞助增速更是高达 15.04%,而同区域 GDP 增速为 4.10%。

IEG《2014 年全球及北美运动赞助报告》显示,2010—2014 年,高尔夫、网球、NBA、NFL、MLB 等运动和联赛获得的赞助逐年递增,在企业赞助的活跃度方面,汽车企业是 2014 年在高尔夫、NBA 和 NHL 三个版块中赞助最活跃的行业,其次是银行、保险和酒水饮料。其中,百威英博的安海斯·布希英博在 MLB、NBA 和网球版块都是最活跃的赞助商(表 2-1)。根据 2016 年区域赞助研究机构 ASN 研究报告显示,2016 年亚洲赞助市场首次突破 100 亿美元,随着未来 6 年众多体育大赛的举办,亚洲体育赞助将出现巨大的增长空间。

第二章 体育赞助的理论基础

表 2-1 2010—2014 年各运动项目获得的赞助情况

运动项目	2010—2014 年各项目每年全球赞助费用	全球范围内最积极赞助该项目的企业
高尔夫	2014 $1.65B* 2013 $1.6B 2012 $1.5B 2011 $1.4B 2010 $1.36B	27% BMW 26% ROLEX 17% EMIRATES 15% MASTERCARD 15% COCA-COLA 14% ANHEUSER-BUSCH 14% FILA 13% DAIMLER 11% BANK OF AMERICA 9% AT&T Twenty-seven percent of golf properties with a sponsor in the auto category report a sponsorship with BMW.
网球	$739M 2014 $739 MILLION 2013 $708 MILLION 2012 $667 MILLION 2011 $628 MILLION 2010 $600 MILLION	34% ANHEUSER-BUSCH*　21% AMER SPORTS　19% XEROX　19% FEDEX　18% ROLEX　17% EMIRATES AIRLINE　16% BNP PARIBAS　16% LVMH MOET HENNESSY LOUIS VUITTON　14% HEAD　14% RICOH
NBA	$536M $572M $610M $642M $679M 2010 2011 2012 2013 2014	84% ANHEUSER-BUSCH* 77% STATE FARM 68% GATORADE 65% MILLERCOORS 55% ADIDAS 55% COCA-COLA 52% SPALDING 45% KIA MOTORS 45% MCDONALD'S 42% PEPSI-COLA 35% GEICO

第一节 体育赞助的价值体现

续表

运动项目	2010—2014年各项目每年全球赞助费用	全球范围内最积极赞助该项目的企业
NFL	2010: $870 MILLION; 2011: $946 MILLION; 2012: $1.01 BILLION; 2013: $1.07 BILLION	COMCAST PRIMESPORT 36%; TOYOTA 33%; GATORADE 100%; ANHEUSER-BUSCH INBEV 88%; TICKETMASTER 67%; VERIZON 58%; FORD 39%; COCA-COLA/GEICO 42%; PAPA JOHN'S 45%; MILLERCOORS/PEPSI/VISA 52%
MLB	2014: $695M; 2013: $663M; 2012: $626M; 2011: $585M; 2010: $548M	ANHEUSER-BUSCH* 81%; NEW ERA 74%; STATE FARM 71%; HANKOOK TIRE 58%; PEPSICO,INC. 58%; EBAY,INC. 55%; BERKSHIRE HATHAWAY,INC. 55%; TOYOTA 55%; MILLERCOORS 45%; MASTERCARD 45%

（资料来源：《IMG报告系列（二）：2014年全球及北美运动赞助报告》）

（二）新时代下的赞助策略：体育赞助

根据普华永道发布的《全球体育市场报告》显示，2015年的全球体育市场总规模为1 453亿美元，其中，体育赞助的收益从2010年的350亿美元增长到453亿美元，占据全球市场总额的28%。体育赞助已经成为越来越多品牌营销的重要选择之一。2016年，瑞士的国际体育大会议程更是将体育赞助列为重点研讨内容。这一年是体育大年，欧洲杯、里约奥运会、网球四大满贯、高尔夫大满贯、F1各分站赛、NBA等都是众多企业不可轻易放过的最佳营销赛事。

2015年12月，阿里巴巴冠名国际足球联合会俱乐部世界杯，成为2015—2022年国际足球联合会俱乐部世界杯的独家赞助商。2016年1月14日，欧足联官员宣布海信成为2016年欧洲杯的首个顶级赞助商之一，也成为欧洲杯设立56年以来首个中国顶级赞助商。2016年1月，起亚汽车继续成为澳大利亚网球公开赛的主赞助商，并将"澳网史上时间最长赞助商"这一纪录延长到15年。同年，雷曼光电也正式冠名赞助葡萄牙职业足球甲级联赛，成为首家冠名欧洲足球联赛的中国公司。2016年7月20日，乐视移动正式与中网公司签约，成为中国网球公开赛白金赞助商。2016年8月，361°作为里约奥运会官方合作伙伴参与奥运。国内各大企业不断赞助体育赛事，其目的都是为宣传品牌形象，利用体育的辐射效应抢占市场。

二、体育赞助是打造品牌的捷径

（一）体育赛事成为企业品牌塑造的重要平台

体育活动或者体育项目本身就是一个知名品牌，如奥运会、世界杯、NBA等，因此，企业通过赞助这些知名度高、形象好的体育活动或体育项目，能提升自身的品牌资产。根据晕轮效应和平衡理论，消费者（受众）会把对赞助活动的好感转移到赞助商上，从而提升赞助企业的品牌知名度、品牌形象，影响消费者的购买意向和行为，最终提升赞助企业的品牌资产。其次，体育赛事之所以能成为企业争相赞助的原因在于：① 体育赞助有利于企业树立品牌形象，借助体育活动本身的光环效应提升品牌的知名度和美誉度。② 体育赞助比一般的纯粹商业性行为更能创造出有利于企业生存的社会环境。③ 体育赞助有利于企业产品的销售。

据相关统计显示，一个企业若想在世界范围内提高自己的品牌认知度，每提高1%就需要投入2 000万美元的广告费，但借助大型体育比赛，同样的花费可以将认知度提高10%。这也解释了国内外巨头企业纷纷抢占体育市场的原因所在。

在2008年北京奥运会上，李宁借助"夸父追日"式的开幕式点火以及赞助阿根廷、西班牙等国家奥运代表队服装，使李宁一跃成为国际知名品牌，在国内外顾客心中的品牌形象深入人心。联想作为北京奥运会营销投入最大的国内企业，在4年的时间里总投入接近20亿元，但从2004年到2007年，联想的品牌价值提升了一倍，从307亿元上升到607亿元。

（二）塑造城市形象的绝佳途径

体育营销传奇人物"奥运金手指"麦克尔·佩恩指出：体育赞助不仅是企业营销的重要手段，更是城市发展的催化剂，是重塑城市品牌形象的绝佳途径。城市发展借助"体育"之箭获得成功的案例越来越多，例如西班牙瓦伦西亚，一个名不见经传的小城市因举办全世界水平最高、最具影响力的美洲杯帆船比赛，一下成为西班牙最热门的旅游地之一。韩国的光州也因举办F1赛车一夜成名。城市旅游引发的经济复苏带来的巨大收益，是政府最愿意看到的。1992年的巴塞罗那奥运会彻底改变了巴塞罗那的城市面貌，成为享誉世界的地中海风光旅游地。2008年北京奥运会同样也是让北京焕然一新，感动世界，自信传播大国风范，塑造了"中国"和"北京"两个品牌。

第二节 体育赞助的核心——双赢

一、双赢的定义及内涵

（一）双赢的定义

"双赢"来自英文"win—win"。营销学学者认为，双赢对于客户与企业来说，应是客户先赢企业后赢；对于员工与企业之间来说，应是员工先赢企业后赢。双赢强调的是双方的利益兼顾，即所谓的"赢者不全赢，输者不全输"，这是营销中常用的一种理论。"双赢"模式是中国传统文化中"和合"思想与西方市场竞争理念相结合的产物。体育赞助是一种商业行为，涉及赞助方与被赞助方，双赢是体育赞助发展的基本理念。就体育赞助而言，赞助方与被赞助方应该是一种平等互利的关系，按照一定的契约，赞助方向被赞助方按时、按质、按量地提供约定赞助，而被赞助方则确保赞助方的利益得到保证，通过赞助活动使赞助方的形象得到提升，销售增加。被赞助方得到了足够的人、财、物支持，保证了自身运作的顺利进行。整个赞助活动的成功与否，不仅仅是赞助方与被赞助方之间的事，还依赖于经纪人、传媒广告的积极参与，因此，双赢或多赢的理念才是体育赞助良性发展的根本之道。

（二）双赢的内涵

从经济学角度来看，双赢是指双方利益不再是此消彼长的关系，而是同时获利，总体利益随之增长。双赢也不是赞助方与被赞助方的利益同质，更不代表无差异利益。从实现状态来看，双赢实则是各方利益的相对实现，是一种特殊的而非普遍性的利益格局。协调是实现赞助方与被赞助方各自利益的基础，也是双赢的重要基础，这是传统营销与赞助营销的区别所在。奥林匹克营销计划向奥林匹克伙伴计划（TOP 计划）的转变便是从双赢的角度出发寻求各自的利益共赢。

二、实现双赢的原则

（一）目标契合原则

有学者认为，赞助方与被赞助方两者之间的契合度对赞助营销效果中的赞助商形象转移有积极的促进作用。体育赞助成功的先决条件是赞助商与被赞助商之间的相互契合。赞助商的目标市场与体育项目的目标市场越契合，消费者就越容易将赞助商品牌与体育项目相关联。简而言之，赞助双方的目标越契合，越易实现赞助的双赢。其次，双赢要注意体育赞助项目与品牌定位、产品特性是否相符。体育赞助能否双赢的关键在于品牌价值与体育文化的互动与结合，将适合自身品牌基因的体育文化融入品牌文化中，借此与消费者形成共鸣。在体育赞助中，品牌的调性（品牌个性、品牌文化、使用者定位等）与所选择的体育运动相匹配，是实现双赢的关键，也是强化品牌资产的基础。

体育赞助的双赢应立足于体育运动与品牌之间的共性，在两者之间建立联系，进而实现对品牌内涵的表达与诠释。在体育赞助实践中，赞助方与被赞助方应遵循契合原则，使体育与企业间的联系更加自然、合理。其次，体育活动与品牌之间特殊的契合性要比一般的活动与品牌契合度好得多。特殊契合性的一个特征就是能够证明产品与所赞助活动的内在本质相符合。对于奥运会来说，精工表现在比赛计时的赞助、UPS邮寄入场券等所发挥的作用，使这些赞助商们更容易与奥运会联系在一起。

（二）换位思考原则

品牌与体育赞助活动之间存在先天契合的同时，也要努力使这种潜在契合变得显而易见，注重换位思考实现双赢。如某太阳镜品牌曾有意赞助一位赛车手，但由于比赛时选手都戴着头盔，无法同时戴上太阳镜，所以对比赛的赞助未能让品牌得到宣传效益。后来，该公司思考失败原因，及时修改赞助方案，为赛车赞助挡风玻璃，在上面嵌其品牌名称，结果最后在电视摄像机镜头中呈现的效果炫耀十足，使得品牌价值获得极大提高。

体育赞助实际是人与人之间的一种合作方式，一种以体育为题材、以支持和回报为内容、以利益交换为形式、以达成各自组织目标为目的的商业行为。促使这种合作行为的背后是人与人之间的活动，换位思考是融洽人际关系的润滑剂。在出现赞助冲突时，突破常规，换位思考往往有意想不到的解决方法。体育赞助是赞助方与被赞助方实现利益诉求的方式，是一种等价交换。而利益是基于双方实现的，这就要求赞助双方在实现各自利益的同时达成赞助双赢。就双赢的实现状态来看，是双方利益的相对实现，需要以换位思考为基础。

（三）沟通协同原则

由于体育赛事的赞助方不只是一家，企业在赞助体育赛事期间往往会产生赞助冲突，这需要组织方及时与赞助方进行沟通与协调。2016年发生的"宁泽涛事件""易建联脱鞋事件""布泽尔训练期间未穿指定服装事件"都暴露出一个问题：球星赞助商与国家队、联赛赞助商之间沟通不足，导致赞助冲突殃及运动员利益。宁泽涛由于个人代言品牌伊利与赞助国家队的蒙牛产生冲突，遭到游泳队的处罚。易建联和布泽尔由于没有穿指定赞助商的体育装备遭到CBA联赛禁赛及罚款。由于体育明星维护个人利益的诉求没有得到国家队及联赛的反馈，造成赞助冲突的发生，从而使得伊利、蒙牛、耐克、李宁公司的权益都受到不同程度的损害，其中以赞助CBA联赛的李宁公司受害最大。反观NBA的球星，个人赞助也多，也常常发生与国家队的赞助冲突，不过美国篮协这些年都把美国男篮的服装权外包给了耐克，球鞋赞助的权利留给球员。依照耐克公司的规定，球员们在拍摄全家福时，不能露出其他品牌，于是队员们事先做了排练，那些穿耐克的球员会刻意用脚挡住其他球员代言品牌的鞋。从长远来看，放开球星个人赞助，将有利于CBA品牌及其职业化的推广。但目前CBA市场刚起步，放开球星利益将会损害整个联盟的利益，在这个阶段，沟通协调是必然的，只有如此，才能有效避免利益冲突的发生，实现双赢。

（四）利益共享原则

从赞助双方来看，赞助方与被赞助方都是基于各自的利益共享。企业品牌、体育赛事借彼此共同的内涵强化自身品牌核心价值。如果品牌内涵既相似又有差异，则可以进行互补借以拓展品牌的外延，塑造更立体的品牌联想。此外，赞助双方可以发挥各自资源的互补协同效应，比如传播层面的交叉，原来只局限于细分消费者群体的传播，通过跨界合作可以覆盖更多的细分市场。拓宽渠道合作，可以借外力有效增加自己的产品市场覆盖率。赞助协议的签订使赞助方与被赞助方形成利益共同体。根据"晕轮效应"，目标受众对被赞助的体育资源的好感会延伸至对赞助商的好感，从而影响目标消费者对赞助方的产品及品牌的质量认知、品牌联想和价值感知。因此，利益共享在互相提升赞助双方品牌质量的同时，也在影响受众群体的品牌感知，促进双方效益最大化，实现体育赞助的双赢。

第三节 体育赞助的管理

"向管理要成绩""向管理要效益"充分体现了管理要素在现代产业发展中的重要性。如何更好地体现体育赞助的价值，实现双赢，做好体育赞助的管理是十分重要的环节。

一、体育赞助管理方法

（一）行政管理方法

1. 概念界定及内涵

行政与管理两个词既相互区分又相互包含。从纵向来看，早在原始社会早期,部落人民为了生存,自发组织起来抵御外敌,形成了最原始的管理方式,这个时候管理只具有社会属性,缺乏阶级性和政治性。后来,为了更好地进行组织和管理,部落出现了部落首领,社会开始出现行政管理的雏形。随着原始社会解体,不同的阶级开始出现,这时的管理活动开始代表统治阶级的意志,行政管理活动逐渐得到完善和发展。从横向来看,管理的范围更广,人类社会的政治、经济、文化等各个方面都离不开管理活动,而行政具有等级属性,范围相对狭窄。因此,可以把管理定义为在社会活动中,一定的人和组织依据所拥有的权利,通过一系列职能活动,对人力、物力、财力及其他资源进行协调或处理,以达到预期目标的活动过程。

行政管理的含义也有广义和狭义之分。马克思曾说:"行政是国家的组织活动。"从这一意义上来讲,行政管理是一种国家活动。随着社会的不断发展,行政管理的范围越来越广,逐渐发展成为其他社会组织的一种管理方法。因此,所谓广义的行政管理方法是指包括国家在内的所有社会组织、团体对有关事务的组织和管理,而狭义的行政管理方法仅指国家行政机关依法运用行政权对国家事务、社会事务和政府内部事务实施的组织管理活动。本书所涉及的行政管理既包括国家、地方政府机关对赞助行为的管理,也包括企业、社会团体等组织内部的行政管理,属于广义的行政管理范围。因此,本书所指的行政管理方法具体表述为:依靠行政组织的权威,运用命令、规定、指示、条例等行政手段,按照行政系统和层次,以权威和服从为前提,直接指挥下属工作的管理方法。

在体育赞助活动中,既有企业、单位组织内部需要采用行政方法来实施管理,同时,由于我国长期以来的以政府为主导的体育事业的发展体制,体育赞助市场的发展还处于初级阶段,体育赞助活动的开展也与政府的行政管理密不可分。因此,体育赞助的行政管理方法是指组织内部和外部,为达到赞助目标,依靠行政权威,运用规定、指示、条例等行政手段,直接组织相关单位、部门参与体育赞助行为的管理方法。

2. 体育赞助行政管理方法的必要性

行政管理方法对于维护体育赞助活动的正常秩序具有不可替代的作用,是必不可少的。

从政府角度而言,自 2014 年 10 月 20 日国务院"46 号文件"宣布取消商业性和群众性体育赛事活动审批以来,以马拉松为代表的国内各大赛事的举办如火如荼，资本也有了越来越多的机会流向体育市场，这为我国长期以来体育事业的转型发展提供了可能。但由于我国长期实行举国体制，过去大部分赛事只有在财政拨款的情况下才能运作等多方面原因，我国体育赛事造血功能不足、行政干预较多、政府未从"多赢"的角度去开发体育赞助市场等问题依然存在。这就需要政府采用恰当的手段进行宏观调控，引导体育事业的转型发展，促进体育市场的健康发展。

就组织而言，由于各个层次所掌握的信息是不对称的，任何一个组织都需要以行政手段实施管理和调控。赛事组织方需要一个完整的组织架构来统一安排各部门的工作内容，各部门内部也同样需要一个行政体系来监督工作的进展，每一个企业都有自己的行政管理体系来支撑企业的正常运转，作为赞助商的企业也不例外。从整个赞助系统来看，从赞助商的招标、投标到赞助权益的实现和反馈，都离不开组织方的行政管理。

3. 体育赞助行政管理方法的运用

（1）适用范围。体育赞助行政管理方法的适用范围非常广泛，从政府到社会组织再到普通的业务部门，都适用于这一管理方法。在中国，诸多体育赛事资源都掌握在政府手中，政府宏观调控下的体育赞助行政管理方法适用于给予税费优惠政策支持、赛事资源协调、与赞助企业进行服务置换等。就赞助企业而言，行政管理方法更多适用于赞助活动过程中，上级部门对下级部门任务的传达和监督。

（2）注意事项。① 充分认识行政方法的本质是服务。在体育赞助活动中，政府的角色定位更应当是一个服务者的角色，让渡必要的政府资源，减少行政干预，为整个体育赞助市场服务，才能更好地促进体育赞助市场的发展。② 提高管理者的观念和水平。政府应当转变观念，加强对体育赞助商业性本质的认识，提高自身对行业动向的敏感度，做好体育赞助市场健康发展的引导者。同时，不能为完全纵容赞助商的要求，体育赛事不同于其他活动，过度商业化可能会带来一些诸如黑哨、消极比赛、破坏赛事的理念和精神等不良影响，对赛事本身造成损害。因此，在体育赞助过程中，不能过度追求赞助的金额而置赛事本身于不顾，主动维护赛事的原则和精神也是体育赞助行政管理的重要内容。③ 保证信息能够及时有效地传达。政府在体育赛事中发挥着重要的作用，是连接赛事组织方与企业的纽带，掌握着重要的赛事信息。政府应当及时收集并公布各种有效的招商和投标信息。同时还可以通过优厚的政策来鼓励体育经纪组织的发展。总之，行政方法要求有一个灵敏、有效的信息管理系统。④ 尊重行政下属的意见，合理运用行政管理方法。在组织内部，行政管理方法由于借助了职位的权力，对行政下属来说具有较强的约束力，较少遇到下属的抵制，这种特点可能使得上级在使用行政方法时忽视下属的正确意见和合理的要求，不利于充分调动各方面的积极性。所以，不可单纯依靠行政方法，而是要在尊重客观规律的基础上，把行政方法和其他管理方法有机结合起来。

（3）典型案例。奥运会是当今世界上影响力较大的赛事，发展历史悠久。体育赞助在奥运会的发展历史上起到了不可磨灭的作用，它挽救了其濒临破产的局面，使赛事能够获得财政独立，进而获得政治独立，使比赛免受政治的干扰。但也正是由于赞助商不可替代的作用，使赞助在奥运会中的地位越来越高，甚至对赛事造成了影响。这时就需要运用行政管理的方法，对体育赞助活动进行宏观调控。例如，为了获得最大利益的合同，1988年卡尔加里冬奥会将14天赛程增加到16天，横跨三个周末，为电视转播机构增加了一个周末的黄金广告位时段；而1996年亚特兰大奥运会则由于其过度商业化而带来的一系列负面影响一直为人们所诟病。失去行政管理束缚的奥运会，必然会慢慢丧失其体育精神和赛事的宗旨。

由此可见，就像市场经济的发展离不开政府的宏观调控一样，体育赞助也离不开行政手段的管理。无论是组织内部还是大型赛事组织，都需要运用行政管理方法来加以束缚，使其发展不偏离轨道，健康良好地向前发展。

（二）法律管理方法

1. 概念界定及内涵

根据本书对管理的定义，可以将法律管理界定为在社会活动中，一定的人和组织依据法律法规所赋予的权力与职责、权利与义务，通过一系列职能活动，对人力、物力、财力及其他资源进行协调或处理，以达到预期目标的活动过程。体育赞助活动作为社会活动的一部分，其法律管理方法适用于这一定义。

体育赞助法律管理方法的内涵涉及主体、客体和内容三方面。

（1）体育赞助活动法律管理方法的主体包括赛事的经营主体、赛事的所有者和赛事活动赞助商。原因在于：第一，赛事活动的经营主体，为了实现自己承办赛事的经济利益和社会效益，具有管理赞助活动的内在利益驱动力。同时，作为承办方，具有合同上的管理义务。第二，赛事活动的所有者，在商业性和群众性赛事活动审批权放开以前，我国的赛事活动大都属于政府，现在也可以由一些组织和单位举办赛事活动。作为赛事活动的所有者，无论是政府还是社会组织，都有义务维护赞助活动的合法性，保障赞助活动的可持续进行。最后，赞助商都希望通过赞助活动达到企业的赞助目标，运用法律手段维护自己的权益是其作为赞助商享有的权利。

（2）体育赞助活动法律管理方法的客体是指管理主体直接作用和影响的对象，是赞助活动中应当重点关注的领域。在这里，赞助活动法律管理方法的客体主要是指赞助合同中规定的相关权利和义务，以及围绕这些规定相关人员的行为，即被赞助方和赞助方的相关活动。

（3）体育赞助活动法律管理方法的内容主要涉及制定体育赞助活动相关的法律法规，签订合理合法的赞助合同，对赞助商、被赞助商以及中介之间的利益冲突的协调和处理，有效执行法律法规的相关内容以及履行体育赞助合同的相关规定，宣传法律法规的相关规定、增强法律意识等内容。

2. 体育赞助法律管理方法的必要性

在我国体育赞助活动中，各种侵权现象屡见不鲜，却经常投诉无门，无法可依。为此，需要制定专门的法律法规来规范赞助活动行为，维护各方的合法权益，保障赞助活动的有序发展。同时，还要完善相应的司法和仲裁机制，加强监督和管理。在这个建设过程中，体育赞助的法律管理方法必不可少。

体育赞助是涉及体育、税收、法律、媒体等多领域的复杂体系。我国现有的法律体系包括《民法》《税法》《合同法》《体育法》等，但都不能充分适用于体育赞助活动。随着我国体育的产业化、市场化的发展，建立一个健康有序的体育赞助市场，设立体育赞助活动的专项管理条例势在必行。

在完善相关立法的同时，有法必依也是不可或缺的。赞助活动各方主体应当加强法律意识，维护自身的合法权益。按照法律法规签订合同，当合法权益受到侵害时，拿起法律武器捍卫自己的权益。

3. 体育赞助法律管理方法的运用

（1）适用范围。在体育赞助活动中，法律管理方法适用于赞助合同的草拟、谈判、签订、履行的全过程。体育赞助活动主体的行为受法律的制约，其合法权益受法律保护，应履行的义务由法律所规范。当任何一方不履行法律及合同的相关规定和要求，损害对方的合法权益时，就会受到法律的惩罚，承担合同规定的违约责任。

（2）注意事项。① 完善相关法律法规，设立体育赞助专项管理条例。如前所述，我国现有法律体系无法满足体育赞助活动管理方法的需要，而地方性规章和行政法规的法律层次较低。因此，建议国家出台《体育赞助管理条例》，在法律层次上低于宪法、法律，但高于地方性行政法规，具有更广泛的法律效力。同时，各地方政府应当完善相关行政法规、规章制度等。相关行业协会还可以颁布适应地方特点的《体育赞助行为守则》《体育赞助示范合同》等，规范行业自律。② 加强法律意识，尊重与维护相关法律权益。赞助方与被赞助方在最大限度追求自身利益的同时，也应当尊重对方的合法权益。当自身合法权益受到侵害时，要善于运用法律武器，采用合法的方式解决纠纷。③ 采取恰当的手段保护赞助商权益，谨防伏击营销。伏击营销（ambush marketing）指非赞助企业开展与赞助对象相关联的营销活动，使消费者误认其为官方赞助商的一种"非法"分享官方赞助权益的商业行为，带有明显的寄生性。伏击营销在大型赛事如奥运会中广泛存在。赞助商与消费者的沟通程度决定了赞助效果的大小，而非赞助商的名号。

为了保护赞助商的权益，一方面赞助商应当策划好赛前、赛中、赛后的活动，形成与目标群体的良好互动；另一方面，当赞助商的合法权益受到伏击营销等的侵害时，无论是赛事活动的组织方还是赞助商，都应当采用合法的方式维护好赞助商的权益。

当然，不能期望法律的管理方法可以解决所有问题，它只是在法律法规规定的范围内发生作用。而在其范围之外，还有各种大量的经济关系、社会关系需要用其他方法或者道德标准来调整和约束。

（3）典型案例。伏击营销在大型赛事赞助中较为常见，对此，国际奥委会已经采取了一系列应对措施，尤其是要求奥运会举办地政府严格立法和执法，禁止这种侵权行为的发生。

澳大利亚政府在2000年悉尼奥运会前颁布了《澳大利亚2000年悉尼奥运会法案》，其中在第67、68节分别对相关室外广告和以盈利为目的的节目制作与传播予以禁止。当伦敦成功获得2012年奥运会的举办权后，英国政府也颁布了相关法案以阻止伏击营销的发生，该法案禁止任何组织和个人对奥林匹克字样及奥运五环标志进行非官方的销售和使用，并在原国际奥委会规则上追加条款，除了"金、银、铜"等容易让人联想到奖牌的词语外，连奥运的宗旨"更快、更高、更强"等语句也受到严格的使用限制。这些法案的推出，都在很大程度上降低了主办方获得权利的成本，提高了体育活动的商业价值，将更小的营销空间留给竞争对手。国际足球联合会和国际网球联合会等国际体育组织也借鉴国际奥委会的经验出台了一些限制性措施来规避伏击营销带来的损害。

(三) 经济管理方法

1. 概念界定及内涵

经济管理方法是指根据客观经济规律，运用各种经济手段，调节各种不同经济主体之间的关系，以获取较高的经济收益与社会收益的管理方法。这里所说的各种经济手段，主要包括价格、税收、信贷、工资、利润、奖金、罚款以及经济合同等。不同的经济手段在不同的领域中，可发挥各自不同的作用。根据这一定义，结合体育赞助活动的特点，可以将体育赞助经济管理方法定义为在赛事活动过程中，赛事活动经营主体、赛事活动所有者以及赞助商根据市场运行规律，运用经济手段，调节各方关系，以达到各自经济效益和社会效益为目的的管理方法。

在体育赞助领域，经济管理方法的内容主要包括政府以优惠的价格转让赛事资源、以较低的税收鼓励企业参与体育赞助活动、运用市场化的方式进行招标和投标等活动。当然通过签订合同的方式，对赞助活动双方的权利与义务进行规定，规范双方在这一活动中的行为，也属于采用经济管理方法的范畴。

2. 体育赞助经济管理方法的必要性

体育赞助活动作为市场经济的组成部分，其组织必然离不开经济的管理方法。

运用经济手段，遵循市场经济的客观规律，再配合政府的宏观调控，既能维护体育赞助的良好秩序，充分调动企业的积极性，又能合理地配置资源，使赛事资源得到充分开发。采用经济手段进行管理能够有效提高效率，使工作内容更加具体，工作目标更加详细，激发工作人员的积极性。

在体育赞助活动中，赞助行为发生的整个过程都与经济管理方法紧密相连，这就要求正确运用体育赞助的经济管理方法，促进体育赞助市场的健康发展。

3. 体育赞助经济管理方法的运用

（1）适用范围。采用经济管理方法需要借助诸多经济手段来实现，运用价格、税收、合同等都是有效的措施，这在体育赞助活动中也不例外。体育赞助的经济管理方法适用于赞助活动中的市场分析、目标确定、市场定位、合作谈判、效益评估等环节，对其后续开展具有重要的意义。

（2）注意事项。① 既要发挥各种经济杠杆的作用，也要重视整体上的协调配合。如果忽视综合作用，孤立地运用单一杠杆，往往不能取得预期效果。在体育赞助招投标过程中，为吸引企业赞助，过于降低赞助商的准入门槛、压低价格都是不可取的。可以通过与政府合作，在税收方面采取优惠政策。② 培育市场而不是掌控市场。长期以来，诸多体育资源都掌握在政府手中，赛事的举办、赞助都在很大程度上依靠政府的行政力量。因此，在目前体育产业发展转型的关键阶段政府也扮演着至关重要的角色。运用经济管理的方法去培育体育赞助市场，能有效引导体育赞助市场的健康发展。

（3）典型案例。体育赞助中最常见的经济管理方法就是借助价格、税收等经济杠杆的优惠吸引企业，在赞助合同中需要履行的规定也有许多经济方面的表述。例如，国际奥委会的赞助计划明确规定，商业合作伙伴的累计赞助金额应当超过奥运会40%的财政支出，合作商还应当对整个奥运大家庭提供重要的技术服务和产品支持。每一个等级的赞助商都来自不同的领域和行业，从而保证赞助商的权益。同时，奥运形象和标志的使用范围也是不同的。任何一方违约通常都需要赔付对方一定数量的金额。

（四）体育赞助管理方法的综合运用

1. 体育赞助行政管理方法的优势与不足

行政管理方法由于借助了行政权威，命令的下达会更加具有效率和效果；工作分工具体到个人，能够提高工作的效率和质量；采用行政管理方法有利于对工作目标进行宏观调控，使之不偏离赞助活动目标。

但也正是由于上述特点，行政管理方法单独运用时有其弊端。此方法运用的效果在很大程度上取决于领导者的能力水平，由于权力大多集中在领导手中，在收集赞助信心等方面容易造成信息不对称等问题。

2. 体育赞助法律管理方法的优势与不足

在法律规定的范围内，与此相关的个人、组织的言行举止都受到法律的约束。且采用体育赞助法律管理方法能够在一定程度上保证赞助双方的合法权益，约束相关主体以履行相应的义务，违法违约都将受到处罚甚至法律的制裁。

但法律管理方法也有其局限性，在体育赞助领域尤为明显。体育赞助相关法律法规亟待完善，法律法规的规定不可能时时更新，部分道德领域不可能完全依靠法律法规加以约束。

3. 体育赞助经济管理方法的优势与不足

经济的管理方法具有直接、具体的特点，采用市场化运作的方式进行体育赞助的管理，在一般情况下有利于市场资源的优化配置，激发体育赞助市场的活力。但是市场失灵的情况也常会出现，为追求高额赞助费而听从赞助商的要求一味妥协的情况时有发生，完全依靠市场自我调节将不利于体育赞助市场的健康发展。

4. 管理方法的综合运用

任何一种管理方法都有其优势与不足，在运用过程中，应当将几种方法相结合，综合运用，取长补短，为体育赞助市场的整体健康发展服务。

体育赞助行政管理方法应当适时适度。作为领导者和行政组织的高层，既要充分发挥主观能动性，使赞助活动不违背赛事的宗旨和精神，有效推进体育赞助的进行。同时，在涉及市场分析、效益评估、合作谈判等可以市场化运作的环节时，就应当放开权利，在遵守法律规定的前提条件下，实现资源的优化配置。

体育赞助法律管理方法应当贯穿始终。赞助活动涉及政府、企业、中介、承办组织等多种社会角色，他们代表着各自不同的利益。因此，法律管理方法在赞助活动中起着约束和规范相关主体行为的作用，无论是行政管理方法还是经济管理方法，法律管理方法都是一根行为的准绳，不能偏离其轨道。

体育赞助经济管理方法应当灵活有序。体育赞助活动是市场经济的一部分，赞助合同草拟、谈判、签订和履行的全过程都应当采用经济的管理方法，运用经济的管理办法能够更有效地实现资源的优化配置。但是在经济活动中，参与经济活动的主体具有逐利性，此时需要发挥行政管理方法和法律管理方法的作用，管理好相关主体的行为，促进体育赞助市场的有序发展。

第三节 体育赞助的管理

 二、体育赞助管理模式

管理模式是经过较长时间的实践积累和总结，形成的一种相对稳定的运行方式，可以为组织发展提供成熟的可借鉴的理论指导和实践经验。体育赛事利益相关者包括观众、参赛者、赞助商、被赞助方、举办地政府、媒体以及中介等。不同的组织在体育赞助活动中扮演着不同的角色，需要采用不同的模式进行管理。

（一）赞助方的管理模式

体育赞助的赞助方是指期望通过体育赛事活动平台，达到提高企业形象、品牌知名度等效果，实现最优赞助合同约定的企业或者单位。通常情况下，赞助商通过提供资金、服务等来换取赛事的冠名权、标志使用权及特许销售权等权利。体育赞助的核心在于资源的获得以及赞助商需求的匹配，多渠道筹措资金，合理利用资源，控制赛事风险和成本，提高赛事开发质量，注重赞助方的产品互补性，追求资源在赛事活动中的效率、效益和效果等。

同时，体育赞助本身也是有风险的，体育赞助企业在投入赞助活动前，也应当对赛事活动的性质和内容有一个充分的了解。因此，应建立较为系统的管理模式。

建立赞助联结
- 联结基础
- 联结类型

Cornwell 依据行销沟通的概念，提出了一套赞助计划发展指导方针。

赞助关联策略发展应用
- 目标市场
- 行销组合

（1）产品
（2）价格
（3）通路
（4）促销

确立目标
- 企业
- 行销

情境分析
• 市场
• 竞争者
• 特殊赞助分析
评估

（资料来源：Cornwell. Sponsorship-linked marketing development [J]. Sport Marketing Quarterly, 1995, 4（4）：17.）

1. 情景分析（situation analysis）

赞助企业应当首先对企业的内部优势、劣势，赛事活动的机遇和挑战进行分析。其中，赛事活动不仅包括赛事本身，还应考虑到赛事举办地的社会环境、公司竞争对手的情况、观众的消费偏好等方面。

2. 赞助目标的界定

在确立赞助目标前，企业需要考虑本身的预算、宗旨、形象及经营理念，设立一个符合企业运营目标或者营销目标的赞助目标。

3. 赞助相关策略的发展

在进行外部联络沟通前，企业内部应当将目标市场的特点与企业营销目标结合起来，确定赞助的产品、价格、促销手段等内容，初步确定赞助方案。

4. 赞助关联性的建立

赞助关联性的基础是赛事活动，通过这个媒介，可以把赞助企业的产品与消费者联结起来。赞助合同中规定的约定方式，决定了在赞助活动中企业参与的方式和程度。

在现实赞助活动中，企业建立赞助关联性的方式是多种多样的，包括赛事间歇和场外的参与性互动游戏，比赛赛场周边的促销活动，产品的展销，利用横幅、媒体、广告进行宣传等内容。特步在2015年共赞助了17场国内顶级马拉松赛事及冠名4场"Fun run"活动。在赞助的赛事中，特步都设置了产品的展销区，有一些展区还会设置一些有奖游戏，以此来拉近与消费者之间的距离。此外，参赛选手穿的衣服、宣传横幅和拱门上的logo更是随处可见。

在通常情况下，赞助效果在很大程度上取决于和消费者的沟通程度，因此，建立符合赛事观众消费偏好的赞助关联是非常重要的。

5. 赞助的实施

赞助的实施方法可以大致分为三种：① 非参与式赞助：这种方式仅单纯地提供资源，并没有实际参与赞助活动；② 委托式赞助：指将赞助的权利、义务授权委托第三方（如广告公司、中介机构）参与赞助活动；③ 参与式赞助：指企业自身参与到赞助活动中来，成功的赞助计划还应当与公司年度或者季度营销计划相辅相成。

6. 赞助评估

评估是赞助活动中的最后环节，也是不可或缺的一环。通过对赞助效益进行评估，可以真实反馈赞助目标是否实现，了解企业投资回报率的高低，甚至决定赞助行为是否能延续。因此，企业应根据自身的目标设计适当的评估方式。

（二）被赞助方的管理模式

体育赞助的被赞助方是体育赛事的所有者，赞助的资金、产品、服务最终都是为赛事活动服务的。对于赛事活动的管理涉及赛事筹备、市场、宣传、公关等诸多方面。有学者将体育赞助管理的程序分为4个阶段：总体策划、个案营销、组织和实施以及监督评估。其中，组织和实施以及监督评估这两个阶段有赞助方、媒体等多方参与，而且赞助效果的高低更多的与赞助商的营销策略和能力有关，而赛事活动组织方在后期更多地扮演赞助营销平台的搭建和维护的角色。

1. 总体策划阶段

被赞助方需要在策划具体个案营销方案之前制定一个总体的营销方案，转变长期以来接受政府补贴的思维模式，树立营销意识。对赛事进行一个全面的市场分析：对内，理清赛事活动的性质、需求、目标和计划，分析赛事相关运动项目赞助的历史、发展现状及潜力，对于组织内部工作人员的营销水平等方面也要有一个清晰的认识；对外，需要了解相关体育赞助市场的情况，目标企业的实力和未来发展动向，竞争对手诸如媒体等其他赞助领域的动态等。只有弄清自身的特点和总体需求，了解市场的动态，才能找到一个切实可行而又准确的定位，由此制定出的总体策划方案和营销目标才能实现利益最大化。

2. 个案营销阶段

在服务外包日益盛行的背景下，部分赛事组织方会选择将体育赞助直接外包给中介方进行代理。当然,自己成立工作小组进行赛事赞助招商的也不在少数。但是,无论采用哪种方式进行体育赞助的个案营销活动,其程序都大同小异。

主要流程包括以下三步:

首先,在总体策划分析的基础上,充分开发赛事的可赞助资源,大力提高赛事价值和身价。

其次,通过包装、炒作和宣传等方式,把赞助个案推销出去。此时,既可以主动与企业联系进行招商,也会有企业主动寻求赞助合作的情况出现。

最后,通过谈判,签订赞助合同,以法律形式确定赞助关系。

3. 组织和实施

这一阶段为赞助合同履行阶段的最重要部分,各方权利与义务交织在一起。作为赛事组织方,在这一阶段开始时,应当根据赞助方案成立一个有各相关部门参与的工作小组,并做到分工明确具体。然后根据赞助方案制定实施计划,做到各部门之间配合默契。

4. 监督评估

这一阶段并不是在赞助营销活动结束以后才开始的,在赞助计划执行的前、中、后期都应当进行计划执行的监督过程。例如,赞助商是否有越权行为,是否存在伏击营销使赞助商的合法权益受到侵害等,这对于赛事口碑的提升也相当重要。

同时,在赞助活动结束以后,应当根据最初制定的总体策划目标进行评估。这是赛事活动总结的重要组成部分,能够为下次赞助活动的改进和赞助方案的选择提供参考,也是向未来赞助商展示自身实力的有力证明。

此外,需要强调的是赛事活动具有周期性,因此,形成赛事品牌文化、突出赛事的主题内涵具有重要的意义,这可以增加赛事的渲染力和对企业的吸引力,增强赛事的活力。要求有关部门通力合作,打造赛事的核心文化。

在我国,由于长期实行体育事业体制,部分赛事的体育赞助活动还未市场化,当然也就不会经历总体策划、个案营销、组织和实施、监督评估这4个完整的阶段。相关体育部门作为体育赞助的被赞助方,对于市场信息是不灵敏的;其次,由于其特殊地位,赞助招商还具有一定的行政色彩。在这种情况下,为了更好地配置赞助活动资源,可以采取委托第三方机构的方法来进行策划、营销、实施、监督的活动。当然,在新的时代背景下,更多的民办商业性和群众性赛事开始出现,从被赞助方的角度看,这些赛事赞助活动的管理模式就可以参照上述过程来进行。

(三) 中介方的管理模式

体育赞助的中介方是指介于体育赞助两大主体之间,从事体育经纪工作的个人、法人和其他经济组织。其主要任务是向赞助双方提供居间、行纪和代理服务,促进赞助交易;或者作为赞助双方的代理人或行纪人,具体策划、筹备、营销和运作赞助事宜。其中,行纪是体育赞助领域比较常见的一种经纪方式。这里以体育赞助行纪为例对体育赞助的经纪业务进行论述,具体步骤如下:

1. 接受委托

委托的主要方式有赛事举办权行纪和赛事经营权行纪两种。无论哪一种方式的委托,经纪人都应当首先对委托人的身份、真实意图、要求和权限进行全面了解并签订委托协议,建立正式的经纪关系。

2. 策划深加工

经纪人在签订委托协议以后,应当发挥专业优势,从体育赞助经纪的专业视角审视赛事的特征和商机,对赛事资源进行充分的挖掘和创新,大力提高赞助策划案的水平。

3. 锁定客户,初步洽谈

在个案策划基本确定以后,应当根据策划案的特点和需求,对市场上的企业进行细分,锁定某些客户群,拟定客户名单。再逐一进行洽谈,确定意向企业。最后通过反复的谈判,草拟出赞助合同,并应得到双方的认可。

4. 签订合同

由于行纪是以经纪人自己的名义与第三方进行赞助交易,因此,正式签约一般都需要赞助双方到场。为了扩大赛事的宣传效果,部分大型赛事应借助签约仪式举行一个宣传会,尽可能地邀请相关媒体、领导参加,力求增加曝光率。

一般而言,体育赞助经纪人的任务到此基本结束,但也有赞助经纪合同会要求中介方跟进后期的实施、监督、评估等工作,这些工作的程序基本与体育部门自己实施无异。

值得一提的是,目前在我国,体育中介组织的发展尚处于起步阶段,在资源占有上处于劣势地位的体育中介要想有所突破,面临着巨大的挑战。以赛事运营经纪为代表的体育中介服务企业受到体制的诸多约束，还不能完全按照正常的市场规则进行自我运行和发展。这一方面需要政府放开手中的资源，让更多的资源流入市场，并积极引导社会资本流向体育中介市场，规范中介市场的市场秩序；另一方面，中介组织自身应当加强行业自律，提升人员素质和业务水平，对相关资源进行多元整合，不断推进服务水平的创新和发展。

第四节 体育赞助的层级

一、确立体育赞助层级的目的意义

（一）确立体育赞助层级的目的

从1984年洛杉矶奥运会推出赞助层级的目的来看，其最初的想法是为了解决奥运会运转期间的经济危机，之后发现奥运会其实可以做成产业，以分层的形式将赛事资源开发最大化，塑造奥运品牌。其长远目的是为了百年奥运的可持续发展。

确立体育赞助层级从组织方的角度来看，层级的划定有利于不同标准的赞助商进入，其最终目的都是为了获得更多的赞助经费运营赛事。确立赞助层级，明确不同类型赞助商的权限，有利于保护赞助商的权益。而从赛事品牌角度来看，赞助层级的划分，有利于赛事品牌在不同人群、不同领域推广，增加赛事品牌的影响力，提升赛事品牌的无形资产。大多数体育赛事设定赞助层级还为了规避赛事运营的风险。从赞助方的角度来看，确定赞助层级，有利于自身品牌需求与赛事资源相结合，制定市场推广战略。

（二）确立体育赞助层级的意义

确立体育赞助层级从组织的角度来看，有利于不同类型的赞助商加入赛事赞助，增加赞助经费，带来多种类型的实物产品或服务以增加赛事的附加值。从赛事长远发展来看，赞助层级的确立有利于赛事通过不同赞助商在不同人群、不同场合提升曝光率、曝光范围，从而提升赛事品牌形象。从赞助商的角度出发，体育赞助层级的划分，有利于提升排他权的可实施性，提升赞助商对于赛事的赞助信心。其次，体育赞助层级的确立有利于明确各赞助商的权限及职责，减少赞助冲突的出现。

二、确立体育赞助层级的原则

（一）科学性原则

赞助层级的设定是由自身赛事资源、赞助方与组织方的需求、赞助门槛标准决定的。因此，体育赞助层级的划分要先从自身的赛事资源思考，而自身资源则通过赛事影响力、赛事平台、赛事版权、赛事门票等体现。在思考自身条件的同时也应从需求出发，即赛事组织者的需求和赞助商的需求。单向的盲目划分，缺乏换位思考的视角，某项层级可能出现无人赞助的局面。对于层级的划分既不能生搬硬套，也不能过于随意。其次，对于赞助层级的门槛设定要遵循市场规律，一味的高标准只会让赞助商望而却步。体育赞助层级的设定是一个系统、科学的过程，从内思考自身条件及需求，从外思考市场需求及规律，内外结合才能科学地划分赞助层级。

（二）长久性原则

成功选定赞助层级的关键首先在于让品牌与有关活动产生联想，当品牌成为活动本身不可分割的部分时，这一任务就能更容易、更有效地完成。企业加入赞助层级前的必要功课是思考自身企业文化与赛事文化是否相契合，在契合的基础上商定双方发展战略能否达成一致，并最终确定赞助层级。其次，在组织方与赞助方达成赞助协议时要明确一点，赛事品牌的宣传需要长期性，对于企业品牌的塑造也需要长期性。只有这样，组织方与赞助方才能获得更长久性的效益，合作才会更持久。

（三）适应性原则

企业确立体育赞助的层级不单单是与赛事文化相契合，还需要考虑赛程设置、项目特点是否契合企业的品牌战略和品牌个性，与目标受众是否相吻合，这些都是赞助商成功选定赞助层级的关键。而对于组织方来说，盲目地将赞助商归于某一层级只会造成一次效果不佳的赞助合作。无论是赞助方还是组织方在选定赞助层级时需要考虑彼此的适应性，从能力、资源、服务提供角度出发，创造完美的合作体验。

（四）融合性原则

在体育赞助中，时间和连贯性是布局的关键，真正的捆绑营销应该做到如网球与奔驰、帆船赛与沃尔沃、高尔夫与宝马、可口可乐与奥运等公司品牌与赛事强关联。他们不是简单的拼合，而是基于彼此文化、理念、个性的相互融合。在确立赞助层级的同时，赛事影响力固然重要，但彼此的品牌融合才是关键。体育赞助本身便是一种事件营销，而"事件营销操作的黄金法则"中的第一条便强调"寻找品牌与事件的关联性"。体育赞助营销作为一种投资项目，赞助层级的选择将成为影响整个体育赞助活动能否成功的重要因素。此外，利用体育赞助作为品牌吸引客户的主要手段时必须与时俱进，依靠品牌创造动态、有效营销的能力，让品牌成为赛事或其他资源融合的一部分。

三、确立体育赞助层级的方法

（一）按组织方的需求确定赞助层级

能否顺利进入预期的赞助层级需要综合考虑组织方的需求。组织方在选择赞助商时考虑最多的 5 大因素为：① 资质。赞助企业必须是有实力的企业，是行业内的领先企业，有充足的资金支付赞助费用。② 保障。能为举办体育赛事提供充足、先进、可靠的产品、技术或服务。③ 报价。企业所报的赞助价格是选择赞助企业最重要的考虑因素之一。④ 品牌。企业具有良好的社会形象和信誉，企业的品牌形象与企业的理念相得益彰，产品符合赛事主题。⑤ 推广。企业在市场营销和广告推广方面有足够的投入，能充分利用体育赛事平台进行市场营销，同时宣传和推广体育赛事。因此，企业确定赞助层级需要考虑组织方对于赞助商的行业资质、产品或技术服务能力、品牌形象和理念、赞助价格、推广实力的要求，综合考量，最终选定适合自己的赞助层级。

（二）按赞助商的参与度确定赞助层级

赞助商的参与度是指赞助商投资体育赛事的金额、时间、物资、服务与技术的程度。作为组织者，确定不同赞助商的层级需要考量赞助商的参与程度。赞助层级的划分正是基于赞助商的赞助金额、服务、赞助时限而定，如合作伙伴可以在某一时间段使用赛事的一切资源及品牌 logo。普通赞助商则只能拥有组织方规定的部分权限，供应商与传播商只享有相应的市场营销权利和转播权利。其次在体育赛事的赞助经历上，上届赞助商在获得赞助层级概率上将优先于普通赞助商。例如，奥运会 TOP 赞助商续约下一届奥运会后具有优先选定为 TOP 成员的待遇。因此，赞助商属于哪一层级，需要综合考量赞助商在赞助时间、投资力度、提供的服务内容的差异。

（三）综合确定赞助层级

赞助层级的选定往往不是简单的单向意愿，需要综合双方诉求及各自品牌理念、设想、文化等元素考量。盲目的单一选择，只会造成双方利益难以实现。当出现多方赞助难以确定赞助层级时，需要组织方主动出击，协调各赞助商的权益，开展联席会议，互相沟通各自诉求，在不损害赞助商及组织方利益的情况下综合各方实力，确定最优的赞助层级设置。

四、奥运会的赞助层级

体育赞助层级的雏形来源于尤伯罗斯筹备洛杉矶奥运会期间"以奥运养奥运"的赞助商分层计划，当时是为了缓解奥运经济危机。这种模式盈利后，时任国际奥委会主席的萨马兰奇力排众议，推出了"国际奥林匹克营销计划"，也就是著名的"TOP 计划"。该计划将赞助细分为奥林匹克赞助商计划、奥林匹克供应商计划和奥林匹克标志的使用许可计划。这三个计划的推出，使得国际奥委会的市场开发走上了规范化的轨道。"TOP 计划"虽广为人知，但奥运会赞助商的结构是一个完善的体系，具体包括国际奥委会"TOP 计划"、奥运会组委会赞助商计划和国家奥委会赞助商计划三个层次，分为合作伙伴、赞助商和供应商等不同的赞助级别，而每个层次和级别对应着不同的权益。

（一）国际奥委会 TOP 赞助商

国际奥委会全球合作伙伴计划，即"TOP 计划"，每四年为一个周期，包括一次冬季奥运会和一次夏季奥运会。每期在全球范围内选择 8~12 家企业，每家企业都是所在行业内的唯一入选赞助商。TOP 成员将为各国、各地区奥林匹克委员会和参赛队伍等全部的奥林匹克活动提供支持。

这项计划从 1985 年开始实施，当年阿迪达斯通过与国际奥委会签署的协议，独家承包了奥运会赞助权的销售活动。阿迪达斯公司通过瑞士的国际体育与娱乐公司（ISL）的运作，出资购买 TOP 成员权后在世界范围内获得了使用奥运会五环标志的权利。根据国际奥委会"TOP 计划"的规定，赞助经费的 50% 归当届奥运会组委会，7% 归国际奥委会，43% 由参加奥运会的各国奥委会平分。

"TOP 计划"的重要组成部分是奥林匹克的赞助商，通常称为奥林匹克商业伙伴，分为奥运会全球赞助商、国际奥委会赞助商、冬季奥运会赞助商、夏季奥运会赞助商、国家奥委会赞助商、奥林匹克代表团赞助商 6 种类型。夏季奥运会赞助商投入最大，每个公司赞助费在 4 000 万美元以上。除提供资金支持外,还提供重要的技术服务。作为回报,他们在 4 年的周期内可以享有世界范围内(包括夏季、冬季奥运会、国际奥委会以及 200 多个国家或地区奥委会)销售其附有奥林匹克标志产品的专营权、广告优先权以及奥运会期间参与赞助奥林匹克圣火传递、奥林匹克公园、赛场产品专卖、展销、促销的权利。因而,跨国公司的奥运赞助大战往往比较激烈,不仅企业之间明争暗斗,还有企业与国际奥委会为价格而争。按照每届 TOP 赞助商赞助费增长率 10%~20% 计算,11 家 TOP 赞助商的赞助金额将达到 10.5 亿美元。尽管赞助费用如此之高,众多企业还是会为获得赞助权而展开激烈的竞争(图 2-1)。

WORLDWIDE OLYMPIC PARTNERS

2016年里约奥运会官方网站公布11家TOP赞助商名单:
可口可乐、源讯、普利司通轮胎、陶氏化学、通用电气、麦当劳、欧米茄、松下、宝洁、三星、VISA

图 2-1 里约奥运会官方网站公布的 11 家 TOP 赞助商

(二)奥运会组委会赞助商

奥运会组委会赞助商计划又称奥运会赞助商计划,在国际奥委会的指导下,由奥运会组委会管理。这些计划只在奥运会主办国而非在全球推行,奥运会组委会赞助商只获得主办国或地区内的市场开发权。按照奥运会赞助的一贯做法,一般情况下,一个行业类别只有一家赞助企业。

奥运会组委会赞助商计划包括三个层次:一级为"奥运会合作伙伴";二级为"奥运会赞助商";三级为"奥运会供应商"。

不同赞助级别的赞助商享有不同的权益回报,主要在标志使用组合方式、宣传媒介使用的范围和优先权、吉祥物使用权、接待权益、荣誉待遇以及识别计划等多个方面获得的权益不同,而赞助方式也可以现金赞助和现金等价物赞助。

在奥运会供应商中还分独家供应商和普通供应商,其中,独家供应商在同一类别的赞助中享有排他权。里约奥运会在供应商选择上,里约奥组委还设了正式支持商,并把供应商分成官方供应商(offical)和非官方供应商两个级别。2016年里约奥运会，361°成为里约奥组委的正式支持商，耐克为其官方供应商。在赞助权益上，361°负责提供火炬手、护跑手、志愿者、工作人员、技术官员的服装，耐克则为各国国家队提供运动装备（图2-2）。

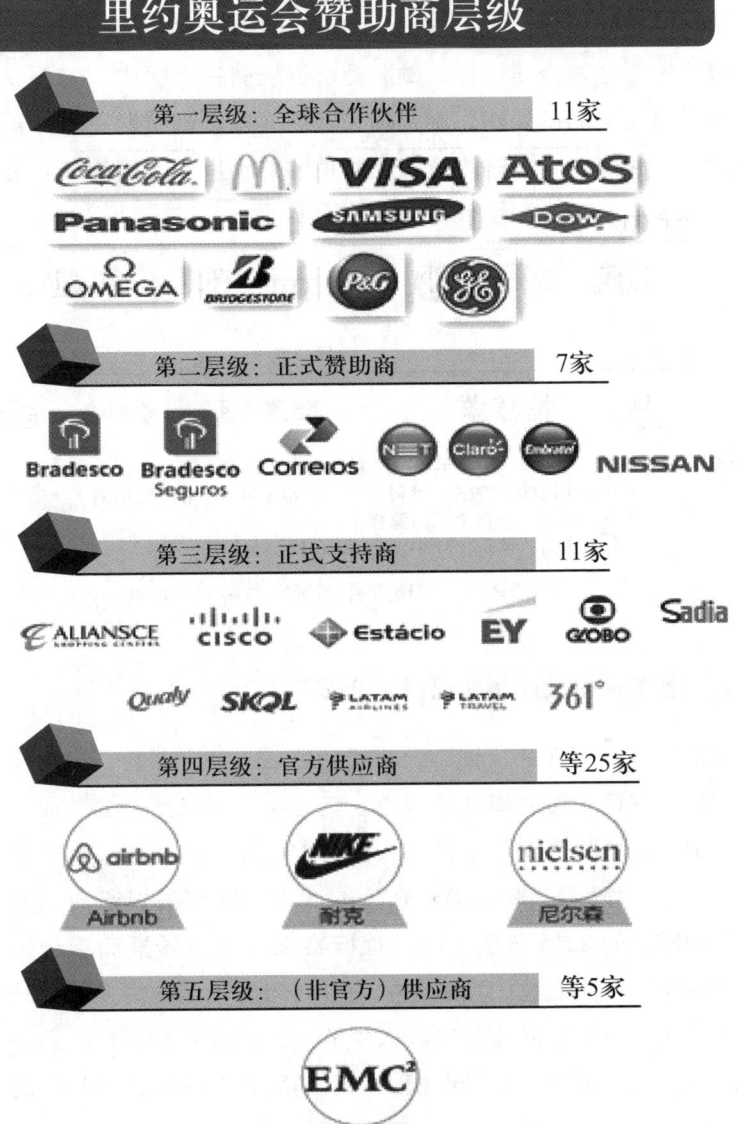

数据来源：里约奥运会官网

图2-2 里约奥运会赞助层级

（三）国家奥委会赞助商计划

国家奥委会赞助商计划由各参赛国奥委会管理，指支持本国奥运代表队的企业，对本国奥运会代表团提供资金、设备和技术支持。根据国际奥委会的商业做法，国家奥委会将赞助商分为5个级别：合作伙伴、高级赞助商、赞助商、供应商和徽章特许企业。2016年里约奥运会，中国国家奥委会赞助商层级主要分为合作伙伴、赞助商、供应商三个层次（图2-3）。

由于奥运会的排他性原则，国家奥委会在选择赞助商时，要避免与国际奥委会发生冲突，同时这些赞助企业也要分别属于不同的商业类别。

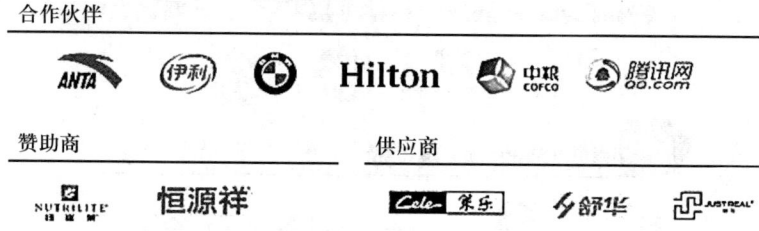

2016年中国国家奥委会赞助商
6个合作伙伴：安踏、伊利、宝马、希尔顿、中粮、腾讯网
2个赞助商：纽崔莱、恒源祥
3个供应商：策乐、舒华、JustReal臻元科技

图2-3　2016年中国国家奥委会赞助商

五、各单项协会比赛的层级之分

在奥运推出"TOP计划"大获成功之后，各大联赛、运动会、单项赛事纷纷效仿，进行了赞助模式的改进。奥运会、国家奥委会、亚运会、田径世锦赛、中超联赛的赞助层级都是按照合作伙伴、赞助商、供应商三个层次划分（表2-2）。随着互联网等新媒体的冲击，赛事版权逐渐成为各企业竞相争夺的领域，如2015年世界田径锦标赛划分官方转播商层级。近年来，随着我国中超联赛职业化的发展，中超公司市场化运作能力的提升，冠名赞助商的收益在整个联赛商业开发收入中的占比已经不如以前。未来，中超将效仿国际足坛的"拓扑分级赞助模式"取消冠名赞助商，将赞助商划分层级，转移风险。

表 2-2　不同赛事的赞助层级之分

赞助类型		夏季奥运会			2010年广州亚运会	2008年中国奥委会	2015年田径世锦赛	2016年中超联赛
		2008年北京奥运会	2012年伦敦奥运会	2016年里约奥运会				
合作伙伴	TOP	国际奥委会全球合作伙伴	国际奥委会全球合作伙伴	国际奥委会全球合作伙伴				
	合作伙伴	北京奥运会合作伙伴	伦敦奥运会官方合作伙伴		广州亚运会高级合作伙伴	中国奥委会及中国体育代表团合作伙伴	官方合作伙伴	官方合作伙伴
					广州亚运会合作伙伴		国内合作伙伴	
赞助商		北京奥运会赞助商	伦敦奥运会官方赞助商	里约奥运会正式赞助商	广州亚运会赞助商	中国体育代表团赞助商		冠名赞助商
		北京奥运会独家赞助商						
供应商		北京奥运会供应商	伦敦奥运会官方供应商	里约奥运会官方供应商	广州亚运会供应商	中国体育代表团供应商	官方供应商	官方供应商及合作伙伴
				里约奥运会（非官方）供应商	广州亚运会独家供应商		国内供应商	
其他				里约奥运会正式支持商			官方转播商	

复习思考题：

1. 为什么说体育赞助是营销的重要手段？

2. 如何实现体育赞助的双赢？

3. 简述体育赞助分类的意义。

4. 如何确定体育赞助的层级？

本章参考文献：

[1] 杨晓生，程绍同. 体育赞助导论［M］. 北京：高等教育出版社，2004.

[2] 李建军. 体育赞助营销对品牌资产的影响［M］. 北京：经济管理出版社，2011.

[3] 沈佳. 体育赞助［M］. 上海：复旦大学出版社，2016.

[4] 田波，李家俊. 论全球化语境中"双赢"的内涵［J］. 求实，2002（9）.

[5] 李屹松. 体育赞助关键成功因素研究［M］. 北京：北京体育大学出版社，2014.

[6] 张大庆. 我国体育赞助现状与发展对策研究［D］. 上海体育学院博士论文，2008.

[7] 翁永良，刘维芳. 论体育赞助商业化的"双赢"策略效应［J］. 企业经济，2005（10）.

[8] 施晴. 体育赛事与赞助商的双赢之路——体育赞助营销［J］. 商场现代化，2007（30）.

[9] 方鸽平，肖巍. 我国体育赞助中的合作博弈浅析［J］. 现代商业，2010（3）.

[10] 孙禹. 企业通过体育赞助提升品牌价值的对策研究［D］. 北京体育大学硕士论文，2007.

[11] 杨明，常冬冬. 借鉴与超越——三星体育营销对我国企业的启示［J］. 山东体育学院学报，2007（3）.

[12] 邓里文. 体育赞助营销中赞助商品牌形象转移的研究［D］. 南开大学博士论文，2010.

[13] 徐佟，连雷. 奥运会TOP计划发展特征分析［J］. 辽宁体育科技，2009（2）.

[14] 赵长杰. 奥运会营销策略的理论与实践研究［D］. 北京体育大学

博士论文，2004.

[15] 孟祥斌. 奥运会赞助模式与全运会赞助模式对比分析 [D]. 山东体育学院硕士论文，2012.

[16] 汪永华. 奥运会赞助双赢之探讨 [J]. 天津体育学院学报，2005 (1).

[17] 王倩，易剑东：TOP 赞助商在浪费自己的权利 [J]. 商学院，2016 (8).

[18] 周三多. 管理学原理与方法（第五版）[M]. 上海：复旦大学出版社，2009.

[19] 张晓英. 我国体育赞助市场中的政府行为分析 [J]. 西安体育学院学报，2009 (2).

[20] 詹新寰. 国际体育管理体系的重塑与中国体育改革的未来之路——西蒙·查德威克教授学术访谈录 [J]. 体育与科学，2015 (4).

第三章 体育赞助的效益

》》》**本章导语**》》》

本章主要阐述了体育赞助效益的重要理念，并介绍了体育赞助四大基本效益的内容与案例。通过本章的学习，进一步明确消费者购买行为与体育赞助效益的关系以及影响企业赞助的因素，帮助学生建立体育赞助促进企业品牌效益的正确观念。

》》》**学习目标**》》》

了解企业赞助体育的基本效益以及相关案例；了解消费者购买行为与体育赞助效益的关系以及企业赞助体育的影响因素。

> **案例导入**
>
> 在2017年中国台北世界大学生运动会组委会市场开发部举办专题讲座中，笔者曾受邀为企业家们讲解体育赞助的效益。演讲结束后，有人提问："以可口可乐这样的世界知名度与骄人的产品销售量，为什么还需要依靠赞助策略的效益？"我的回答是："没错，可口可乐是全世界最广为人知的国际品牌。不过，如果您随便问一下台北市的市民，'可口可乐'和'台北富邦兄弟象队'，他们比较关心哪一个？相信90%的市民一定会说兄弟象队。同样的，如果在北京，访问市民会关心'可口可乐'还是'国安队'？相信答案也是一样的。因此，那种与消费者融为一体的亲和力以及创造自身品牌权益的营销目标就是全球企业家迫切想要成为体育赞助商的主要理由。"

第一节 体育赞助的四大基本效益

最开始的体育赞助在企业与体育运动之间仅是一种单纯的捐赠关系，并未发现体育赞助有如此巨大的作用。不过，据国际事件营销集团（International Events Group，IEG）近30年的调查结果发现，企业投资在体育赞助方面的经费已经远远超过广告以及促销活动的预算。这说明过去传统的专人推销、广告、宣传以及销售促销策略早已无法有效地达成企业的目标。而结合体育赞助的营销计划，通过广大民众所感兴趣的活动，建立起了企业与消费者对话的桥梁，传递着企业的信息，并进一步与顾客建立更密切的长期往来关系。根据2011年杰克动态研究（Jack Motion Research）报告指出，有75%的消费者表示，在当今媒体信息充斥的商业环境中，如果品牌想要抓住消费者的注意力及兴趣，必须要有与众不同的作为。更有76%的消费者表示，只会支持能够提供他们良好个人体验的品牌（Pensinger，2012）。

体育赞助本身即是一种企业与消费者共同创造无限商机的营销策略，也已成为21世纪企业接触目标顾客群、垄断竞争市场、增加产品销售量以及凸显品牌形象等营销目标的利器。这股无法抗拒的营销风潮，已是未来企业保持竞争优势并超越对手的王牌。连著名的牛津大学商学院也忍不住要在世界一级方程式大赛中赞助"飞箭"车队，为学院做宣传，吸引学生申请就读。

企业赞助体育的效益内容丰富，豪尔德（Howard）和克罗布顿（Crompton）两位学者认为，体育赞助具有两个特殊的优点：第一，赞助活动非常适合作为强化形象的策略。而形象之所以重要，是因为它有助于产品的定位，使企业及其品牌可以从其他同类产品中异军突起，鹤立鸡群。第二，体育赞助效果是传统商业营销策略所无法企及的。体育赞助效益大致上可以分为4大类别（表3-1）。

表3-1 企业赞助的主要效益

提升知名度	提升品牌形象	促进销售	招待礼遇的获取
1. 新产品和现有产品推介	1. 树立新产品形象 2. 强化或改变现有产品形象 3. 建立企业员工及经销商对产品的荣誉感 4. 完善并传播企业文化，有助于员工的招募和用户忠诚度	1. 为潜在消费者提供商品体验 2. 通过促销赠品、折扣券、奖金以及定点销售等方式促进产品销量 3. 创造现场销售机会 4. 现有销售方式的多样化	1. 巩固与主要顾客、经销商与员工的关系 2. 刺激企业员工的工作积极性

一、体育赞助可以增加消费者对产品的认知度

在体育赞助策略刚开始产生作用的时候，最为企业所认同的赞助效益是：赞助可以增加消费者对产品的认知度。20世纪70年代，美国禁播电视香烟广告，香烟生产者便采用体育赞助策略，巧妙地实现了增加消费者对产品认识与认知度的效果。

案例 3-1

绝地大反攻的香烟生产者

自 1971 年起，美国法令禁止电视香烟广告的播放，并限制其平面广告的数量。同样的情况也发生在英国、法国、挪威、新西兰、澳大利亚等国家。然而，体育赞助方式成为香烟生产商达成他们营销目的的新媒介。最广为人知的案例，始于 1971 年的弗吉尼亚苗条杯女子网球巡回赛（Virginia Slims ladies' tennis circuit）以及温斯顿杯赛车大赛（Winston Cup motor-racing）。通过冠名赞助及高额奖金的赞助方式与热门的体育项目相结合，不但让生产商间接获得长期的电视曝光率与产品知名度的提升，也转移了民众的注意力，改善了香烟"有害健康"的品牌形象，更可接触到产品的潜在消费者，为经销商带来许多促销机会与活动。据估计，当年美国香烟生产者一年赞助的体育事件高达 2 500 件，投入金额在 1.5 亿至 5 亿美元之间，仅次于汽车制造业与制酒行业。

企业想要增加消费者对自身产品的认识与品牌的认知度，传统上大多采用广告的方式。例如在报纸杂志、电视台电台刊登、播放商业广告或者是制造广告牌等。不过，即使投入 500 万美元（首届美国"超级碗"广告费仅需 140 万美元）买下 2016 年美国橄榄球第 50 届"超级碗"（Super Bowl）的 30 秒广告机会，也只是买下对全球逾 185 个国家约 1.2 亿电视观众面前"自我表白"的权利而已，不论广告内容多么具有创意和个性特点，依然缺乏一种真正可以与观众心灵相通的具体互动点，也无从了解观众的即时反应，更不用说广告的实际效应了。1999 年，哈佛大学曾在学生强烈反对过度商业化的压力下，拒绝了墨西哥脆饼快餐店 Taco Bell（百事可乐旗下企业）进驻校园，放弃了价值数百万美元的合作计划，而斯坦福大学也有类似的情形发生。由此可见，纯商业化的活动比较容易受到消费者的抵制。库斯玛（Kuzma）与沙克林（Shanklin）两位学者认为，若以相同的营销经费，通过体育赞助之名，不但可行促销之实，且效果较传统方式更为有效。因此，如果将这笔广告经费运用在其他的体育赞助营销活动上，相信获得的成果绝不只是那"昙花一现"的 30 秒广告，取而代之的是长时间的媒体"免费宣传"加上广告效果。因为体育可以扩大企业曝光率,而这种可以与消费者"更接近一点"的渠道,消除了大众对商业广告的戒备心,更开启了未来产品销售的方便之门。有时,"形象的强化"不是大型国际企业的第一选择,更多的企业将体育赞助视为一种获取媒体曝光机会的广告策略。关心体育比赛的人不难发现,许多比赛活动中都有玛吉斯轮胎的赞助,特别是赛车项目。但是极少有人知道玛吉斯轮胎的母公司居然是中国台湾的正新轮胎,正新轮胎近些年逐渐成长为台湾地区最具实力的专业轮胎公司,每年赞助赛事超过百场,投入新台币约2亿元,全力赞助全球主要的体育赛事。通过ESPN等专业体育频道,同步传送到千万体育迷的眼前,品牌曝光效果十足。

二、赞助可以强化企业/产品形象

营销大师科勒(Kotler)及安瑞森(Andreasen)认为,"形象"是指消费者对某企业/产品的印象、概念及看法的综合体。在今天企业竞争激烈的环境中,企业间的"新世纪"大战早已延伸成为一场"脑海战争"。谁要是能够抢先一步,攻占消费者的"脑海",谁就能一举成名,获得众人青睐。而体育赞助就有这样的能耐。学者麦克·卡维尔(McCarvile)与科普兰(Copeland)指出,由于体育本身是一种参与度非常高的人类活动,而且参加体育的人口与体育迷的类型也相当多,体育活动不受国籍、职业、性别和年龄等因素的限制,有着广泛的影响力,所以,企业可以从中找到理想的目标市场。学者斯托特勒(Stotlar)则强调,体育活动吸引企业赞助的主因就是可以吸引广大民众的兴趣,而且体育赞助有助于将赛事本身特有的形象(如胜利、卓越、活力、健康、休闲等)成功转移至企业/产品身上,进而建立消费者对企业/产品的兴趣与好感。在不同的体育项目上,也各自有其明确的形象特征。例如,板球是代表英国传统运动,美国吉利剃须刀(Gillette)就是借助赞助英国板球运动,成功地将美国商品的形象转移,大举进入英国市场。其他企业形象及产品特征例子如高尔夫球及马球代表高尚,赛车和美式足球是冒险闯关的英雄精神表现,铁人三项则代表着坚忍不拔的斗志等。另外,体育赞助也有助于员工的招募。因为企业赞助的媒体曝光机会大,易提升企业知名度,应试者会慕名而来。台湾地区富邦金控冠名赞助台北市国际马拉松赛的用意也是为了建立企业的国际形象，秉承着"幸福的员工会带来幸福的家庭、幸福的客户"的信念，鼓励员工通过不同的活动提高体质健康水平，为员工及股东们创造荣誉感与团结意识，进而吸引人才进入该企业。台湾地区两大航空公司长荣航空和中华航空，赞助"2017台北世界大学生运动会"，就是有效地树立企业社会责任的良好示范，强化企业品牌的企业形象，也借助对国际重要赛事的支持来争取社会大众的好感。而美国新兴体育品牌安德玛（Under Armour），策略性选择与该品牌理念"I Will What I Want"相近的NBA球员Stephen Curry签约，看重的是Curry即使受伤仍不放弃，坚持每天训练的精神，充分展现出一个后起之秀所具备的强烈的进取心。而这一不同于以往赞助球星的策略模式，成功地为安德玛在短期内创造了1.6亿美元的品牌价值。Zaharia（2016）针对企业体育赞助后，企业形象与其消费者的购买意愿进行了研究。结果发现，当赞助商的产品与体育赛事相匹配时，观众对赞助商也会有良好的正面态度，对于过去曾购买过赞助商产品的观众，购买倾向会增加。由此，企业赞助体育对企业提升自我形象起到了非常重要的作用。借助体育的魅力，吸引广大民众的关注及参与，使企业获得超出传统营销策略的效果。媒体的大量报道，更扩大了企业在消费者心中的知名度，进而提升了企业／产品的形象。卓越的企业形象可提高消费者购买其产品的欲望，也增强了购买产品的信心，从而提升企业产品销售量。

三、赞助可以增加产品试用或销售机会

在零售商／经销商的渠道方面，企业想从众多同类商品中脱颖而出，或者取得最佳的展示区及较大的上架空间实属不易，更不用说顾客上门选购产品。许多消费者虽然对某些产品有兴趣，却有时因为价格、时机、保守个性等因素而迟迟未采取行动。根据顾客反馈的结果发现，单纯的产品促销活动或免费试用机会的效果，不如结合区域需求，以小范围的主题活动进行促销的效果更佳。因此，赞助活动便成为重要媒介，为促销产品提供了特殊的机遇。通过体育赞助活动可在特定区域，针对目标人群进行聚焦并同时提供产品试用机会，举办促销活动带动销售业绩，而体育比赛举办期间便是最好的产品展示与服务体验的机会。许多研究也指出，企业赞助体育，十分重视产品销售量的增加。美国最大的汽车媒体Automotive News评选出"2015印象

最深刻的营销案例"中,现代汽车赞助美国国家橄榄球联盟(NFL)与起亚汽车赞助美国职业篮球联赛(NBA)的营销案例双双上榜。2015年,现代汽车集团在美国共售出1 387 528辆汽车,增长率达6.2%,创历史新高,市场份额增至7.94%;起亚汽车共售出625 818辆,增长率为7.9%。

案例 3-2

2012年伦敦奥运会品牌赞助案例

作为奥运"TOP计划"最长期的赞助商,可口可乐一直通过奥运营销与当地消费者进行最直接的互动。除了在奥运会场上设置可口可乐体验馆,让来自世界各地的游客亲身体验奥运的热情外,可口可乐还通过全球各式各样的奥运抽奖、赠品活动、火炬接力、入场券促销、发行奥运纪念章和纪念瓶等促销活动,使人们看到奥运就产生喝可口可乐的兴趣。VISA自2010年成为世界杯的指定金融服务合作伙伴,其独家权利就是指定支付卡形式,即所有比赛场馆只接受VISA信用卡、转账卡、储蓄卡或者现金支付。在世界杯期间,VISA不仅大幅提升了发卡与刷卡的营业额,更阻断了其他同行在此期间的市场竞争。2012年伦敦奥运会,VISA与奥运官方手机Samsung Galaxy S Ⅲ结合,在伦敦市以及奥运官方指定地点,使用者可以利用手机的近距离无线通信功能和VISA特制的PayWave无线付款系统使用支付服务,让消费者通过实际试用体验三星手机与VISA服务的便利性,进而促进产品销售及增加服务机会。匡威(CONVERSE)则是提供所有参加康诺士杯网球大赛的球员一双新款球鞋。通过目标市场"意见领袖"(球员)的产品试用,来证实赞助商产品的优越性或者加深消费者的产品印象,进而提升购买欲望。

案例 3-3

里约奥运会指定车辆赞助商 NISSAN

作为2016年里约热内卢奥组委赞助商,巴西NISSAN提供了4 200辆车身涂装巴西缤纷色彩,充满地道巴西风格的车,小到March、Sentra和Altima,大到中型货卡的各类车型。同时,以专为拉丁美洲市场设计的新车款 Kicks 作为本届奥运会的官方礼宾车，让各国嘉宾可以体验感受 Kicks 的性能与魅力。此举成为里约奥运会期间的一个焦点，为全球所关注，在营销宣传方面产生了明显的效益与成果。此外，配合奥运促销活动，只要前往 Nissan 经销商试乘并上网注册的消费者，便有机会抽中奥运门票。此项促销活动不仅提供经销商与消费者面对面的沟通机会，更提高了产品销售的机会。同时，也可以收集上门顾客的个人信息资料，作为未来销售策略规划的决策参考。

案例 3-4

与奥运同步的三星电子

韩国三星电子从 1988 年汉城奥运会投身体育赞助，之后便一直以 TOP 赞助商的身份成功地实施奥运营销战略。

在 2012 年伦敦奥运会期间，三星对入住假日酒店的旅客，在入住时可拿到一个 Galaxy S3，结合相关 APP 提供呼叫服务铃、电视遥控器、冷气控制器等服务。三星还与 Visa 及其他企业合作推出"PayWave"支付服务，方便各国代表团选手使用。在 2016 年挪威冬季青年奥运会期间，三星为民众提供使用其智能手机的虚拟现实（virtual reality，VR）眼罩产品 Gear VR 观赏开幕式的网络直播，并在举办城市设置三个 Galaxy Studio 的产品体验区，供游客、当地民众和运动员共同体验虚拟现实的神奇"视"界，并且在现场提供最新款手机产品 Galaxy S6 系列的试用机会。在 2016 年巴西里约奥运会期间，三星则以奥运选手"不断突破自我极限"的毅力，结合其品牌"以创新科技打造未来"的核心价值，为运动员训练提供 Galaxy S7、Gear VR 等三星智能手机产品，帮助运动员随时监测体能状况，调整运动技能表现，提升训练效果。

三星的体育赞助，除了致力于增强品牌的正面形象外，还通过明星运动员及名人代言提高对其产品的关注度，进而增加产品的销售量。

四、赞助可以增加礼遇的机会

阿联酋航空自 1987 年第一次赞助体育赛事以来，一直积极投身于全球体育赛事的赞助,其集团主席暨行政总裁阿尔·马克图姆王储认为:"体育赞助活动是与乘客联络感情的最佳方式。赞助活动让我们分享和支持乘客的兴趣,并与他们建立更密切的关系。"很多营销理论家也认为,提升企业竞争力的途径之一是保持客户、员工和经销商的良好关系,而长期关系的维持,需要企业创造高价值的礼遇机会。企业借赞助获得体育资源权益,其中包括招待礼遇的权益,让企业的主要(潜在)客户、经销商以及内部员工等享有尊贵款待与礼遇的机会,借此方式接触重要客户。企业对员工、顾客和经销商给予褒奖和礼遇,也可提升员工、顾客和经销商的忠诚度和满意度,继而维持长久的伙伴关系。

1. 发展与主要顾客、经销商的良好关系

众所周知,体育赛事对于赞助商而言,具有重要的招待礼遇功能,这一特殊的礼遇不仅能给经销商和客户特别的尊贵感,进一步紧密相互的合作关系,还能提升企业在经销商当中的公信度和影响力,使企业形象得到很大的提升。例如,提供美国NBA决赛的门票、VIP包厢、专用停车位等礼遇或者职业高尔夫球(PGA)巡回赛专用的尊荣帐篷及贵宾接待服务。有效运用"关系营销法",非常有助于企业合作关系的形成与强化。当然,这种礼遇服务也可以由企业直接向体育赛事主办单位购买。赞助商的礼遇机会可展现企业本身的不凡气质与产品价值。

案例3-5

宏碁赞助F1赛车,获得重要客户的高度信赖

充满刺激与挑战的F1赛事备受欧洲人喜爱,宏碁自2001年赞助F1赛事以来,通过赞助法拉利车队,宏碁可以取得F1门票,接待重要客户欣赏比赛。2004年上海的F1赛事,宏碁花费上千万元购买了650个座位,招待中国经销商和工作伙伴。对重要客户给予3 000欧元的贵宾券,贵宾不仅可以与车神舒马赫共享早餐,而且可以参观法拉利车队。随着F1赛事的进行,宏碁配合比赛举办地的营销活动,强化了经销商对于公司的信心,利用无形利益的赞助取得了重要客户的高度信赖。

案例 3-6

Audi 打造"Audi Lounge"观赏空间

"2012 扬升 LPGA 中国台湾地区锦标赛"期间，奥迪汽车为了让车迷与球迷们有最佳的观赏空间，在球场第十八洞区精心打造"Audi Lounge"，让车主们感受专属礼遇款待。比赛期间，奥迪公司提供总价超过 1 亿元新台币的 25 辆专属礼宾车队，以超高规格接待此次参赛的国际球星和精英贵宾，不仅使得 Audi 品牌与赛事以及球星的形象相互辉映，更让合作伙伴及重要客户感受到赞助商的尊贵礼遇款待。

2. 激励企业员工，鼓舞内部士气

企业发展的源动力来自员工的创造力和自我实现。体育赞助为企业提供了有效激励员工和企业内部文化建设的绝好机会。企业实施体育赞助时，即被赋予如赛事门票、参与赛事服务等特殊的权益，可以让员工获得企业的荣誉感、归属感与自豪感，不仅对员工是一种激励与鼓舞，对于企业来说也是一种强大的发展动力。

案例 3-7

"麦"进 2012 伦敦奥运，一生难得一次的圆梦舞台

麦当劳为积极落实员工价值主张，拥有伙伴关系的工作情谊，从 2002 年起开始，网罗来自全球的麦当劳精英启动奥运"金牌服务员团队计划"。2012 年伦敦奥运会，麦当劳从全球餐厅遴选出 2 000 名金牌服务员，组成有史以来最大规模的服务团队，这些顶尖的品牌大使将有机会在伦敦和奥运选手会面、参观比赛、在皇家公园参与他们专属的活动，并且和各国同仁互相交流，帮助员工实现一生一次的难得梦想。

案例 3-8

"联想"奥运营销，收获品牌、销量与士气

2006 年 2 月，"联想"首次亮相都灵冬奥会，以"零故障"完美交

卷。2008 年,"联想"集团为北京奥运会提供了成熟可靠的技术设备。自成为国际奥委会全球合作伙伴以来,"联想"品牌的国际认知度从无到有大幅提升,在国内的品牌美誉度也持续增长,从 2004 年的 37% 上升到 2005 年的 62%。当谈到赞助奥运带来的好处时,集团领导经常会提到一点:"联想内部员工信心指数持续增长"。由此可知,员工信心指数的增长,便是对联想集团赞助奥运会成功的认同。

除了上述功效之外,体育赞助也可以达到垄断市场的效果。现在的赞助协议几乎都采取"排他性"原则,即每种类别的赞助商仅会找一家。在特定的活动中,企业不仅可以独享赞助成果,也将主要的竞争对手挡在目标市场之外。这种优势竞争力一般无法经由广告或其他促销活动所获得。

今天,高科技时代下的体育赞助策略必须运用科技手段,将体育(球)迷对体育运动的激情转移到赞助商身上,重点是品牌与社群相关程度以及情感的真实性。调查研究发现,通过社交平台与球队赞助商产生关联的球迷当中,有 30% 的球迷会直接购买赞助商品牌的产品(服务)。不过,这种关联程度如果不够稳固,反而会产生负面效果(Dynasoft Synergy,2015)。

体育赞助主要扮演着"营销跳板"的角色,对于企业整体营销活动成效的提升具有"如虎添翼"的作用。不过,由于赞助理念及创意手法的差异,对于消费者购买决策行为的影响也会产生不同程度的效果。

第二节 消费者购买决策行为与赞助效益的关系

最常被用来说明消费者购买决策程度的模式称为"AIDA 模式",即认识(awareness)—兴趣(interest)—欲望(desire)—行动(action)。经由这个模式,企业可以了解消费者在选购产品前的决策过程。1993 年,里德(Reid)和康普顿(Crompton)对 AIDA 模式进行了调整并与体育赞助效益做比较(图 3-1),由此了解体育赞助效益对消费者购买决策行为所产生的不同层次的影响。

消费者购买决策的形成通常经历了以下几个过程:

（1）产品认识。指消费者对某特定产品有初步认识，无深刻印象。

（2）产品兴趣。指对特定产品有某种程度的了解与好感，而产品形象也会影响消费者对该产品的兴趣。

（3）产品欲望。消费者经过思考判断产品的优点或实际试用过后，觉得比其他同类产品更能满足购买需求，便会产生购买欲望或者准备购买。

（4）购买行动。指消费者经过上述考虑后，决定购买该产品或拒绝购买。

（5）产品认定。指消费者确定购买决策并对该产品产生忠诚度。

在了解上述消费者购买程序之后，企业的挑战在于如何运用体育赞助可能达到的效益，将消费者从原有的购买决策层级（如停留在"产品认识"层级）向上提升，直到"产品认定"的层级。

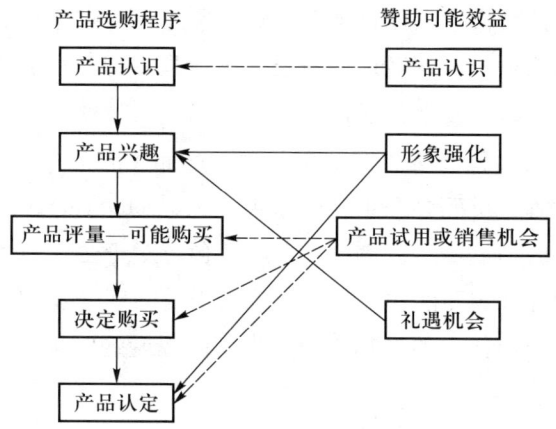

图 3-1　消费者购买决策行为与赞助效益关系图

第三节　影响企业赞助体育的因素

学者斯托特勒（Stotlar）认为，企业在进行体育赞助前，除了应考虑企业本身的一般环境，还应考虑体育组织：组织方的能力、经营状况及管理效能、体育赞助计划符合企业目标的程度。萧嘉惠（1995）以及吴国铣、廖志平（2008）进一步将 1986—2003 年间我国台湾地区相关研究结果加以归纳，研究表明企业赞助体育主要考虑的因素包括企业形象、产品销售及企业知名度（表 3-2）。

表 3-2　企业赞助考虑因素表

年份	学者	企业赞助考量的因素		
1986	Wilkinson	公民责任	企业形象	增加销售
1990	刘念宁	社会责任	企业形象	促销、节税
1991	康永华	促销	节税	企业形象
1992	林振雄	企业形象	员工向心力	宣传效果
1992	Irwin Asimakopoulos	知名度	企业形象	重塑商品认知
1992	陈嫣如	企业形象	促销	回馈社会
1993	Turco	吸引游客	刺激经济	提供工作机会
1993	Kuzma	社会责任	知名度	企业形象
1993	Sandler Shani	知名度	企业形象	增加销售
1994	Turco	产品形象	增加销售量	扩大市场
1998	Thwaites, Aguilar Manjarrez, & Kidd	运动事件的形象	联结程度	观众组成之明确度
1998	Usccm	市场因素（企业净利、营销策略等）	机构性因素（企业规模、高层经理人理念等）	
2001	廖俊儒	企业形象	知名度	民众好感
2001	萧嘉惠	合乎企业文化	赞助时间点适当	不与年度活动重叠
2003	陈郁雯、黄玉惠、连于婷、杨维汉	选择赞助运动员	预算编制	企业参与程度

（资料来源：吴国铣，廖志平. 赞助商参与运动赞助决策制定之考虑因素探讨［J］. 大专体育，2008：116~123.

萧嘉惠. 运动组织与企业组织经理人对运动赞助考虑因素之比较研究［J］. 1995：19.）

一、企业赞助考虑因素

一般来说，企业进行体育赞助时，会考虑以下因素：

（一）内在因素

（1）赞助权益（如肖像权使用、每年出席企业活动次数及时长、广告拍摄次数及时长、赛事门票及其他赞助商礼遇等）；

（2）赞助周期（是否匹配企业宣传需求）；

（3）赞助期满后提前谈判及优先续约权（避免竞争对手抢夺赞助标底及恶意哄抬赞助价格）；

（4）特殊情况约定（如赞助对象罢赛、吸毒、绯闻等引起企业形象及社会口碑受损）；

（5）违约责任约定。

（二）外在因素

（1）赞助内容（金额及实物）；

（2）赞助对象影响范围（是否匹配企业现覆盖市场或未来准备开拓的市场）；

（3）赞助对象影响人群（是否匹配企业现有目标客户或未来潜在客户）；

（4）赞助对象的社会影响力及美誉度（口碑及特质是否符合企业文化或品牌文化）；

（5）赞助对象的社会影响力周期（是否匹配企业或产品生命周期，如明星过气、运动员退役等）；

（6）政治因素（国家关系、民族情结等）；

（7）赞助隐形成本（如跨国、跨语言、跨行业沟通）；

（8）企业体育赞助服务专业人才储备（现有团队是否可以满足赞助合作需求）。

同时，不同区域、不同类别的企业在考虑因素上也有一定的差别。萧嘉惠的研究指出，台湾地区企业在体育赞助时考虑的因素按优先等级划分为：人员素养、目标群众、预算控制、观众人数、媒体曝光率。表3-3显示服务业与制造业较重视组织方人员的专业素养，除了企业组织利益方面的考虑之外，也关心体育组织／活动方面的因素（如组织目标、选手表现）。然而，金融业仅重视企业获利，在"赞助互惠"及"双赢"的认识度上较服务业与制造业不足。

表3-3　不同产业结构的企业组织经理人赞助体育考虑的优先因素

排位	服务业		制造业		金融业	
	因素	平均值	因素	平均值	因素	平均值
1	人员素养	4.64	人员素养	4.65	媒体曝光率	4.58

续表

排位	服务业		制造业		金融业	
	因素	平均值	因素	平均值	因素	平均值
2	目标群众	4.56	目标群众	4.62	观众人数	4.50
3	预算控制	4.44	媒体曝光率	4.54	目标群众	4.42
4	赞助理念	4.42	选手表现	4.50	成本效益	4.42
5	组织方的目标	4.40	人员的推广程度	4.50	赞助理念	4.42

（资料来源：萧嘉惠. 运动组织与企业组织经理人对运动赞助考虑因素之比较研究［J］. 1995：54.）

影响企业赞助的因素可分为：

（1）内在因素（企业目标、企业规模、高级主管理念）；

（2）外在因素（企业定位、竞争策略、体育运动组织／活动性质、赞助提案、政策法规及其他环境因素）。

二、选择体育赞助计划的考虑因素

布朗（Brown）等学者认为，企业界决定是否采纳体育组织／活动的赞助计划应考虑的因素有：

（1）赛事活动的焦点（event focus）；

（2）人口统计学上的相融性（demographic harmony）；

（3）心理描绘的相融性（psychographic harmony）；

（4）地理影响（geographic impact）；

（5）企业赞助形式的选择余地（leveraging）；

（6）赞助效益的延伸（sponsorship extensions）；

（7）媒体曝光率（media coverage）；

（8）赞助权益（entitlement）；

（9）娱乐性／礼遇内容（entertainment/hospitality）；

（10）体育赛事／活动与产品的关联性（entertainment/hospitality）。

在公益赞助方面，根据刘念宁对台湾地区大型企业所进行的研究结果，列出了7项企业赞助公益活动时采用的评估准则：①活动类型；②活动主题；③活动与产品关联性；④活动规模；⑤活动主办单位；⑥其他协办单位及赞助单位；⑦受益对象。

第四节　体育赞助与品牌资产

 一、品牌资产的基本理念

品牌资产是 20 世纪 80 年代兴起的营销观念，大体上可从财务、营销以及兼具财务与营销等不同观点进行阐述。品牌资产是指能够唤起消费者思考、感受、意识、联想到特定品牌的特殊组合，并且此组合会对消费者的购买意愿产生影响（Kim，1990）。例如，根据 Interbrand 2016 全球品牌排行榜调查报告的结果显示，全球前十大品牌的第一位是苹果公司，品牌价值高达 1 781 亿美元（成长率 5%）。其中，亚洲品牌有日本丰田（Toyata）及韩国三星（Samsung）公司，分别排在第 5 名（品牌价值 535.8 亿美元，成长率 9%）及第 7 名（品牌价值 518 亿美元，成长率 14%）。Aaker（1991）认为，品牌权益可由品牌忠诚度、品牌知名度、知觉质量、品牌联想与其他专属品牌资产（如专利、商标等）5 个方面组成，每一个品牌资产指标均能为消费者及企业创造出价值，而品牌所创造出的效益，也可借助这 5 个方面进行有效评估。

品牌忠诚度是整个品牌资产的核心。如果消费者对于之前产品的使用及购买经验感到满意，则会对该品牌产生好感，进而形成对该品牌的偏好。当消费者对品牌产生忠诚度后，不仅有助于企业营销成本的减少，亦可降低竞争威胁。

品牌知名度是在特定的产品类别中，能够被消费者所识别与回忆某项品牌的能力。品牌知名度可为消费者提供一种有效信号及熟悉感，因此，当消费者对于某项产品产生购买兴趣时，通常就会选择个人熟悉且具有知名度的品牌。

知觉质量是指消费者对于某一品牌产品整体质量的认知程度，或消费者对于该品牌产品的个人主观满意程度。

品牌联想是指在消费者的脑海记忆中，所有与特定品牌有关的联想，包括产品特色、顾客利益、用户、生活状况、竞争者和国家等。品牌联想能够协助消费者进行特定品牌的定位，并可在消费者心中创造出正面的态度。

第四节　体育赞助与品牌资产

其他专属品牌资产是指特定品牌所拥有的专属资产，包括专利、商标等，此项资产能为企业品牌创造竞争优势，并可防止竞争者的模仿与直接竞争。另外，Keller（1993）认为，消费者对于品牌的知识会影响其对于品牌的态度。因此，消费者品牌知识的差异化效果即为品牌权益。品牌知识的组成为"品牌知名度"和"品牌形象"。其中，品牌知名度包含品牌识别和品牌回忆两个方面，而品牌形象包含品牌联想的形态、品牌联想的喜好度、品牌联想的强度以及品牌联想的独特性4个方面（黄文星，蔡硕仓，杨凯婷，2006）。号称全球第一瓶能量饮料的红牛积极赞助极限运动（滑雪板、赛车、跳伞等），成功地将极限运动的形象与其企业品牌的标语"给你一双翅膀"产生关联，从而使红牛功能饮料成为年轻人和运动员喜爱的品牌。

二、营销观点的品牌资产

由"营销观点"引入的品牌资产是指企业借助体育营销活动与消费者互动的过程，使消费者对该品牌形成知觉、联想与态度的正面倾向，影响其购买行为，并且可为企业品牌创造长期而具有差异化的竞争优势，进而成为消费者心目中的卓越品牌。Keller（1993）从个别消费者观点定义品牌权益，认为体育营销活动会产生不同的品牌效果，反映出消费者品牌知识的差异性。宏碁集团创办人兼荣誉董事长施振荣强调，体育是宏碁与消费者间沟通的营销工具，借助体育营销（赞助）的效益，成功塑造宏碁的品牌价值（品牌定位乘以品牌知名度）。当年，通过赞助法拉利车队的营销策略，使宏碁成为IT产业的领导品牌。企业通过强有力的广告宣传方式，较容易达到提升品牌知名度的营销目标，且不影响企业品牌在消费者心中的定位。品牌资产的建立是企业可持续发展、基业长青的重要课题，而体育赞助是目前国际知名品牌普遍运用的有效营销策略之一。陈立馨（2015）针对奥运赛事赞助的研究结果指出：① 赞助金额等级越高，品牌权益提升越多，但赞助金额等级与销售额无显著关系。② 经济发展并未显著干扰赞助金额等级与品牌权益、销售额的关联性。③ 企业成长机会对干扰赞助金额等级与品牌权益、销售额的关联性具有积极的作用。④ 伏击营销会干扰赞助金额等级对销售额的影响，但未显著干扰与品牌权益的关联性。

正因为体育运动具有能够跨越语言、文化、种族、社会阶级等沟通障碍的营销特性，使得体育运动成为与全球消费者有效进行沟通互动的最佳渠道，尤其是通过大型国际体育赛事的赞助策略，有利于企业开发新市场，提升品牌价值，在短时间内有效地提升品牌知名度，为品牌增加正面印象与消费者的认同。

值得注意的是，体育赞助并非仅是一种广告形式，也是一个可以有效建立品牌形象的平台。企业需要了解其本身品牌形象与不同体育项目的形象匹配度，才能够通过赞助自然地与体育形象产生关联、融合、移转，以达到品牌权益的建立与强化。

企业的体育赞助合作必须讲究长期的合作伙伴关系，策略规划与整合营销计划也必须要有远见。频繁更换赞助赛事或者短期赞助，不利于建立赞助商品牌在消费者心中的形象。

三、体育赞助创造品牌资产

体育赞助对企业品牌权益影响的相关研究很多。根据李嘉文（2002）的研究结果：① 实施体育赞助对于耐克品牌权益有显著提升。② 耐克在实行赞助策略后，消费者对其品牌权益均产生了正面的影响力。③ 耐克实行体育赞助后，高参与度消费者对于耐克品牌权益有明显提升，而低参与度消费者对于耐克的品牌权益提升则较少。

涂育菁（2009）针对玛吉斯轮胎赞助小型赛车的品牌权益影响的研究结果显示：① 体育赞助对其品牌权益有积极影响；② 在体育赞助活动中，"消费者对赞助商的态度"及"消费者对于赞助事件的态度"对于品牌权益的"品牌忠诚度""知觉质量""品牌联想"的影响最为显著；③ "赞助商与赞助事件的匹配度"对于品牌权益的"品牌知名度"的影响力最为显著。因此，玛吉斯轮胎赞助小型赛车，不仅有助于其品牌权益的提升，也能有效提升其品牌知名度及改善品牌形象。

案例 3-9

361°奥运营销：赞助升级追梦突破[①]

自 2010 年广州亚运会开始，始终秉承"多一度热爱"品牌精神的 361°，

---

① 每日头条. 361°奥运营销赞助：升级追梦突破 立体营销矩阵全面发力 [EB/OL].
https://kknews.cc/sports/rexzxbr.html, 2016-08-26.

先后赞助过深圳 FISU 世界大学生运动会和南京青年奥运会等多项洲际和国际赛事,并在 2014 年成为 2016 年里约奥运会及残奥委会官方合作伙伴,也成为中国首个登上奥运舞台的体育用品品牌。此外,通过赞助希腊、南非代表团,给全球媒体与观众留下了深刻的印象,也凸显了 361°"热爱无国界"的品牌精神。

案例 3-10

Dole 让香蕉成为东京马拉松的补充品①

跨国食品公司 Dole 销售的产品包括香蕉、菠萝和各种新鲜包装果汁。从 2008 年起,Doled 开始赞助世界六大马拉松之一的"东京马拉松",每年给跑者提供香蕉补充能量。东京马拉松每年会吸引许多有创意、服装各异的选手参赛,赛事氛围热烈。为了迎合东京马拉松的风格,赞助商 Dole 也在赞助香蕉上"搞创意",希望给选手和观众留下深刻的印象。2014 年,Dole 推出了 200 根独一无二的香蕉奖杯,只要在赛前登录活动网站,当选手抵达终点时,就能够得到一根打印选手名字、完成比赛成绩与友人祝福的香蕉奖杯。这个颇具创意的香蕉奖杯在 Facebook 被分享 72 万次,接触到超过 2 800 万名消费者,有 95.3% 的日本民众对 Dole 的印象"非常好",83.5% 的消费者表示"强烈"考虑购买 Dole 香蕉。2015 年,Dole 推出"穿戴式香蕉",参赛的其中两名选手佩戴香蕉参加全马比赛。这款穿戴式香蕉可观看时间、测量心跳、接收短信,在比赛完之后还能够补充能量,是世界第一款可以吃的穿戴式装置。

在当今充满各式广告以及媒体沟通碎片化的商业环境中,传统营销方式已无法有效地吸引消费者的注意力。而体育赛事具有瞬间吸引受众以及鼓励民心的热情元素,成为企业品牌赢得消费者好感的最佳营销平台。企业必须充分了解体育赞助的基本效益,理解消费者购买决策行为与体育赞助效益间的关系,进行体育赞助的确定与评估。跟风加入体育赞助商的行列,缺乏体育赞助的正确观念与专业操作能力,缺乏与体育赞助主体间的长期合作与投

---

① 何佩桦. 日久见人心——看品牌长期运动赞助效益[N]. 凯络媒体周报,2015.

入意愿，将无法有效而稳定地通过体育赞助达成预期的效益。

复习思考题：

1. 体育赞助有哪些基本效益？
2. 企业在赞助体育时应如何考虑其品牌效益？
3. 影响企业赞助体育的因素有哪些？

主要参考文献：

［1］程绍同. 第五促销元素：运动赞助营销新风潮［M］. 台北：滚石文化，2001.

［2］程绍同. 运动营销商战剖析：运动场上拼营销［M］. 台北：汉文书店，2001.

［3］程绍同. 运动赞助策略学：未来企业营销新趋势［M］. 台北：汉文书店，1998.

［4］Ma, S. NFL——连广告都超好看的运动秀［J］. 商周. com，2015-11-13.

［5］赵君胜. 赞助策略解析——品牌如何"赞"到消费者心理？［J］. 动脑 Brain，2014-08-20.

［6］蔡幸儒. 赞助运动做公益 加分品牌形象力［J］. 经贸透视双周刊，2014.

［7］施莳频. 建大杨启仁：经营4元素，拼全球前20大轮胎厂［N］. 中时电子报，2016-07-29.

［8］台北市政府产业发展局. 2017台北世界大学运动会新增顶级官方赞助伙伴——长荣航空、中华航空与世界大学生运动会一同航向精彩［Z］，2016.

［9］朱凯麟. 谁会成为如日中天的Nike竞争对手？［N］. 好奇心日报，2016-02-21.

［10］Tony Lee. Under Armour打败Adidas直追Nike，你可以跟他们学到什么？［J］. 创新拿铁，2016.

［11］朱佩忻. 从消费者观点分析企业运动赞助效果［D］. 台湾大学国

际企业研究所,2003.

[12] 李嘉文. 赞助高中篮球联赛对 NIKE 品牌权益影响之研究 [D]. 台湾师范大学运动与休闲管理研究所,2003.

[13] 车讯网. 现代集团赞助 NFL/NBA 获美国成功营销案例 [J]. 壹读,2016.

第四章 体育赞助的激活策略

▶▶▶ 本章导语 ▶▶▶

本章主要阐述了体育赞助激活策略的重要意义,介绍了激活策略组合的内容以及实际操作的步骤与方式。通过奥运营销的经典案例解析,强化体育赞助激活策略的应用理念。

▶▶▶ 学习目标 ▶▶▶

了解体育赞助激活策略的意义与价值;掌握体育赞助的激活策略组合与执行方式;深刻领会体育赞助激活策略组合的经典案例。

第四章 体育赞助的激活策略

案例导入

当企业寻找到心目中的体育资产主体并且签下体育赞助合约之后，就以为大功告成了？这实际上犯了体育赞助的"兵家大忌"。可口可乐公司前营销副总裁史蒂夫·库宁（Steve Koonin）曾以"花钱买玩具，还需要买电池"的比喻来说明赞助商还需要积极地扮演合伙人的角色，才能够激活体育赞助的效果，并且需要进一步赋予体育赞助永恒的意义，使整体的赞助效益达到顶点。只有自然地融入体育运动之中，才能激起企业品牌与消费者心目中的共鸣，树立正面形象并建立良好的互动关系。

第一节 体育赞助的激活策略

一、体育赞助激活策略的重要性

当企业寻找到最符合本身产品促销或形象特性的体育赞助资源时，通常便以为在签订赞助协议后，就算大功告成，可以坐享赞助成果了。这是一种非常危险的想法，因为赞助活动不等于广告活动，广告效应在于追求曝光率及产品能见度，只能吸引消费者对广告主的商品（服务）产生印象，并不能代表积极性购买行为的形成；而赞助策略所追求的是消费者的主动参与及真情投入，策略重心在于融入消费者的生活形态，借助赞助活动发展企业品牌价值与消费者间的互动关系。对赞助商而言，在整个赞助活动中，不应只是辅助者，处于被动的地位，而应积极地扮演合伙人的角色，让整个赞助效益扩大。另外，鉴于体育赞助活动的频繁进行，各家商标、品牌与广告信息充斥眼球，反而会导致消费者的无所适从。如果企业不能积极把握体育赞助的难得机会，将整合营销策略发挥得淋漓尽致，那么，赞助商很容易就会被消费者忽略甚至被遗忘。

要成为赞助赢家，首先必须认清赞助激活策略的意义，即有效发挥赞助的功能，为企业打造品牌与产品的非凡价值，并与消费者在赞助活动中建立长久稳固的贸易伙伴关系，尤其是要让他们了解并体会到企业投入体育赞助的诚心。当消费者体验到企业的真心付出时，实际上也增加了活动的价值，展现了赞助商的卓越表现。另外，赞助激活的效益也不仅限于在体育场馆内的球迷观众，而是希望通过具有创意的促销想法和公关活动来渲染延伸整个赞助效果，并呈现给电视机前的观众与社交媒体平台上的网络用户，远远超越原有的赞助格局。

捐赠与赞助之间最大的差异在于捐赠活动多属于社会公益等善举且较不寻求实质回馈，而赞助活动则是一种结合着企业营销目的的交换行为。前网球名将约翰·马克安诺（John McEnroe）的经纪人盖瑞·史维恩（Gary Swain）曾经透露，美国运通公司（American Express）为了充分发挥美国网球公开赛（US Open）的赞助效能，特意将部分的促销广告经费转移为支持赞助活动，希望能在短短两周的赛期中强化礼遇接待效果以及会场上的曝光率。可口可乐一年花在赞助美国 NASCAR 房车大赛的金额虽然不超过 500 万美元，但是用在支持该项赞助活动的广告营销开支却高达 6 000 万美元。可口可乐在全国电影院播放 NASCAR 主题的促销广告；销售 3 000 万个 NASCAR "可口可乐赛车明星家族"（Coca-Cola Racing Family）纪念瓶（杯）；在大会现场设置 1.5 万台 NASCAR 主题的可口可乐自动贩卖机等。20 世纪 80 年代初期，韩国三星还只是一家代工小公司。自 1988 年启动奥运营销策略之后，2016 年三星被 Interbrand 评比为年度企业品牌价值全球第 7 名，品牌价值 518 亿美元，成为近年来全球品牌价值提升最快的跨国公司之一，在亚洲仅次于品牌价值 538.5 亿美元的第 5 名丰田汽车。虽然三星今日的成就与其体育营销的关联度尚难精准界定，但是，无可否认的是，围绕着亚运会、奥运会及世界杯足球赛等国际重要体育运动赛事的有效赞助，尤其是 2008 年北京奥运会营销的发力，使得三星成为亚洲乃至全球品牌的新典范。

二、体育赞助激活预算的比率

学者们曾建议，若企业在体育赞助活动上付出 1 000 美元，那么在整体营销活动上，应再投资 2 000~3 000 美元，以扩大赞助活动的成效（Schreiber & Lenson, 1994）。国际万事达卡全球促销暨赞助活动资深副总裁玛法·汉芙勒（Mava Heffler）表示，激活策略与赞助活动的经费比例原则上应做到 1∶1 才算恰当。程绍同（2001）则认为，激活策略预算的高低应视赞助活动本身的规模大小及企业营销目标而定。例如，第三代奥运会全球赞助商（TOP III）IBM 除赞助奥运会 4 000 万美元外，还额外投资 6 000 万美元来强化赞助效果，比例为 1∶1.5（表 4-1）。

根据 IEG（2014）调查报告显示，赞助激活经费比例由 2013 年平均的 1.5∶1 提升至 2014 年 1.7∶1。如图 4-1 所示，花 1 美元的赞助权利金就相对需要投入 1.7 美元的激活预算，以盘活整个赞助策略，确保赞助目标的达成。

表 4-1　激活赞助策略的预算比率表单位　　　　　　　币值：美元

赞助商/运动资产主体	赞助权利金	激活经费	比率
可口可乐/TOP III	4 500 万	2.5 亿	1∶5.5
BMW/1996 年奥运会	1 000 万	4 200 万	1∶4.2
Master card/1994 年世界杯足球赛	1 800 万	6 300 万	1∶3.5
三星电子（Samsung）/1998 年亚运会	900 万	3 000 万	1∶3.3
三星电子（Samsung）/1998 年亚运会	900 万	3 000 万	1∶3.3
Visa/TOP III	4 000 万	1 亿	1∶2.5
Sprint 美国电话公司/职业美式足球联盟 NFL（1997—1998 年）	1 900 万	4 000 万	1∶2.1
IBM/TOP III（1994—1996 年）	4 000 万	6 000 万	1∶1.5

（资料来源：Ukman, L.& Berezin, P.O. IEG Conference［Z］. 1999.）

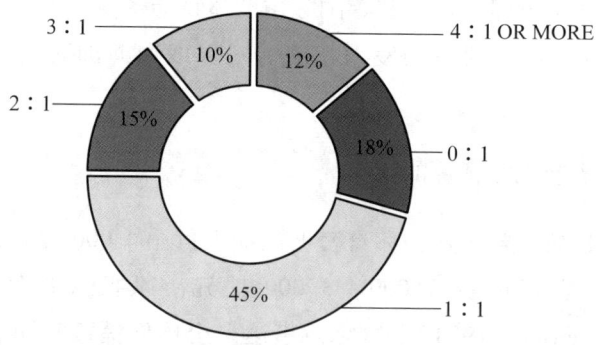

图 4-1　2014 年赞助激活预算比率分配图

（资料来源：IEG. Performance Research 2014 Sponsorship Decision-Makers Survey.）

三、体育赞助激活策略成功的关键

如何创造一个成功的体育赞助激活策略？首先应将体育赞助活动视为成就企业营销目标的催化剂，这是企业发展的新起点。借助体育赛事暨活动的成功举办，达成企业自身营销的目标。例如，卖出更多产品成为媒体焦点话题以及强化品牌价值等。体育赞助活动的成败关键可以考虑以下几个方面：

（一）赞助活动本身

可口可乐公司在 1996 年的美国亚特兰大百年奥运中，充分发挥了赞助商的角色与功能。不仅分担奥运火炬接力任务，而且协助售票。火炬接力工作的成功，也为可口可乐制造了全球性的话题，建立了良好形象。服务游客的"可乐城"也使得品牌名利双收。美国著名百货公司希尔斯（Sears）借助美国女子职业篮球联盟（WNBA）"儿童体适能跃动营"（Be Active）这项活动的赞助机会，成功地将企业品牌及销售活动与 WNBA 自然联结。赞助内容包括：给来自全国 12 个城市的 200 位小朋友每人提供一件 T 恤（正面印有 WNBA "Be Active" 字样，背面则印上希尔斯的商标）、一个迷你的 WNBA 篮球、活动贴纸以及结业证书，并且安排在店内与 WNBA 明星球员合影的活动。

（二）媒体

媒体希望吸引读者、观众，而这一需求开启了媒体与企业的合作之门。通过彼此签订协议及利益交换的策略联盟，便可配合企业体育的营销活动。制作特别报道或节目，使得赞助商的营销效力充分发挥。

（三）销售促销

企业产品以及授权的赞助产品多为赞助的主要目标。运用促销策略（如折扣券、兑换券、赠品、猜奖等）来配合赞助活动的推出或授权商品的销售，可协助企业达成促销目的。例如，试用品的分送活动，露得清（Neutrogena）化妆护肤公司经理咯希亚（Garcia）表示，公司将比赛门票分送给职员们，并同时要求职员们在比赛场上分送试用品。这种策略不仅提供给员工们一天的假期，并且省下试用品分发的人工费用，也建立了预期的形象；波纳心跳侦测运动表（Polar heart monitor）在赞助 WNBA "儿童体适能跃动营"活动时则与希尔斯百货公司的激活策略略有不同，其切入点是借助该活动强调身体活动与心肺功能的重要性，给参加活动的小朋友们提供试用波纳心跳侦测运动表的机会，并可有效记录他们心跳的反应情况，作为产品介绍与销售的策略运用。

扩大赞助效益的成功案例不胜枚举，全靠企业本身投入的专注程度而定。可口可乐公司已将赞助激活策略列为该公司 8 项营销重点策略之一。在历届奥运会与世界杯足球赛的赞助激活效益上，可口可乐公司不仅提升了全球产品销售量，更加强了其品牌与大型国际体育赛事的紧密结合。总体而言，赞助商在确实掌握赞助活动性质与本身营销目标间的关系后，可从消费者与企业品牌因素考虑来构思激活策略内容，找出延伸效益的机会。这是一项深具挑战乐趣又令人振奋的工作，只要与体育赞助资源方充分沟通与配合，在活动中为全体参与者创造愉快的气氛及快乐体验，同时建立良好的互动关系，激活成效必定是丰硕的。

（四）成功赞助营销活动的步骤

可口可乐公司从自身的发展中总结出一套创造成功赞助营销活动的步骤，这也为企业赞助者提供了一些扩大赞助成效的经验（程绍同，2001）。

（1）确定赞助权益。在选定赞助活动之后，需与主办单位进一步确认赞助计划中的各项细节，以充分了解赞助活动的性质与内容。在确定所有赞助权利与义务事项之后，便可进行签约。

（2）制定确实可行的赞助活动计划。依据主办单位所提供的赞助权益内容，规划一个可供所有可口可乐经销网共同执行的赞助活动计划。

（3）设计执行策略。例如，定点销售活动、电视广告运用、顾客服务的方式等区域性／全局性的执行策略，安排人力支持。

（4）达成共识与获得支持。让公司内部成员了解赞助活动的意义与价值，在取得共识与认同的情况下，激发员工的工作活力，为此计划提供各方意见与资源，以确保策略得到有效执行。

（5）修正策略。参照公司内部建议与营销目标，不断完善执行策略，以确保赞助活动计划的成功进行。

（6）与主办单位协调。根据公司拟定的赞助活动计划及策略，与主办单位讨论，并在征得同意后付诸实施。

（7）规划广告宣传活动。

（8）正式推出广告并执行。

国际事件营销集团（International Event Group，IEG）也提出赞助管理的成功要素（程绍同，2001），如表4-2所示。

表4-2　IEG赞助管理的成功要素

成功要素	重点说明
赞助负责人的设置	设置专人（小组）全权负责规划，并执行赞助活动事宜。大型企业多由副总裁级别人物坐镇监督，或可委托经纪公司代为处理
管理高层的承诺	企业赞助的策略应事先取得内部高层的一致同意，以免因人事变动而滞留难行
前线的支援	赞助活动若需要第一线的单位或人员来配合执行，则必须先取得他们的支持。未经此项沟通程序而贸然签约，极容易导致失败
清楚可测量的目标	设定清晰、易懂、可量化评估的赞助目标，有助于计划的执行
企业内部的共识	在初步讨论赞助可行性时，应先获企业内部的支持与共识，化阻力为动力
见贤思齐	多学习成功的赞助策略，加上自我创新，以增加成功的概率
优惠合约内容的争取	许多赞助策略的失败，都可归因为对于合约内容的忽略及专业能力不足

（资料来源：程绍同. 第五促销元素[M]. 台北：滚石文化，2001：154.）

四、多元化的激活策略

（一）2008北京奥运营销盛典

自2008年7月10日起，所有非奥运赞助商的户外广告均被拆除，各类大型（商业）活动皆为北京奥运会"让路"，中央电视台体育频道主播及记者服装上的李宁标志也不再出现。奥组委还明确表示，穿着百事可乐及肯德基标志服装的观众，将不能进场观看比赛。这意味着这场北京奥运营销大战，已进入了赞助商们"短兵相接"的最后决战时刻。

1. 聚焦奥运会17天的接触点营销

经过7年的漫长准备，"新北京新奥运"的中国百年奥运梦想，终于在2008年8月8日开幕后实现。在全球聚焦鸟巢的特殊时刻，奥运营销活动已不再吸人眼球，取而代之的是17天精彩的奥运赛事。赞助商该如何争取这最后一役的胜利？中国知名财经报《21世纪经济报道》曾以"接触点营销"作为2008年6月25日"奥运圆桌论坛"的焦点议题进行讨论。会议主席北京奥运经济研究会秘书长纪宁表示，这是在奥运竞赛的特殊期间，通过特殊渠道（如机场／地铁／车站等主要交通要道、各奥运比赛会场、各级酒店等），针对特殊目标对象（如全球政要官员、国际运动组织高级主管、世界媒体记者、各国运动代表队、赞助商重要客户及游客等）所进行的一种特殊传播手段（如广告、活动、促销、公关等）。为了能够从形形色色的各类赞助商广告宣传活动中鹤立鸡群，并且不为铺天盖地的奥运比赛报道资讯所淹没，以"点燃激情，传递梦想"为新理念，进行差异化策略，是在这场竞争中异军突起的获胜关键，以"参与"来点燃奥运激情，以"服务"来传递"企业价值"梦想。

2. 北京奥运营销赢家

据我国最大的市场调查机构央视市场研究股份有限公司的调查结果指出，我国有70%的消费者对北京奥运会的赞助商产品有好感，其中，近54%的消费者愿意购买赞助商的产品。然而，在53家赞助商名单中，谁才是北京奥运营销的最后赢家？国际知名市场研究公司益普索（Ipsos）2008年在中国北京、青岛、上海、天津、沈阳、秦皇岛等6大奥运城市和广州、武汉、成都、西安4个非奥运城市，针对家电、日化、食品／饮料、金融、运动、互联网、通信及交通运输等8大类品牌进行调查，完成第四期《北京2008奥运赞助效果跟踪研究报告》。报告显示，消费者在未经提示的情况下，认知程度最高的奥运赞助商是可口可乐、中国移动、伊利、海尔和青岛啤酒（关注度最低的是宏利金融／Manulife，关注率在4%以下者则未被列入）；提升消费者购买意愿最多的奥运赞助商产品则是麦当劳；中国移动举办的"绿色奥运：我的环保赛场"环保节能创意口号征集以及与三星公司合作进行"奥运知识问答竞赛"成为奥运火炬手征选活动等，皆被视为品牌及销售兼得的成功策划。益普索以"奥运赞助效益指标（Sponsorship Performance Index，SPI）"，包括对赞助商身份认知、赞助商声音、错误认知、适合度、品牌形象、购买意愿提升等各项指标进行对赞助商的综合评价，效益最为明显的是中国移动，其次是可口可乐、伊利、中国国航和海尔。

3. 北京奥运营销的决战时刻

中国广告协会规定从 2008 年 8 月 1 日至 8 月 27 日，非奥运赞助商不得在广告中邀请现役及参加本届奥运会的运动员、教练员和官员等担任代言人。唯一能够"与奥运同行"的企业就仅剩下各级赞助商，但是营销的价值也会随着北京奥运的开幕达到最高点。谁能够真正体会生命共同体的奥运服务概念，并积极把握北京奥运会举办前及 17 天赛期的最后胜出机会，谁才能够成为最后的赢家。为此，赞助商们均开展了不同层次的营销活动，针对目标对象进行议题的营造、体验的创造及服务的提供（如可口可乐在 1996 年亚特兰大奥运会成立的奥运虚拟城及历届设置的纪念章交换中心；三星公司在 2000 年悉尼奥运会成立的接待家庭及运动员接待中心等），以巩固消费者对企业品牌的印象以及强化与北京奥运的联结程度和转换程度，即增强消费者对品牌的忠诚度，最终目标是希望获得目标对象发自内心的感谢、感动甚至是感恩。

（二）北京奥运会期间最频繁运用的营销策略

1. 重要接触点的大量广告信息

为了强化企业的沟通信息，赞助商多采用重要接触点的广告渠道进行，内容多运用明星运动员及奥运金牌选手的代言方式（如成龙与姚明代言 VISA、刘翔与郭晶晶等代言伊利乳制品等）。Adidas 获得北京奥运会官员、职员及志愿者服装赞助权，其品牌展现在了全球媒体及所有奥运场馆的观众眼前，宣传效果铺天盖地，尤其在上台领奖的运动员身上体现。

2. "影响力营销"

赞助商多针对重要客户进行 B2B 的公关礼遇接待服务，而为一般消费者／观众提供的服务，则属于 B2C 的类型（如 2004 年雅典奥运会 VISA 公司在所有饭店房间内免费提供信用卡式的奥运赛事与旅游信息光盘）。

3. 奥运礼品营销

针对明确的目标对象所提供的各层级公关赠品及礼品。礼品包括带有企业暨奥运标志的小纪念章、T 恤、棒球帽及领带、丝巾、手表等昂贵礼品。

4. 产品展示与销售的运用

2000 年悉尼奥运会的三星产品展示馆，从场馆的独特造型到最新科技产品展示以及现场免费试穿服装等，都成功地受到媒体广泛报道及民众的称赞。Adidas 全球首家品牌中心于 2008 年 7 月 5 日在北京三里屯大型购物中心正式开业，希望在奥运期间展现全新的运动消费体验。同时，赞助商会运用代言人与奥运迷进行许多互动（如见面会、签名会等）。

5. 不同行业结盟的产品促销

例如，中国移动与三星以及可口可乐与 VISA 公司在产品促销方面的合作均有不俗的表现。

6. 公关危机的处理

在 2008 年北京奥运会上，"平安奥运"成为北京市政府及奥组委最为关注的问题，能够顺利平安和谐地办好奥运会，成为最重要的目标。历届奥运会的公关危机包括 1972 年慕尼黑奥运会的恐怖袭击、1996 年亚特兰大奥运公园爆炸案、2000 年悉尼奥运村偷拍事件等。作为奥运赞助商，也有必要进行公关危机管理，若出现如产品本身瑕疵、运动代言人使用禁药或其他斗殴等违反运动精神与道德的事件等，足以让赞助商功亏一篑。要做好公关危机管理，关键在于"预防胜于治疗"，倘若公关危机不幸发生了，那么"诚实面对，当机立断"是赞助商应采取的应对措施。

7. 效益评估

企业赞助关系的终止或延续取决于实际成效，因此，赞助效益的评估就显得相当重要。不过，根据国际事件营销集团（IEG）针对美国超过 150 家知名企业进行的"企业赞助决策者行为研究调查"结果显示，有 72% 的赞助商本身是不做赞助效益评估，或是仅仅投入少于其赞助权利金 1% 的经费来进行效益评估，更有 78% 的赞助商没有编列固定预算进行赞助研究。品牌曝光是否等同于品牌权益？对于像可口可乐、三星等持续进行奥运营销的成功赞助商而言，公司有一套成熟的奥运赞助效益评估机制，以确保赞助目标的达成。

8. 长期付出的企业承诺

企业对奥运会的赞助合作，应视为彼此承诺的长期关系，这样才能达到奥运赞助效益。1998 年，宏碁仅赞助了一届曼谷亚运会便退出。2008 年，联想赞助完北京奥运也无续约意愿。2005 年，可口可乐公司在长城与国际奥委会续签了全球赞助合作伙伴协议，合作延长至 2020 年，成为迄今与国际奥委会合作最久的 TOP 赞助商。2008 年 4 月 23 日，三星电子也在北京钓鱼台国宾馆与国际奥委会签订了 8 年的赞助合约，续约到 2016 年。三星电子运动事务及公共关系全球副总裁权桂贤先生表示："运动营销和奥运营销必须要有耐心,而且需要持续投入。"可口可乐全球运动营销总监彼得·富兰克林(Peter Franklin)则强调:"获得奥运赞助权,并不会自动转化成企业本身的优势,必须通过一系列长期的商业活动推广,赞助效益才能发挥出来。"

奥运明星+奥运赛事+促销活动+赞助商产品≠奥运营销。成功的奥运营销应该实行"激活策略组合(Activation Mix)",如图4-2所示。若仅是单次元地运用标志营销、事件营销、活动营销、社会营销、公关活动或名人代言等策略,均无法获得体育赞助的整体效益。

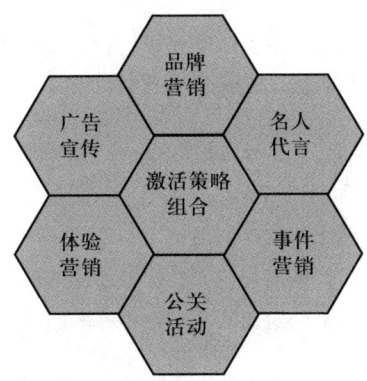

图4-2 激活策略组合

(三)多次元的激活策略

黄煜(2015)归纳出多次元的激活策略,包括传播广告、公共关系、网络活动、视觉系统使用、直效信件、赠品活动、抽奖活动、交叉促销、零售促销、人员销售、内部沟通、授权商品、招待礼遇等策略。具体内容可见表4-3所示。

表4-3 多次元激活策略与内容

策略	内容说明
传播广告	通过各种媒体传递信息,分为两大类: 1. 运动组织所提供的广告位,如赛会或场馆冠名权、赛会现场广告位、赛会秩序册或海报、活动宣传旗帜、运动员球服或现场播报等 2. 一般媒体广告,如平面媒体、电视、网络、广播电台、户外媒体等

续表

策略	内容说明
公关活动	配合媒体公关活动以增加媒体曝光度，包括新闻稿、记者会、社区活动或公益活动等，如在新闻稿介绍赞助商信息，或邀请赞助商担任记者会贵宾
线上活动	线上活动方式包括： 1. 在赞助企业本身的网站播放赞助信息 2. 在所赞助的体育赛事或体育组织网站上设置赞助商广告区域 3. 进行赞助商网站与体育赛事网站的链接 4. 规划赛事活动专属网站
赛会商标使用权	赞助企业的识别系统必须在适当的场合展示，可以运用的案例包括： 1. 将企业的标识与赛会本身的标识结合 2. 将赞助商标识印在记者会的背板处 3. 将赞助对象的标识在企业的商品及宣传资料上展示
直效信件	直效信件可以协助赞助企业将信息传递给有意接触的目标人群，具体方法包括： 1. 赞助商通过与体育组织的合作，进而获取与会人员名单，或将活动信息寄发给体育组织的客户 2. 赞助商将活动信息寄给自身客户 目前，电子邮件、手机短信以及即时聊天等社交媒体也是常见的使用方式
赠品活动	借由提供诱因以吸引消费者的注意，特别是由体育组织提供的权益将具有一定价值，如体育赛事的门票、运动员的限量签名商品。另外，赞助商也可提供自身的商品或服务作为各种活动的赠品
抽奖活动	与被赞助的体育组织举办抽奖活动可以增加知名度，也可以间接刺激商品销售。奖品可以由体育组织或赞助商提供，也可由赞助商制作授权商品作为抽奖活动奖品

续表

策略	内容说明
交叉促销	由两个或两个以上的赞助商共同组织促销活动或提供赞助商交流的平台。例如，消费者购买赞助商甲的商品，就可以兑换由赞助商乙所提供的赠品，而赞助商甲也协助宣传赞助商乙的商品
零售促销	规划赠品促销活动以刺激商品的销售。例如，凭赛事票根就可以兑换赞助商赠品，或提供优惠券
人员销售	直接与消费者进行沟通，比较常见的是业务或零售人员所进行的销售活动。例如，赞助知名运动员可作为赞助商业务人员接触消费者时所引用的重要话题
内部沟通	利用赞助优质运动资源来提升公司声誉，也可以作为凝聚员工向心力的重要活动
授权商品	授权商品可延续赞助效益，授权商品本身的宣传功能将使赞助企业与赞助对象结合得更紧密
招待礼遇	作为奖励员工或是回馈顾客的机会，招待活动的形式可能是邀请赞助商参与赛事晚宴、颁奖典礼、答谢晚会，或提供场馆贵宾包厢使用

（资料来源：黄煜. 运动营销学（第2版）[M]. 台北：华都出版机构，2015：344~345.）

2017年，英国赞助奖网站（The UK Sponsorship Awards）提出了赋予赞助成功的12个方面，包括：

（1）内部员工（employee）；

（2）广告/营销（advertising/marketing）；

（3）公关（PR）；

（4）零售（retail）；

（5）比赛现场（venue）；

（6）公益相关活动（cause-related）；

（7）数字与信息（digital and data）；

（8）内容为主（content-based）；

（9）商业（business）；

（10）礼遇款待（hospitality）；

（11）创新（innovation）；

（12）名人（celebrity）等激活效应。

第二节 体育赞助的激活策略组合

一、激活策略组合的创新观点

随着社会的快速发展，体育营销的科技化也如滚雪球般的快速发展，物联网的强大连接功能，同时也提供了体育营销者绝佳的销售机会，可以随时与现代科技消费者（球迷）进行有效沟通，并且可以更深入地了解每一位顾客。科技元素在当今的体育营销中扮演着重要的角色。由于科技与创新相结合而形成的激活策略，已经开始脱离过去传统的运作模式，走向以科技创新运用为中心的激活策略组合。管理大师彼得·德鲁克（Peter Drucker）曾强调，营销不该被视为企业经营的独立单一功能，因为最终的获利与顾客满意度取决于整体管理功能的发挥。因此，新型态的激活策略规划始于赞助合约的签订，而规划过程中除了营销团队外，还需邀请软件设计专家、网络技术人员、产品制造等相关部门的人员共同参与，规划导向也从赞助商本身的赞助效益延伸至体育资产主体的"共创价值"。另外，在激活策略中，与体育迷的沟通方式也朝个人化的互动模式发展，关键切入点在于如何运用现代科技来达成赞助目标。

二、激活策略组合的科技应用

随着科技的日新月异，社交媒体成为现代人沟通的重要工具。根据IEG 2014年针对赞助决策者的问卷调查结果显示，"社交媒体"受90%受访者的支持，首次成为赞助激活策略中营销沟通渠道的第一选项，而2013年排名首位的"公共关系"则屈居第二（77%），第三名是"现场互动"（76%）。美国《商业体育报》（SportBusiness Daily）指出，2012年伦敦奥运会开幕前99天，全球广告商们都希望自己公司精心设计的营销活动通过社交媒体的渠道能获得网民及消费者的青睐与讨论，借此强力提升品牌知名度。三星在美国推出了一个"美国奥林匹克基因组计划"(U.S. Olympic Genome Project)活动,并命名为"你够奥林匹克吗?"(How Olympic Are You?),希望通过寻找美国奥运选手的故乡或者了解他们喜爱的音乐及电影等趣味方式,建立民众与奥运间的联结度。三星市场总监罗夫·山坦纳(Ralph Santana)指出,奥运期间消费者每次浏览三星奥运官网的平均时间是8分钟,是平日浏览时间的两倍。可口可乐的奥运活动"动向音符(Move to the Beat)"找来知名DJ马克·罗桑(Mark Ronson)以及歌手凯蒂(Katy B.)创作了一首歌曲,粉丝们可以在Facebook中收集到这首歌的片段音节,然后,发挥创意自行编辑属于他们的奥运音符,分享到自己的社交媒体上。2014年,巴西世界杯官方赞助商阿迪达斯,运用社交媒体投票的方式为官方比赛用球命名,成功引起广大网民的关注,超过百万名巴西球迷进行了投票,也吸引了超过250万名的追随者,最后70%的选票支持以"Brazuca"命名,其意义代表巴西人的生活方式。阿迪达斯成功运用社交媒体,在全球足球市场中共计售出1 400万个比赛用球,创造了超过20亿欧元的经营收益(Socialbakers,2014)。

第三节 体育赞助激活策略组合的规划步骤

一、获取赞助资格

企业必须预先确定自己的赞助(产品)类别(即参赛项目)、级别(如国际赛或全国赛)、目标以及整合营销计划(全年训练计划)等。因此,赞助洽谈时必须明确:

(1)企业本身产品(服务)类型不可与奥运最高等级赞助商(全球奥运赞助伙伴,TOP)相冲突,例如有可口可乐,鉴于奥运赞助排他性的保障,那么百事可乐等无酒精饮料就无法成为奥运赞助商。

(2)选择赞助级别,一般分为:① 全球奥运合作伙伴(第一级,必须是全球性品牌且形象优良者,签约对象为国际奥委会);② 当届奥运赞助商(第二级,除国际品牌外,多为主办国国营企业,签约对象是本国奥组委);③ 当届奥运产品供应商(第三级)。2008年北京奥运会的赞助层级细分为：① 全球奥林匹克合作伙伴；② 北京奥运会合作伙伴；③ 赞助商；④ 独家供应商；⑤ 供应商 5 级。这样的赞助层级分类直接影响到之后奥运会的赞助商层级划分，如 2012 年伦敦奥运会（Olympic Partner, Supports, Providers & Suppliers）、2016 年里约奥运会（Official Sponsor, Supports, Suppliers）以及 2020 年东京奥运会（Gold Partner, Official Partner, Official Suppliers）。

（3）设定明确的赞助目标。例如，阿迪达斯在北京奥运的赞助目标就是在 2008 年超越耐克在中国的市场份额，将零售店数量扩充到 400 个城市 4 000 家门店，2010 年全球销售总额达到 12 亿欧元。

（4）赞助商除了需要规划完备的奥运营销计划外，还需要有专业教练的指导与国际比赛的经验积累。

二、奥运营销需知

（一）赞助 ≠ 广告

奥运赞助金额已成为天价（如 2020 年东京奥运会 TOP 赞助金额高达 1.28 亿美元），若只是为了买下"自说自话"的广告权利，张贴奥运赞助商的标志，却无法让消费者感受到奥运水平的服务质量，品牌价值就不会随之提升。奥运赞助的重点是寻找企业本身与奥运精神的契合点，能充分运用奥运效益平台，与目标对象（消费者）共建为奥运喝彩的"关联"，与奥组委共创奥运激情。阿迪达斯北京奥运的赞助策略主题为"一起 2008，没有不可能"（"Together in 2008, Impossible is Nothing"），强调了与中国 13 亿消费者的关联性。

（二）走出奥运"模糊现象"的泥潭

各层级的奥运会赞助商（含供货商）数量众多，仅是各类促销广告，足以让消费者眼花缭乱，更有众多打"擦边球"的非奥运赞助商广告。这种情况就是学理中的"模糊现象"。过度曝光的超量信息，会令人麻痹冷漠，也会使得奥运营销失色。因此，成功的奥运营销秘诀在于掌握时空契机，创造多层次的运动激情，提倡"活化策略组合"概念，使之成为观光客和民众一定要参加或关心的活动，提升顾客的忠诚度。

（三）避开伏击营销的危机

非奥运赞助商企图以混淆视听方式获取奥运商机所采取的一种"创意"

营销策略称为"伏击营销"。伏击营销手法层出不穷，游走于法律边缘，若无法有效制止，将严重影响到赞助商的合法权益及奥运会的举办。

（四）做好长期投入准备，避免续航力不足

近些年，柯达、联想、宏碁等国际品牌相继退出奥运 TOP 赞助商行列，舍弃了奥运营销市场的商机与舞台。三星电子全球体育事务及公共关系副总裁权桂贤曾表示，指望赞助一届奥运会就能带来丰厚回报是不现实的。奥运赞助效益的获取，贵在坚持，让世界顶级赛事的卓越形象与自身品牌产生联系，创造可观利润。从理论上讲，赞助效益通常需要三年才能回收。因此，企业赞助奥运会必须要有长期的战略规划，并且必须做好长期投入的准备。

（五）激活策略组合的规划步骤

以三星全球体育营销的激活策略步骤为例。

1. 设定宗旨

三星全球体育营销的宗旨是"让三星成为大众喜爱的品牌"。通过广告活动、公关、促销、赛事推销、媒体曝光以及社交媒体等沟通工具，可以将消费者对奥运的情感联结到三星的品牌与销售，最终实现品牌权益的强化与产品销售量的提升。

2. 整合全球体育营销运作资源

这些资源以全球事业管理小组（Global Business Management，GBM）为核心，指挥全球体育营销策略执行办公室（Global Marketing Office，GMO）执行活化策略，并协调区域/（赛事主办）当地分公司。以三星赞助 2016 年里约奥运会为例，全球事业管理小组由韩国三星总部负责，具体职责包括：① 产品营销赞助的分类；② 相关产品的开发；③ 目标产品的选择。2013 年，三星的全球体育营销策略执行办公室设置于奥运主办城市里约热内卢，具体激活策略包括：① 激活预算的审核；② 当地激活策略的执行；③ 激活策略的管理指挥。同时，协调三星在巴西分公司的营销活动，包括：① 与地区股东的沟通；② 地区产品的销售；③ 配合地区营销活动的调整。

3. 激活策略的规划

（1）策略规划，包括分析赞助权益、选择/分析目标市场以及选择营销产品。

（2）激活规划，包括分析消费者与目标市场的沟通策略，落实完成激活

程序。

（3）激活管理，包括执行全球策略的激活程序、激活产品的全球市场，激活地区市场。

为充分激活赞助效益，也可以与其他志同道合的赞助商采取策略联盟方式，发挥 1+1>2 的商机潜能，以确保赞助目标的实现。

第四节 体育赞助活化策略组合的经典案例

三星电子赞助 2008 年北京奥运会的激活策略组合案例堪称典范，本节以此为例，重点分析营销策略活动。

一、"点燃激情，传递梦想"的全球奥运火炬传递

北京奥运会的圣火传递是奥运史上传递路线最长、传递范围最广、参与人数最多的一次火炬传递活动。三星继 2004 年雅典奥运会及 2006 年都灵冬奥委会后，第三次成为奥运火炬接力的全球合作伙伴，拥有 1 500 名火炬手的选拔权利、火炬接力标志的使用权以及营销活动等权利。"三星奥运火炬分享计划"首次采用网络及手机互动两个平台选拔三星奥运火炬手。三星电子全球体育事务及公关副总裁权桂贤表示："通过奥运火炬接力活动，提供普通人可以直接参与奥运的梦想与机会，来实践'贡献人类社会'的三星企业哲学。在中国展开的火炬接力可促进三星公司和中国人民之间的了解与友谊。"三星秉持着提高全球企业形象以及提升产品价值的目标，在火炬接力经过的城市展开社会公益等各项活动。包括"让我们和火炬一起舞动"的"拍客作品大赛"、城市大型演唱会及三星奥运形象大使 Rain 用中文演唱的奥运主题曲《Any Dream》，这首展现三星企业精神的奥运主题曲在火炬传递过程中以及奥运会期间在三星产品展览馆内循环播放。2012 年伦敦奥运会期间，大卫·贝克汉姆以三星宣传大使的身份参与了火炬接力活动。在活动中，三星公司发布了伦敦奥运会的活动主题"Everyone's Olympic Games"。与过去的活动相比，此次活动的目标在于促进人们积极参与和分享奥运的非凡经验。三星电子为了伦敦奥运会火炬接力，特别邀请英国设计师 Kate Moross 设计了视觉形象，以举着双手的人物形象代表祝贺和欢迎奥

运和观众。Kate Moross 表示，感谢三星用自己的技术扩大表现了奥运精神，让每一位奥运迷都可以积极地参与并享受奥运。

二、"无线奥运工程"

三星在 2004 年雅典奥运会期间首次推出了奥林匹克无线信息系统（WOW），这是一个无线信息接入系统，在奥运会期间，通过手机随时发送奥运会相关信息，而且能提供个性化的信息服务、商业运用信息等与奥运相关的升级服务。具体服务包括：比赛日程及比赛结果确认；官方纪录与奖牌榜更新；奖牌名单及其简历介绍；比赛实况与天气信息；奥运会组委会消息群发等。到目前为止，三星电子总计提供了约 8 万件无线通信产品，协助奥运会赛事的进行。2012 年伦敦奥运会期间，三星公司与英国旅游局合作，推出了 "Best of Britain" 的活动，让观光客可以随时得到体验英国文化的多样信息，同时和英国旅游局一起为更多的人创造最美好的观光旅游体验。该 APP 提供包含旅游景点、餐馆、娱乐设施等在内的丰富内容。

三、三星奥运会产品展览馆

在 2000 年悉尼奥运会上，三星成功推出了"三星奥林匹克之约"计划，通过奥运会现场展览馆，不仅为所有奥运参赛者提供了一个休闲娱乐及交流的理想场所，同时也展示了三星的高科技产品。2012 年伦敦奥运会期间，三星在位于伦敦的购物中心（Westfield Shepherd's Bush）设置了 Premium Pop-Up 体验空间，提供参观者试用 Galaxy SⅢ的机会，并对购买 Galaxy Ⅲ 的顾客提供奥运特别版手机壳。此外，还赠送给参观 Premium Pop-Up 体验空间的游客印有"双层巴士""伦敦桥""大笨钟"等英国地标建筑所制成的纪念章。前 100 名收集到所有 49 个纪念章者，就可以获赠一部 Galaxy Ⅲ 手机作为奖品，并从中抽出 1 名幸运得主，获得环游世界的机会。在韩国首尔，三星也推出了"GO！GO！2012 伦敦奥运三星 Galaxy Supporters"活动，同时举办了"How to live smart"活动，在这些活动中，不仅大力宣传推广了具有最先进功能的三星 Galaxy SⅢ手机，而且选拔到伦敦现场为韩国选手加油的 Galaxy 支持者。

四、三星代言策略的运用

三星代言策略包括赞助运动团队（个人）及明星艺人。2006年8月，三星电子与中国体操协会签订协议，成为中国国家体操队唯一的主赞助商。三星电子全球体育事务及公关副总裁权桂贤指出："永远追求尖端技术是三星的核心理念，中国体操队在国际体操界是拥有尖端优势的运动团队，而刘璇身为中国夺取奥运会平衡木金牌的第一人，符合三星的企业文化，是三星奥运形象大使的合适人选，成为三星首批奥运火炬手。"此外，北京奥运会前，三星邀请欧洲顶级足球队英国切尔西足球俱乐部来中国进行两场友谊比赛。权桂贤表示："体育运动（尤其是作为世界第一运动的足球运动）是最能打动人心的，是联系人们的感情纽带，对切尔西的赞助可有效提升三星品牌知名度。"同时，三星以亚洲人气天王Rain出任其奥运形象大使，展现了奥林匹克运动与娱乐时尚元素的结合，创造出全新的奥运文化偶像效应。

五、携手三星，梦圆奥运

除了通过奥运火炬接力活动带动全民参与之外，"三星电子杯"迎奥运长跑节系列活动也是当时最具影响力的"迎奥运"主题活动之一。例如，利用2008年苏州市元旦万人长跑活动、北京奥运倒计时100天的北京国际长跑活动等带动全民的奥运热情。"I Love China"大学生记者征集活动则是延续三星自1998年的奥运营销计划，借大学生来传播北京奥运会的热情与感动。

继在北京成功举办"欢庆北京2008奥运会'龙之梦'音乐盛典"活动后，三星电子继续在其他城市进行"三星系列奥运盛典"的巡回活动，传递奥运精神。以2007年10月29日在上海举办"S-Collection"时尚盛典活动为例，"S-Collection"代表上海（Shanghai）、三星（Samsung）和奥运精神（Olympic Spirit）的结合，携手奥运明星和社会各界知名人士，共同为北京奥运会的顺利举办祝福。并且以"东方之光"为主题开展大型时装表演，结合160余款三星手机的展示，为观众打造了一场震撼视听的娱乐盛宴。

六、公益营销

自三星进入中国以来，一直努力以"做中国人民喜爱的企业，贡献于中

第四节 体育赞助活化策略组合的经典案例

国社会的企业"为目标,在开展经营活动的同时,围绕着教育支持(希望运动)、社会福利(爱心运动)、农村支持(分享运动)和环境保护(绿色运动)四大领域开展了一系列社会公益活动,如建设"希望小学"、开展"西部阳光"资助白内障复明手术(每年支持 2 000 名贫困白内障患者进行复明手术的"爱之光"行动)以及"一心一村"活动(通过分布在全国各地的分公司,采用各种方式支持姐妹村)等。从 2003 年开始,三星电子连续三年入选北京大学与《经济观察报》联合主办的年度"中国最受尊敬企业""2006 最具影响跨国企业"称号,荣获中国政府颁发的社会贡献领域最高权威奖"中华慈善奖",荣获由《光明日报》颁发的"光明公益奖",成为连续三年获得"最佳社会贡献企业奖"的企业,入选《广州日报》"信心品牌年度首选"品牌。2008 年汶川大地震时,三星中国总公司向灾区捐赠 3 450 万元以及价值 100 万元的赈灾物资。三星也是北京 2008 年残奥会合作伙伴,三星大中华区总裁朴根熙表示:"我们希望通过赞助北京残奥会,不仅能够为中国的 9 000 万残疾人,且为全世界的残疾人提供一个广阔的体育舞台,不断挑战自我,发扬奥林匹克精神。"这些公益行动获得了北京奥组委及中国社会大众普遍的认同与好评,使得三星奥运营销效益发挥得淋漓尽致。

2012 年伦敦奥运会落幕后,英国 Reevoo 网站针对英国消费者所进行的网络调查结果显示,三星是 2012 年伦敦奥运会赞助商中最值得信赖的品牌(53%),Visa(47%)及松下(Panasonic)(44%)分居第二、第三名。网站创办人 Richard Anson 指出,最受英国消费者信赖的前三大品牌,皆是致力于品牌忠诚度与社交互动经营的公司。特别是三星奥运营销活动的成功,以"跃动人心"活动为例,通过运用三星科技让消费者美梦成真,激励人们奋发向上,这是一个优秀品牌应该产生的社会正能量(Digital Strategy Consulting,2016)。

三星品牌的蜕变过程犹如一部体育赞助史,让人充分感受到激活策略组合的神奇运用。三星公司给全球企业主的启示是签下奥运赞助合约并不等于奥运营销,它必须赋予奥运会新的生命,创造奥运会的全新价值。三星奥运营销策略以奥运赛事活动为核心,采取一系列相关的营销活动,以公益、文化、时尚娱乐、事件等角度切入并激活,运用广告、促销、公关活动等多样化手段来进行整合营销。其营销策略的持续成功在于公司本身对体育营销的精准把握与投入，且把体育运动的文化与精神完全融入企业经营价值之中。不可否认的是，围绕着亚运会、奥运会及世界杯足球赛等国际重大赛事的有效赞助以及激活策略的组合运用，使得三星成为亚洲乃至全球品牌的新典范。

复习思考题：

1. 体育赞助激活策略有何意义？
2. 激活策略组合内容的核心是什么？
3. 如何实施激活策略？

本章参考文献：

［1］ Digital Strategy Consulting. Samsung "most trustworthy Olympics sponsor brand" ［EB/OL］. http://www.digital strategy consulting.com/intelligence/2016/08/samsung most trustworthy olympics sponsor brand survey.php, 2016.

［2］ Interbrand. Interbrand Releases 2015 Best Global Brands Report ［EB/OL］. http://interbrand.com/newsroom/interbrand releases 2015 best global brands report/, 2015.

［3］ IEG. Survey finds sponsors looking for slightly different benefits and services from properties ［EB/OL］. http://www.sponsorship.com/iegsr/2014/03/31/Survey Finds Sponsors Looking For Slightly Differe.aspx, 2014.

［4］ Schreiber, A. and Lenson, B.. Lifestyle and event marketing：Building the new customer partnership ［M］. McGraw-Hill, New York, 1994.

［5］ Socialbakers. How Adidas gave life to the Brazuca ［EB/OL］. https://www.socialbakers.com/blog/2207 how adidas gave life to the brazuca, 2014.

［6］ The UK Sponsorship Awards. How to activate a sponsorship——12 top tips to greater success ［EB/OL］. http://www.sponsorship-awards.com.uk/how activate sponsorship——12 basic ways, 2017.

［7］ Ukman, L. Sponsorship success depends on activation ［EB/OL］. http://www.sponsorship.com/About IEG/Sponsorship Blog/ Leas Ukman/July

2011/ Sponsorship Success Depends on Activation.aspx, 2011.

[8] Sport Business Daily. Olympic marketers look to social media for sponsorship activation during London Games [EB/OL]. http://m.sportsbusinessdaily.com/Daily/Issues/2012/04/19/Marketing-and-Sponsorship/Oly-Social-Media.aspx, 2012.

[9] 黄煜. 运动营销学 [M]. 台北：华杏出版机构, 2008.

[10] 黄煜. 运动营销学（第2版）[M]. 台北：华都出版机构, 2015.

[11] 程绍同. 迈向奥运赞助成功之路 [J]. 广告杂志, 2008: 10~12.

[12] 吕佳霙. 赞助活化组合 [Z]. 体育大辞典, 2000.

第五章　体育赞助活动的实施

>>> **本章导语** >>>

体育赞助活动的实施是关系到体育赞助能否成功的重要一环。体育赞助活动的实施对于体育运动的组织而言是一种"策略"的运用，在实施过程中对于体育从业者来说也是一个较大的考验。在整个执行过程中，如何展现出无限的创意，实现资源的整合，则有赖于实施前期对体育赞助可能出现的各种因素进行正确的分析。本章将从体育赞助活动的流程、体育赞助的媒体公关和赞助商的礼遇这几个方面展开讨论，使读者对体育赞助活动的实施有正确和直观的认识。

>>> **学习目标** >>>

识别潜在的赞助商，理解体育赞助活动的实施过程，从目标市场、品牌形象和产品业务形态的契合度上寻找赞助对象，理解体育赞助商的谈判、媒体公关活动和赞助商礼遇的相关知识。

案例导入

比音勒芬时装秀"中国红"霸气承包西甲赛场[1]

随着酷炫的镭射光全场游走，近百位欧洲模特齐聚球场中线。紧接着全场亮灯，所有模特分成四组，在旗手的带领下，首个中国品牌在西甲足球赛场的时装走秀正式开始。

此次在西甲赛场上演中国品牌首秀的正是比音勒芬度假旅游系列，缤纷的色彩搭配和时尚的设计风格为整个赛场增添了许多活力与激情；百人模特团赛场列阵走位为现场球迷带来了更多惊喜与欢乐！短短的8分钟，足球赛场时装秀环环相扣，节奏紧凑精彩不断，为全球球迷演绎了一场别开生面，精彩纷呈的时装大秀。

本次时装秀视觉设计以中国红作为主色调，配以中国传统祥云图案，将鲜明的中国特色自然地融合于秀场，向世界展示出中国品牌的非凡魅力！走秀最后环节，全场模特一同放飞手中的红色气球，"中国红"布满了整个赛场，中国红"承包"绿茵球场，这场别出心裁的大秀精彩绝伦，收获了现场球迷的欢呼声掌声不断。

拓展资源5-1：比音勒芬西甲"服装秀"

第一节 体育赞助活动实施的流程

体育赞助活动在进行策划的过程中，需要考虑其可实施性，也就是要为体育赞助活动制定一系列流程，让执行者知道每一步需要做什么，对各个环节进行评估选择。以体育赛事为例，所有体育赞助活动的执行都是在体育赛事已经成立了赛事组织，并且有专门的部门负责体育赛事赞助活动的基础上开展的。

一、制定赞助计划

虽然现阶段很多以体育赛事为主的体育活动备受关注，全球企业都热衷

---

[1] 比音勒芬时装秀"中国红"霸气承包西甲赛场[N]．齐鲁晚报，2017-10-16．

于体育赞助,但是并不是所有的企业都适合进行体育赞助,体育组织在选择赞助商的过程中要充分考虑体育活动本身所要传达的精神与企业的精神是否符合。只有正确选择体育赞助商,对体育活动和企业才能达到 1+1＞2 的效果,不然就会适得其反。时机运用不当或者选择错误,往往会使体育赞助活动达不到预期效果。

(一) 对体育赛事的分析

体育赞助活动在大多数情况下是对体育赛事进行赞助。在确定体育赞助活动实施的流程之前,需要从赛事的基本情况(包括赛事举办时间、城市和场馆)、赛事类型、级别和影响力、媒体转播情况、赛事文化等方面对体育赛事有一个比较全面的了解。

1. 体育赛事的类型

体育赛事的种类有很多,从奥运会到校运会都可以称作体育赛事,不同的学者,界定的分类标准也不相同。从功能和水平的角度,可将体育比赛分为群众性体育竞赛和高水平体育竞赛;[1]根据国际性重大体育赛事的来源,可将国际性重大体育赛事分为三种,即大型综合性体育赛事、世界单项组织的重要赛事、跨国公司或知名的大企业操办的传统性体育赛事;[2]对于国际体育大赛,一是可以按照项目设置特征分为综合性运动会和重要单项体育赛事。二是可以按照赛事组织形式的特征,重大单项体育赛事又可分为三个亚类:第一亚类是"赛会制"赛事,第二亚类是"分站累积制"赛事,第三亚类是"主客场制"赛事。[3]

目前,有很多学者都对体育赛事在进行列举、归纳的基础上进行分类,希望从中找出体育赛事的一般规律和特点,从而为体育赛事赞助活动提供理论上的支持。

2. 体育赛事的文化内涵

体育赛事在发展过程中,逐步形成特有的体育赛事文化。体育赛事文化有诸多层面,以不同的形式表现出来,主要分为体育赛事的思想文化、体育

---

[1] 张江南,唐宏贵. 对我国未来竞技体育管理体制与赛制的研究[J]. 武汉体育学院学报,1999(2):8~12.

[2] 陈锡尧,吴惠明. 对当今国际性重大体育赛事的价值认识及其发展趋势的研究[J]. 体育科研,2003,24(4):25~27.

[3] 姚颂平,刘志民,肖锋. 国际体育大赛与国际化大城市发展之关系[J]. 上海体育学院学报,2004,28(5):18~23.

赛事的制度文化和体育赛事的经营文化。其中，最能够引起人们共鸣的是体育赛事的思想文化，即体育赛事文化的内涵。

在我国，根据所表现出来的文化不同，体育赛事的文化内涵可以分为以下几种：

（1）体育赛事本身所传递的文化。以铁人三项和马拉松为主的赛事，主要向人们传递一种坚持、硬汉的形象，这一类赞助商如红牛功能性饮料等突出表现这一类文化的企业。

（2）赛事组织者为体育赛事所赋予的文化。例如，北京奥运会提出了"绿色奥运、科技奥运、人文奥运"的理念，需要提升北京 2008 年奥运会在国内外的形象与品牌知名度，这就要求赞助商的宗旨要和北京奥运赞助会的宗旨相契合。

（3）举办地城市的文化认同。一般而言，每一场赛事都是在特定的场所举办的，除了系列赛有一个总赞助商之外，针对不同的举办地，体育赛事组织者在选择赞助商时也可以考虑城市的因素。

3. 体育赛事的影响力

体育赛事的影响力是指体育赛事的举办在社会上所产生的政治、经济、文化等影响力的总和。影响力本身是一种重要的资源，它依托于注意力经济，是一种利用影响力获取价值的经济活动。

体育赛事的影响范围、关注度和曝光度是影响力资源的重要组成部分，也是体育赛事组织者和企业洽谈赞助资源的筹码。影响范围越广的体育赛事，对于赞助商来说就会有更多的潜在客户。体育赛事的影响力一般由赛事级别决定，如奥运会和各单项世界性锦标赛的影响力巨大，体育赛事的全球化为体育赞助商提供了丰富的资源。国内影响力大的体育赛事能够聚集更多的媒体资源、政府资源和消费者资源等，从而对潜在赞助商的吸引力也越大。

电视转播为体育赞助商的发展提供了强有力的推广平台，营销沟通手段的运用，开发了体育赞助的新功能。体育赛事组织者要充分评估体育赛事本身的影响力，以此来准确定位赞助商的层次和水平。

案例 5-1

中国网球公开赛赞助体系

中国网球公开赛从 1993 年首次举办,历经 16 年发展,2009 年赛事全面升级,女子赛事升级为 WTA 皇冠明珠赛事(仅次于四大满贯赛事,全球仅 4 站),男子赛事升级为 ATP500 赛事(仅次于四大满贯赛事、ATP1000 赛事,全球共 11 站)。2015 年,中网以 3 464 万的全球转播收视总数,首次位列 WTA 全球赛事之首。2016 年年初参与组织成立亚洲网球赛事服务联盟。

表 5-1 中国网球公开赛赞助体系(2017.09.24—10.08)

赞助级别	赞助商名称	数量
首席赞助商	奔驰	1
钻石赞助商	中国人寿、中信银行	2
白金赞助商	阿联酋航空、嘉实基金、昆仑山雪山矿泉水、葆苾康、中国银联、天佑德青稞酒、乐视手机	7
独家合作媒体	CCTV-5、新浪体育、爱奇艺	3
独家合作伙伴	北京正通、卡萨帝、业之峰装饰、利亚德、丽日帐篷、ASICS、Ashley、特仑苏、杰卡斯、首汽约车	10
供应商	HEAD、国道黄金、Wilson、DecoTurf、恰好时体育、北辰洲际酒店、老记大红袍、Abyss & Habidecor、朗万科技、八喜、亿点连接、中瑞酒店管理学院、北京明德医院、泰诺健健身器材、Pico、Prince、SportsABC、西班牙橄榄油、视觉中国、伊美尔、TRIBE 有机餐厅、时代啤酒、暴风 TV	23

(资料来源:中国网球公开赛官网. http://www.chinaopen.com.cn/sponsors.shtml)

（二）对潜在赞助商的分析

在对体育赛事进行深入分析之后，就要对体育赛事的潜在赞助商进行研究，主要从潜在赞助商的行业类别、潜在赞助商的企业文化以及潜在赞助商之前是否有过赞助行为等方面进行分析。

1. 潜在赞助商的行业分类

在分析潜在赞助商的过程中，需要对体育赛事赞助商类型进行划分和定级，即分析何种行业与体育赛事相契合。一般来说，赞助商主要包括汽车、银行、通信、航空、物流、计算机、互联网、能源、房地产、饮料、酒店、旅游、法律、保险、家电、家具、服装、食品、制药、环保等几十类。根据体育赛事的项目、举办地及举办模式的特点，圈定适合的行业进行下一步分析。

通常情况下，在确定备选的潜在赞助商之前，要先了解有哪些企业适合赞助。不同级别的体育赛事获取潜在赞助商的途径不同，可以通过以下三种方式进行挑选：一是通过体育赛事工作者之前的工作经验和观察找到赞助商目标，然后进行初步了解和接触；二是从当地报纸、行业刊物和行业资源库中查找资料；三是通过赞助推介，类似于招商推介会、发布媒体广告的方式，从招商、接触潜在赞助商和个案提案三个阶段主动分析和定位潜在赞助商。除此之外，赛事方需要加大举办地的商业社交活动，增加对企业的了解，接触其负责人，以此来增加合作机遇。

在分析体育赞助商的过程中，要避免一些误区，如以集团为单位的企业，其行业类别有多种划分，赛事组织者要对集团企业充分了解。在确定完行业之后，还要对其产品是否与体育赛事相契合做进一步分析。

2. 潜在赞助商的企业文化

在进行潜在赞助商的行业分析之后，会筛选出一部分企业，其行业和产品与体育赛事的契合度比较高，之后就要对企业的文化做进一步分析。当然，在具体的实施中也有产品契合度不高，但用企业文化做强支撑的赞助商，对此，赛事方应做缜密的分析。

明确体育赛事本身所蕴含的文化以及企业诉求，与体育赛事契合度比较高的潜在赞助商一般取决于 5 个吻合度：① 项目与产品类型之间的吻合度；② 项目形象特征和企业形象追求之间的吻合度；③ 双方目标市场之间的吻合度；④ 双方层次和规模之间的吻合度；⑤ 双方风格之间的吻合度。

这 5 点对于分析企业文化具有重要的作用，文化契合度较高的体育赛事和企业之间能够获得双赢（图 5-1）。

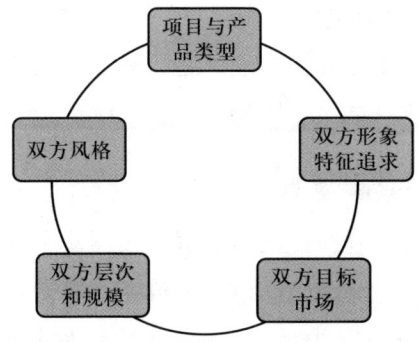

图 5-1　潜在赞助商的 5 个吻合度

企业通过体育赛事大量宣传自身的产品，获得一定的知名度和美誉度，体育赛事借助企业的消费群体进一步扩大赛事的观众规模，实现门票上的收入，也有利于体育赛事的宣传和发展，达到 1+1＞2 的效果。

3. 潜在赞助商以往的赞助经历

通过研究潜在赞助商以往的赞助经历来判断其赞助偏好和目的，从而在选择赞助商时能够做到有的放矢。不同的企业都有其各自热衷赞助的体育赛事，这可以根据体育项目来定，有的企业负责人热衷于某一项运动，那么就可以投其所好，找机会和对方当面沟通；也可以给企业的产品定位，以拓展更多的消费群，扩大知名度，例如红牛一直热衷于赞助极限运动。

通过对潜在赞助商进行全面的分析，有助于体育赛事组织者快速地定位目标赞助商，节省招商成本。同时，在搜集可能的目标赞助商资料时，若是针对国际性的赞助活动，像美国芝加哥一家负责企业赞助的"国际事件集团"（International Events Group，IEG）所出版的《IEG 赞助活动报告》（*IEG Sponsorship Report*）是一份相当好的参考资料。因为报告中不但有国际知名企业，如可口可乐、柯达、福特、美国航空等的赞助活动分析讨论，还有他们未来可能进行的赞助活动。如果没有这样的专业刊物，则可以从经常赞助体育运动相关活动的厂商着手，了解他们公司的经营理念、组织概况、赞助预算、负责赞助单位、赞助方式等信息，进而进行分析。台湾的金车公司自 1980 年起至今一直参与体育赞助活动，体育赞助增长率为 15.8%。企业经营理念包括三个方面：① 不断突破创新，自我挑战；② 时时心存感激，回馈社会；③ 放眼未来，再创佳绩。其赞助活动多与青少年及弱势群体有关。

掌握厂商年度赞助预算时间表的有关情况也相当重要，例如，我国台湾地区与美国系列厂商的赞助预算均在每年 10 月份，而日本系列厂商的预算发布则在每年 4 月份。掌握此类信息，提前准备好赞助合作方案，有利于纳入其预算，使赞助工作开展得更顺畅。

二、体育赞助合作的谈判

在确定潜在赞助商之后，最重要的就是合作谈判环节。谈判是实力与智慧、学识与口才、魅力与演技的较量，也集中展现了个人的内在修养和专业素养。因此，赛事组织者在进行谈判之前要掌握必要的商务谈判知识和技巧。

（一）谈判的内涵及其特征

谈判是各方为化解冲突而进行沟通的过程，目的是使各方达成协议、解决问题或做出某种安排。谈判的核心要义是沟通，通过沟通达成一致，实现自身目的。主体性、需求性、冲突性和人际性是谈判的基本特征。

（二）体育赞助合作谈判的流程与模式

在体育赞助合作谈判的过程中，谈判流程不是标准化的，也没有严格而既定的程序。由于各方面的因素，谈判的形式和内容也有所不同，但是从合作的基本流程来说，主要分为以下几个阶段。

1. 体育赞助合作谈判的准备阶段

在与企业进行赞助合作谈判之前，要充分了解谈判对手，对企业合法资格、对手的信用及履约能力等背景资料，包括其产品、文化和规模等有充分的了解，对可能影响谈判的主客观因素要进行调查分析，预测成败得失。将体育赛事的相关信息准备完善，尤其是体育赛事本身的影响力以及能够为赞助商带来的利益等。组成谈判小组，制订谈判方案（包括谈判目的、谈判战略与策略、谈判进程等）。因此，这个阶段最重要的就是信息的获取，搜集政治法律、经济环境、自然环境、文化环境、谈判对方、谈判话题、自我评价等各方面的信息。

2. 体育赞助合作谈判的开始阶段

合作谈判的开始阶段是整个谈判的起点和基础，关系到谈判双方的谈判积极性以及谈判的格调和发展趋势。在这个阶段，首先要进行简短的沟通，预留一个过渡期，谈判双方的见面、介绍、寒暄等都是在这个过渡阶段。其次，举止要得体、自然，让对方感受到你的情感是自然流露，深入感情沟通，有助于增进了解，而营造一个友好的谈判氛围有助于促成谈判的成功。

在谈判的过程中，不要急于提出自己的要求，而应根据谈判的进度，选择恰当的时机提出观点和意见，将要求可弹性化，会让双方在交换需求时更容易被接受。在转入正题的过程中，要注意以下几点：① 灵活地使对方先说出自己的想法，这也体现了对对方的尊重；② 当对方发言时，应当察言观色，注意关注对方表达的意思；③ 对对方的问题进行具体探测。切忌谈判过程中被对方主导或者过于激进。

一般来说，初与企业谈判时有以下 5 种方式：

（1）单刀直入式。指由体育运动组织在无事先通知的情况下，以电话或信函方式，主动直接地向锁定的企业赞助单位（主管）提出赞助合作计划方案，而大多数的规划是由体育运动单位事前拟定的。

（2）主动投入式。指由赞助商主动提出的。除此之外，还有赞助商委托体育赞助经纪公司代表其向体育运动主办单位所提出的合作方案。

（3）拉线牵入式。指经由双方熟悉的关系人引荐达成合作意向。例如，甲企业为某体育赛事的协办单位，又与乙企业是生意往来伙伴，所以，甲企业牵线促成乙企业赞助该项赛事。

（4）委托切入式。指体育运动组织委托体育赞助经纪公司代表向企业单位提出合作计划。

（5）其他方式。

3. 体育赞助合作谈判的协商阶段

随着体育赞助合作谈判的逐渐深入，谈判进入实质性事项的磋商阶段。协商阶段是合作双方求同存异、合作谅解让步的阶段，也是整个体育赞助合作谈判阶段的核心部分，投入的时间、精力以及涉及的问题都是最多的。

在这个阶段，体育赛事组织者要掌握一些谈判技巧，并且在一定的要求下实施。

（1）客观性要求。谈判的客观性是指要求谈判者双方遵循客观事实，而不是仅凭自己的主观意志情感形式。协商就是一个摆事实讲道理的过程，因此，在这个过程中，论述和提出的要求一定要具有客观性，只有具备客观性的说理和符合实际的要求，才具有说服别人和得到回报的可能。客观性体现在论述的客观性和目标的客观性上。

（2）逻辑性要求。在谈判过程中，逻辑性是达成谈判协议的基本要求。在协商过程中，提出的各个议题都要与谈判议程相吻合，环环相扣。立场鲜明有理，论证方式易于理解，这些是取得谈判成功的必然要求。谈判者在宏观上要注意逻辑次序，既要有整体性又要有阶段性，使谈判在进展过程中合理有序，层层推进。此外，还要注意言出有理、言之有据、论证清晰，表达时既要做到逻辑严谨，又要做到通俗易懂。在论述的过程中，要考虑到对方的文化水平和理解能力，使用恰当的表达方式，选词用句要与之相适应。

（3）灵活性要求。在谈判的过程中，谈判双方在坚持自己的原则和底线的前提下，要有应变能力，适时把握成交的机会，尽最大可能促进谈判取得成功。谈判的过程千变万化，经常会出现突发状况，因此，谈判者要有敏捷的思维和良好的应变能力。

（4）礼节性要求。谈判过程是展现一个人礼仪的最佳时期。在谈判过程中，谈判者要保持礼貌、尊重对方、沉着冷静。协商阶段若遇到激烈的争辩，目标针对的应该是标的事物，而不是谈判者，双方应本着相互尊重和体谅的态度谈判。

体育赞助的协商是谈判双方共同的行为，一方开价，另一方还价，如此反复。合理地提出自己的需求和条件，是谈判协商阶段开始时提出讨论的基本前提。如何科学合理地报价，关系到整个谈判过程中利益的得失。

在报价过程中，要特别注意报价的真实性。报价分实价和虚价两种，实价受谈判内容约束，非经接受方同意，不得撤回和变更。如接受人在有效期限内表示接受，则交易达成，实价内容即称为合同的组成部分。虚价是指报价人有保留地表示按一定条件达成交易，不作任何承诺，通常使用"须经确认方有效"等措辞以示保留。在报价过程中，要注意报价的顺序，最好先预测对方可以接受的报价范围。在此范围内报价，一般来说赛事组织者希望有更高的报价，而企业则会努力压缩报价，这就要求赛事组织者不能漫天要价，应采取谨慎的态度，合理报价，根据谈判的进程，及时调整谈判方案。

4. 体育赞助合作谈判的终局阶段

随着谈判的进行，体育赞助合作谈判必将进入结束环节。在这个阶段，整个谈判流程即将结束,双方进入最后阶段——终局阶段。

荷伯·科恩提出了影响谈判结果的 PTI 三要素模型,这三个要素分别是:权威、时间、信息。其中,权威是指要掌握谈判的主动权,引导谈判方向;时间就是要求制定各种谈判计划,预计可能出现的问题,掌握好谈判的节奏,做到有条不紊;信息就是谈判所操作的工具,做到有的放矢,挖掘信息。谈判者应该努力处理好以上三者的关系,争取谈判成功(图 5-2)。

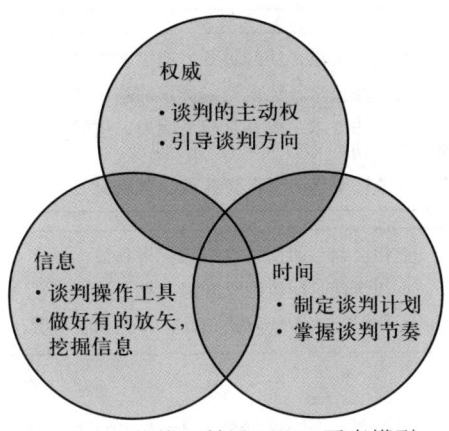

图 5-2　荷伯·科恩 PTI 三要素模型

终局谈判的结果一般分为三种情况:① 正和谈判,是指谈判双方都获得利益;② 负和谈判,是指谈判双方都有利益的损失;③ 零和谈判,是指一方获利,一方失利的情况。体育赞助合作谈判要努力做到正和谈判的结果,实现共赢的局面。在完成谈判的过程中,要就谈判所达成的共识,进行总结,对谈判的内容进行整理,再进行签约。

不过,赞助的谈判也要考虑失败的情况。体育赞助在国内尚处起步阶段,体育运动组织与企业间赞助关系还有待加强。赞助活动有如营销理念中的"产品"生命周期概念,必须经过引介期、增长期、成熟期及衰退期的阶段。尚处引介期的体育赞助"产品",失败的概率较高。对此,体育运动主管应以平常心对待,总结失败的教训及成功的经验,把握住每一次与企业厂商接触的机会。多次的接触可使企业充分了解体育运动组织、赛事的性质,只要能达成"双赢",赞助关系即可建立。在被拒绝之后,也必须要有后续的动作,包括寄发感谢信和征询未赞助的理由,期待下一次的合作。至此,与目标赞助商的接触,才算结束。除此之外,还可以请该厂商协助推介其他适合的企业名单,以便增加赞助机会(图 5-3)。

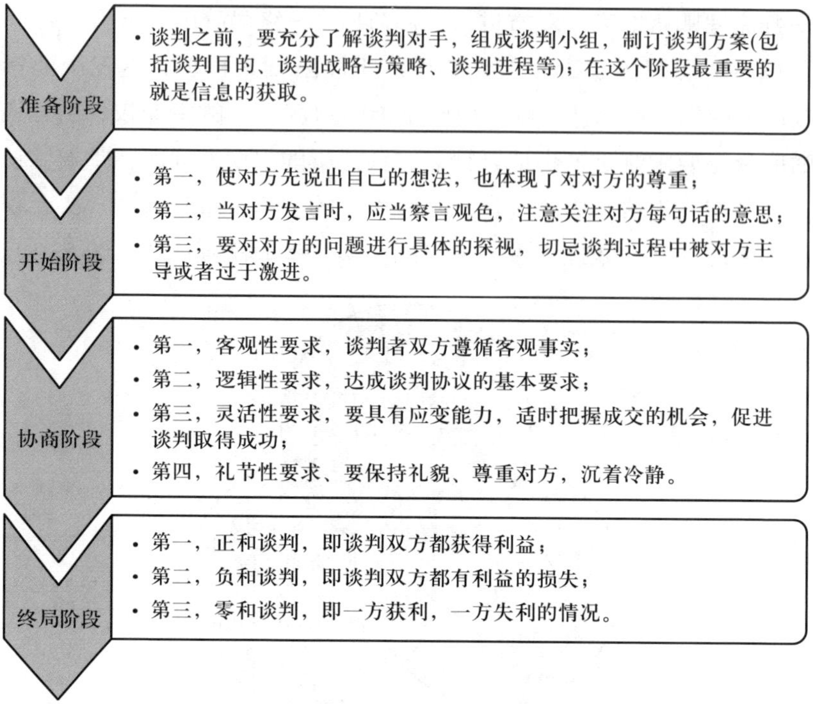

准备阶段
- 谈判之前，要充分了解谈判对手，组成谈判小组，制订谈判方案（包括谈判目的、谈判战略与策略、谈判进程等）；在这个阶段最重要的就是信息的获取。

开始阶段
- 第一，使对方先说出自己的想法，也体现了对对方的尊重；
- 第二，当对方发言时，应当察言观色，注意关注对方每句话的意思；
- 第三，要对对方的问题进行具体的探视，切忌谈判过程中被对方主导或者过于激进。

协商阶段
- 第一，客观性要求，谈判者双方遵循客观事实；
- 第二，逻辑性要求，达成谈判协议的基本要求；
- 第三，灵活性要求，要具有应变能力，适时把握成交的机会，促进谈判取得成功；
- 第四，礼节性要求、要保持礼貌、尊重对方，沉着冷静。

终局阶段
- 第一，正和谈判，即谈判双方都获得利益；
- 第二，负和谈判，即谈判双方都有利益的损失；
- 第三，零和谈判，即一方获利，一方失利的情况。

图 5-3 体育赞助合作谈判的流程

（三）体育赞助合作谈判的基本原则

体育赞助合作谈判的基本原则是谈判的指导思想，决定了谈判者在谈判过程中所采用的谈判策略和技巧。

1. 区分人与问题的原则

在谈判过程中，要把对人（谈判对手）的态度和所讨论问题的态度区分开来。谈判的主体是人，谈判过程不能受到谈判者个人的感情、要求、价值观、性格等方面因素的影响。在谈判过程中，应坚持把人与问题分开，尽可能阐述客观情况，避免责备对方。在谈判过程中，经常出现的情况是双方互相指责、抱怨，而不是互相谅解、合作，其原因就是混淆人与事。

2. 双赢原则

谈判双方都有各自的利益，但是双方利益的焦点并不是完全对立的，谈判的一个重要原则，就是协调双方的利益，提出互利性的选择。这就要求打破"分蛋糕"的传统思维模式，提出新的选择，共同将"蛋糕"做大。

在谈判过程中，要坚持双赢的原则，把握好以下几个方面：从满足双方的实际利益出发，发展长期的关系，创造更多的合作机会，坚持诚挚与坦率的态度，这既是为人的根本，也是谈判活动的准则。谈判双方在提出自己的要求时，要尽可能符合客观实际，同时本着公平合理的心态去评价对方的要求。

3. 灵活应变原则

灵活应变原则是指在谈判中既要坚持自己的原则和底线，同时要更懂得应变，适时把握成交的机会，促使谈判取得成功。谈判应变能力是指谈判者对谈判过程中出现的突发状况或尚未了解的情况的应付能力。在谈判活动中，常常会出现各种突发情况，如果谈判人员不能很好地应付和处理，就会陷于被动，甚至功亏一篑导致谈判失败。

4. 客观性原则

客观性原则是针对独立于各方意志之外的合乎情理和切实可用的准则而言的。这些准则既可能是一些惯例、通则，也可能是行业标准、道德标准、科学鉴定等。由于体育赞助谈判涉及的内容比较广泛，导致其标准也是多种多样的。在谈判的过程中，要注意标准的公正性、标准的普遍性和标准的适用性。

三、体育赞助合同的签订

体育赛事赞助合同是指体育赛事组委会与赞助商就体育赛事资源回报和使用所签订的合同，主要确定赞助商的赞助金额和服务范围、相对应的赞助商权益回报细则等。在体育赞助合作谈判结束之后，双方就进入签订合同的环节，根据双方谈判过程中的谈判内容和达成的目标来撰写合同，并进行最终的签订。

（一）体育赞助内容的界定

赞助合同文本的主要内容包括以下7个部分：定义与解释、合作内容与期限、支付方式、享受的权益、双方义务、违约责任、其他。签订合同遵循程序化模式，内容会根据实际情况进行增减以保证合同内容充分兑现。这里介绍赞助合同的主要部分，即体育赛事主办方的需求和赞助商可以获得的权益（图5-4）。

1. 体育赛事主办方的需求

体育赛事主办方要在合同中明确自己的需求，包括企业提供赞助时需要提供的赞助总额或者现金赞助和物资赞助的比例。在赞助活动中，企业要为赛事主办方提供市场中其他方面的便利等需求。

图 5-4　赞助合同的主要部分

2. 赞助商可以获得的权益

在体育赞助合同中，赞助商能够获得的权益也是十分重要的。根据赞助商级别的不同，能够获得的权益也有所差异。一般来说，赞助商权益主要包括荣誉回报、排他权、无形资产使用权、广告机会、个性化推广活动举办权、主题活动、推广活动的赞助优先权和参与权、识别计划、市场开发支持、产品展示权、接待权益、门票和证件、参与反隐形市场计划并受到保护、其他权益等内容。

以中国网球公开赛为例，作为中网的钻石级别赞助商，可以获得以下几种权益：

（1）获得中国网球公开赛指定称号。

（2）组委会职务——企业代表有权参加赛事开幕式。

（3）颁奖典礼——企业代表有权参加一次颁奖典礼。

（4）新闻发布会——有权举办行业独家赞助的新闻发布会；企业代表作为嘉宾，列席中国网球公开赛新闻发布会嘉宾位置；企业标志将被印刷在新闻发布会欢迎看板和现场背板上；有权在中国网球公开赛新闻发布会会场进行产品推广或展示；赞助商信息将被包含在中国网球公开赛新闻稿中。

（5）品牌曝光——在体育赛事比赛现场中进行展示，包括两个背板侧边广告位，两侧 LED 广告位，三个看台广告版，一个场地内特殊广告位；现场大屏幕滚动播放企业广告；在赛场的娱乐休憩区内建立销售、展示和宣传展位（约 200 平方米）。

（6）赛事文宣——企业标志将不少于 70% 的布局出现在赛事商业文宣印刷品上，如海报、纪念册、赛事宣传册、户外广告、平面广告、票封等；纪念册中包含一页企业内容，包含两页整版四色广告；企业标志将会显示在赛事官方网站上，并链接到企业官方网站。

（7）企业招待——在场馆内拥有公司独立贵宾用餐区；企业有权获得每天第一球场 36 个贵宾座席（包括一间贵宾包厢及不少于 17 个包房座席）；有权获得每天 36 人的免费贵宾餐饮；有权获得每天 50 张第一球场看台票作

为宣传及推广用途；有权获得每天 50 张第二球场看台票作为宣传及推广用途；有权获得每天 500 张外围球票作为宣传及推广用途。

（8）有权在赛事期间与著名球星举办两次非销售相关的公共活动；有权邀请企业领导或贵宾参与一场独家球星见面会或明星教练交流；有权在全球范围内进行与赛事相关的推广活动。

（9）在符合赛会规定的条件下，有权使用赛事名称、赛事标识用于全球赛事相关的广告和推广，但不得在与客户主营业务无关的产品上使用赛事标识制作纪念品用于与赛事或企业的相关推广。

而其他的白金级别赞助和合作伙伴，所获得的权益将会依次减少。

（二）体育赞助合同的确认与签订

在体育赞助合同的签订上还有一项赞助商权益，即优先续约权，现在很多赛事都采取如 2+5 的期限，两年之后可以优先续约。企业和赛事组委会双方确认完赞助合同之后，可以在谈判现场签订合同，也可以召开新闻发布会，邀请媒体记者前来采访，扩大赞助的影响力。

赞助双方一旦签订合同，双方关系当即生效并且受到法律的保护，双方必须依据合同的规定，严格履行自己的责任和义务。

四、体育赞助活动的执行

在签订完赞助合同之后，体育赛事组委会就要开始配合赞助商实施赞助服务。组织、实施阶段是体育赞助的中间阶段，也是纷繁复杂、头绪众多、难度较大、容易出问题的阶段。这一阶段的重点是逐项落实赞助合同中的各项规定，完满、顺利地实施整个赞助计划。赞助商在赞助过程中，为了使得自己的宣传效果达到最大化，在赛事开展的过程中往往会追加投资，并且和体育赛事举办方建立良好的关系。

（一）体育赞助活动执行的前期准备

1. 明确赞助活动实施的总负责方

体育赛事组委会要根据赞助商的规模制订一套系统的整体计划，明确赞助活动实施的总负责方。这个组织需要由赛事组委会的领导和企业负责人共同担任，以便于监督赞助活动的开展。

2. 成立赞助商服务部门

在明确赞助活动实施的总负责方之后，赛事组委会首先就要成立赞助实施领导小组和办公室，设立专人服务特定的赞助商以作为双方联络人并履行赞助义务，包括新闻部、回报部、法务部、维权部和接待部等，明确各部门的职权利，任命各部门的负责人。其次，在每个部门的直接领导下，根据合同的精神和要求，积极开展赞助活动，同时各项工作的时间表的拟定及协调会的召开也是十分重要的。

3. 制订赞助实施计划

在组织结构设立好之后，需要制订比较完善的赞助实施计划，对方案进行详细、周密、精确的策划和创意，制订个案实施计划。各个工作部门各司其职、密切合作，共同完成体育赞助的实施任务。

根据赛事举办的过程，将工作安排表撰写出来，听取各方的经验教训，根据赞助合同中赞助商想要达到的权益制订比较完善的实施计划，并且及时与赞助商协商，根据反馈意见不断修改实施计划。

（二）执行体育赞助活动的中期实施

1. 确定比赛现场广告的展示形式

体育赛事赞助商拥有赞助合同中明确的广告发布方式和形式，包括场地的广告板、运动员号码牌、场地地面广告、现场 LED 屏幕等现场广告，体育赛事官方出版物、指南、杂志等广告展现形式。

按照赞助商的级别，合理设定赞助商拥有的广告位置以及展示时长，然后将方案告知赞助商，由赞助商制作提供广告。

2. 设置赞助商展示区域的活动展位

体育赛事的比赛现场除了用做比赛的场地之外，在场地的外围还会设立一系列的展位，供前来观看比赛的观众体验参观。因此，这些地方就成为赞助商宣传自己产品和服务的好场所。像中网钻石赞助商可以获得 200 平方米的展位，白金赞助商可以获得约 80 平方米的展位，其他的合作伙伴可以获得约 50 平方米的展位。

3. 确定赞助商广告在电视网络等媒体的投放

电视、网络等媒体的广告播放是赞助商所关注的重头戏，鉴于电视、网络等媒体的受众面广，他们会在这些媒体投放更加细分化或者有渲染力的广告，宣传自己的产品和品牌，并且随着赛事的直播，滚动播放一些赞助商的广告。还有的赞助商会在比赛的计分和时间栏展示商标，以期获得更多的关注度和更好的美誉度。

（三）执行体育赞助活动的后期收尾与评估

比赛结束后，赛事的工作将进入最后的收尾阶段，体育赞助活动也不例外。这时，需要将后续工作坚持到底，以求最完美的结局。体育赛事组委会会进行赞助活动的收尾与效益评估，一般从以下几个方面来考虑：

1. 执行体育赞助活动的收尾

执行体育赛事活动的收尾是指有关赞助活动相关文档的整理、赞助活动物资的统计、赞助活动中相关人员的表彰以及撰写赞助活动评估报告。

（1）赞助活动相关文档的整理。在整个赞助活动中，每个阶段都会产生作为文书档案保存的各种纸质文件材料。随着科技的发展，形成了一些依托电子设备的文书档案。因此，在赞助活动文档整理过程中，应该遵循文档的形成规律，保持文书档案之间的联系性，以便区分不同性质的文书档案，便于保管和利用。

（2）赞助活动物资的统计。体育赞助活动结束以后，对于物资的统计是收尾工作中最重要的一环。从活动开始到结束，对于物资的需求是必不可少的，因此，在活动中发出的物资以及在活动后回收的物资，都要进行统计，物资统计人员必须坚持实事求是的态度，全面、准确、及时地回报物资统计结果。

（3）赞助活动中相关人员的表彰。每个赞助活动的成功举办都离不开各方的努力。因此，表彰与奖励不仅是对工作人员付出的努力的极大肯定，可对其起到鼓励作用，也能够使赛事组织与利益各方保持良好的关系。

（4）撰写赞助活动评估报告。合适的体育赞助评估方式对于赞助双方都是极为重要的。对于赞助商来说，能够全面系统地揭示赞助活动期间的形象效益评价、媒体报道评价和销售量评价，有利于赞助商了解赞助投入后各项工作的状况。也可以使赛事方了解赞助方式实施各项工作的情况，及时发现问题，调整工作内容，提高经济效益，同时也可以为以后赞助活动的经济预测提供依据。

2. 对体育赞助活动执行的评估

对体育赞助效果的评估，应说明整个活动的赞助效益以及是否达成预定的赞助目标。对赞助的评估主要考虑以下三个方面：

（1）品牌认知和态度。在赛前、赛中、赛后对消费者和潜在受众通过平面媒体、电视、网络媒体和赞助营销线下活动等对品牌的认知程度及其产品和品牌的态度进行评估。

（2）权益落实。在体育赞助过程中，赛事会为不同等级的赞助商提供不同等级的权益。在对赞助的评估中，非常重要的一项就是赞助权益的落实，其中包括冠名权、特许经营权、曝光权益、招待礼遇权益、官方活动的出席等。

（3）促进销售。促进销售是指体育赛事赞助商通过赞助体育赛事所获得的短期收入增加量和长期收入增加量的综合。很多赞助商都十分关注经济指标的数值。

在确定这些评估指标之后，就需要采取恰当的评估方法，结合各方面的数据指标，包括媒体曝光的收视率、点击率以及赛事期间的销售业绩等，纳入评估体系中。

对赞助活动的评价能给赞助活动的组织者专业的指导，使得体育赞助活动的工作人员对活动的各个方面工作效果进行了解和掌握（图5-5）。

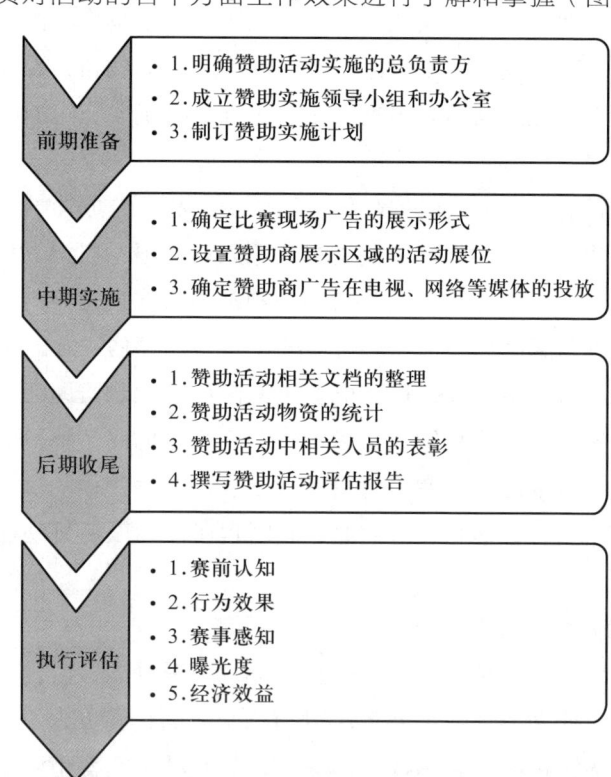

图5-5　体育赞助活动的执行

第二节 体育赞助活动的媒体公关

体育赞助的媒体公关是指体育赞助商通过媒体报道，传播有利于企业发展、产品推广、品牌影响力强化的企业相关信息，借助体育赛事的社会关注度，提高企业的影响力和知名度。体育赞助的媒体公关是体育赞助活动的工作重心，只有通过媒体公关才能更好地将赞助活动的主要内容宣传出去。

一、体育赞助品牌曝光的分类

现代传播媒体种类繁多，特性各异。随着互联网行业的不断发展，许多传统媒体逐渐被数字媒体所取代。在体育赞助中，用于品牌曝光的媒体可以归纳为以下三类：赛事报道媒体、媒体合作伙伴和官方媒体。

（一）赛事报道媒体

赛事报道媒体大多没有与赛事进行商业合作，但在申办、筹办赛事的前前后后都是以赛事报道为主的媒体方，主要有电视媒体、平面媒体以及网络媒体。这几类媒体都有各自的优劣势，受众也相对不同，它们之间互为补充。

赛事报道媒体会以较为客观的角度去报道赛事情况，对于突出的赞助活动也会进行相应报道。这类媒体方往往代表着较为权威的报道，对于赛事和赞助商来说也间接起到一个效果监督的作用。且这类媒体渠道包含可投放硬广的媒体平台，赞助商可通过这类平台进行一定程度的曝光。

（二）媒体合作伙伴

现今的各项赛事中，媒体合作伙伴通常不只有一家，国际大型赛事甚至多达 8~10 家，多家媒体合作伙伴相互之间的受众群体有着强分类的特点，所以，赛事方在选择媒体合作伙伴时需要有明确的分类。目前，最主流的媒体合作伙伴有体育门户、专业媒体、财经类媒体、生活方式类媒体、户外类媒体和视频网站类媒体等。

媒体合作伙伴在某些方面也扮演着赞助方的角色，双方通过资源互换的形式进行合作，在媒体合作伙伴的渠道上会有较为隐性的营销软文、视频或者线下活动，通过这些活动来达到赛事认知度和形象方面的提升。除了赛事方与媒体合作伙伴之间的合作外，赛事赞助商可能不满足于在合作媒体上对自身的营销投入，会直接与赛事合作媒体进行交涉，以进一步达成新的赛事合作，所以，赛事方与赞助商在洽谈赞助合同时，可以加强对在合作媒体上的权益的关注。

（三）官方媒体

体育赛事赞助营销活动中的官方媒体包括官方网站、官方微博、微信等媒体渠道，其中，官方网站作为最基础、最重要的媒体渠道，承担着发放赛事官方信息、搭建赛事报名端以及提供赛事全程服务的任务。一个好的官方网站将极大便利赛事的利益相关者，也是最权威、最必要的媒体渠道。

除此之外，也可灵活运用官方微博、微信等官方媒体，它们是以多对多的沟通交流为目的、以大众创造的信息为内容、以互联网技术为方式的新型大众媒体，具有平民化个性化、低门槛易操作、交互强传播快等特点。

体育赞助的微博营销是指以微博为营销平台，通过发布与体育赛事相关的信息、组织"微话题"、策划"微活动"等方式吸引用户关注体育赛事，从而树立体育赛事良好的品牌形象，达到体育赛事营销的目的。微博营销的特点是成本低、覆盖大、便捷性、互动性等。一般来说，体育赞助活动的微博营销策略主要有以下几种：① 建立微博矩阵；② 发布官方信息；③ 传播热点话题；④ 开展互动活动。赞助商则借助体育赛事的最新信息制造话题，例如，耐克在奥运期间针对体育明星制造一些话题，为运动员在赛场上的照片配上比较有话题性的语句，引起人们的共鸣；李宁和安踏等体育服装品牌则通过借助里约奥运会的契机，在微博上开展媒体公关活动，为自己的品牌获取更多的关注度和话题量，从而吸引消费者前来购买。

体育赞助的微信营销是指体育赞助商通过微信公众平台，以一对多高送达率的方式传递体育赛事新闻报道及相关信息，与体育赛事关注者交流互动，从而强化体育赛事的品牌力，扩大体育赛事的影响力。微信营销和微博营销的区别在于，微博的即时互动性更强，微信公共平台发布信息的深度更深，且在微信上推广体育赞助活动，更能够引起人们的关注和思考。微信作为一种即时通信软件，越来越多的人使用微信聊天，传播信息，这对于体育赞助商的赞助活动来说是一种具有很强吸引力的资源。

其他的自媒体还包括 QQ 空间、今日头条、百家号等平台，赞助商需要根据所在区域的受众和自媒体的普及程度，有针对性地选择适合自己的自媒体，有效地推广赞助活动。

二、体育赞助媒体公关策略的选择

体育赞助商在进行媒体公关过程中也要制订一些策略，有目的地开展媒体公关推广工作。这些策略体现了一个公司的管理实力和目标定位，需要做大量的工作。下面介绍几种主要的媒体公关策略。

（一）关注传播需求

赞助商的媒体公关一定要契合受众的需求。体育赛事有其特殊性，经常关注体育赛事的人对体育有一定的了解，或者喜欢某一项运动，鉴于此，他们会对体育赛事周边的事物有一定的好感度，并有购买欲望。同时，体育赛事也是一种注意力经济，为喜欢的运动员或运动队呐喊助威，需要购置一些物品，而与运动员或者运动队相关的产品会格外受到关注。

因此，赞助商要全面深入地了解其传播需求，对赛场内外的人和物的特点、层次、级别进行分析，通过适合的媒介向大众传递其产品和服务，扩大市场营销能力，发掘用户群，为企业的短期利益和长期利益的获取奠定基础。长期利益对企业来说至关重要，赞助商要积极传播自己的品牌，提高品牌知名度。

关注传播需求是赞助商开展媒体公关活动的第一步，也是比较关键的一步。只有定位准确，才能在正确的方向上越走越远，创造出更大的价值。

（二）设定传播目标

在确定完传播媒介和传播需求之后，就要设定传播目标。这个目标可以分为赞助商自身的传播目标和赞助商希望从赛事相关人群中获得的目标。

1. 赞助商自身的传播目标

赞助商自身的传播目标主要集中在品牌资产和其他市场因素。赞助商通过媒体公关首先需要提高自身的品牌知名度，即使得消费者知晓某一产品或品牌的知名程度。通过赞助，公司与赛事相关联，通过赛事的宣传和曝光，扩大品牌、产品的知名度，加强消费者与品牌的交互作用，增加公司品牌、产品与消费者面对面接触的机会。其次是提高赞助商品牌的美誉度，即消费者对品牌的品质认知程度。通过赞助赛事，使消费者产生对公司品牌的认同，喜欢上品牌，进而购买其产品。赞助中参与程度较低的公司产品，更易

拓展资源5-2：比音勒芬"牵手"中国高尔夫国家队（手绘版）

于影响消费者对公司品牌的态度。①最后是与品牌关联，即提到某品牌时产生的印象和联想。赞助赛事可以为品牌创造独特而受欢迎的品牌联想。例如，与奥运会、世界杯等世界顶级的赛事相关联，展示公司经济实力的同时，可以提供参与创造赛事遗产、建立公司荣耀与文化的机会；又如，与对国家和社区有价值的赛事相关联，承担公司的社会责任，展现支持国家工作和社会好市民的社会形象，使消费者接触公司品牌和产品时摆脱商业广告印象，产生美好的联想，从而为公司创造形象和商誉。

2. 赞助商希望从赛事相关人群中获得的目标

如果赞助商希望通过赞助赛事，在赛事期间与赛事相关的人产生一些联系，从中获取一些利益，或售卖自己的产品或者服务，或寻找合作伙伴关系，因此，赞助商还要对这些人进行细分，制订相应的媒体公关方案，达到设定的目标。

（1）售卖产品，获取短期市场利润的目标。赞助商通过体育赛事需要花费较多的赞助金额，这在一个公司每年的推广成本中占有很大的比例，因此，对于一些快消品，赞助商希望通过体育赛事在密集的人流量中获得短期的销售额增长，获取看得见的利益。

（2）赞助商在赞助活动过程中希望找到商务合作的伙伴。市场永远不是一家公司的市场，需要不同公司之间的相互合作。因此，赞助商希望通过媒体传播的平台，宣传自己，开发一些商务合作伙伴。

（3）赞助商希望通过媒体传播，吸引更多的人群，由这些人群口口相传，拓展公司的市场业务，获得规模上的增长。这一切都是建立在赞助商本身产品或服务的质量、效果以及良好的宣传方案基础上，否则，所有的媒体公关活动都是徒劳。

（三）明确核心受众

赛事相关的人群比较多，赞助商在进行媒体公关时，要对这些人群进行重要性的划分，重点客户的需求就要重点满足，这样才能有的放矢，以最小的成本获取最大的利润。

在一项体育赛事中，最明显的就是观众席的划分，场内观众和包厢中的

---

① Kevin G A. Model of image creation and image transfer in event sponsorship［J］. International-Marketing review，1997，14（3）：145~158.

观众经济实力有时候相差很多,赞助商可以和组委会商定,在赛事包厢内投放一些定制视频广告或广告宣传册。

针对网络和电视媒体的广告,可根据其客户群的不同,有针对性地选择投放比例和投放开销,争取以最小的成本获取更大的利润。

(四) 制订传播计划

在明确了传播需求、传播目的和传播的核心受众之后,制订传播计划就是重中之重。首先,赞助商要根据自身的经济实力和产品特性,恰当地选择媒体公关服务的类型,可以选择一种,也可以选择多种媒体的组合。

根据不同媒体传播的特点,制作相应的广告。广告可以宣传一个主题,也可以宣传不同的主题。例如,2016年里约奥运会,VISA的广告在其宣传短片中讲述的是15名来自世界各地的运动员"拼车"前往里约奥运会,沿途使用Visa Checkout支付等场景。运动员们似乎是去参加一个盛大的派对,在那里与新老朋友度过一段难忘的时光。整段视频显得轻松愉快,将奥运会看做是一个盛大的派对,十分有特色。

耐克作为赞助商一直以来都给我们带来耳目一新的广告。在里约奥运会上,耐克的广告一如既往地保持高水准。耐克拍摄的视频短片名为"Unlimited Future"(未来,不信极限)是由美国男演员Bobby Cannavale(鲍比·坎纳瓦尔)和一群"冠军"宝宝出演。耐克官网对本片的介绍如下:通往伟大的道路是一条漫长的旅程,需要有坚定的决心,需要经历无可逃避的抗争,需要顽强地获得胜利。耐克为那些世界上最伟大的运动员喝彩,向他们的坚持不懈致敬,并通过"Unlimited Campaign"庆祝这个属于运动的夏天。这轮Campaign是耐克近期推出的运动员短片的延续,我们希望鼓励每一个人都去拥抱自己的"unlimitness(无限)"。

(五) 整合传播资源

赞助商在媒体公关过程中从来都不是单打独斗,需要善于发现身边的各种资源,包括赛事组委会的资源、媒体的资源以及其他赞助商的资源等,将这些资源进行整合借力,可以减轻自身的压力,实现双赢。

体育赛事组委会可以将赞助的媒体传播权益和赛事转播绑在一起,实现成本的最小化和利益的最大化。

拓展资源5-3:比音勒芬奥运整合品牌传播案例

三、体育赞助媒体公关周期的制定

体育赞助的媒体公关是以体育赛事为载体开展的,因此,体育赞助的媒体公关周期的制定要根据体育赛事的周期来定，分为体育赛事前期服务、体育赛事中期服务和体育赛事后期服务三个阶段。

（一）体育赛事前期服务

在体育赞助活动过程中，有效的组织架构对于活动的开展起着十分重要的作用，这是整个活动的基础，能够保证整个赞助活动有条不紊地进行。因此，在体育赛事前期，赞助商要根据媒体公关的需求，成立专门的领导小组，对接媒体公关的工作，一部分人和赛事组委会对接，负责随行宣传工作；一部分人要参与广告物料的设计和制作，突出企业的产品和服务，并且开通自己的自媒体账号进行宣传；另外一部分人则负责与媒体人员进行交接活动。

一般来说，媒体工作人员的主要业务是对赛事进行宣传，对赞助商并没有集中宣传的义务。因此，赞助商对媒体从业人员进行公关，有助于赞助商传播目的的实现。

（二）体育赛事中期服务

在体育赛事中期，也就是在比赛进行的过程中，赞助商需要根据赛事的进展情况，不断创造出新的话题，引导赛事关注者展开讨论。

在接待媒体人员的过程中，也要做好媒体人员的交通服务、餐饮服务和采访服务，为媒体人员提供与赞助商相关的产品或服务。让他们提前体验，有助于后期的宣传。赛事组委会要为赞助商提供便利，让他们可以与媒体人员接触，获得与媒体沟通的机会。体育赛事的后续发展，一方面是由于运动项目本身具有较强的吸引力，另一方面，赞助商的支持是其开展下去的重要保障。

（三）体育赛事后期服务

在体育赛事的后期，比赛进入收尾阶段，赛事组委会和媒体人员开始撰写赛事的总结稿并且准备专题报道。这时，赞助商就需要将大量的时间放在宣传上，营造一个传播高潮。

在媒体公关的类型中，可将重点放在网络媒体和自媒体上。赞助商要为网络媒体的撰稿人提供资金和物质上的帮助，做好人际关系的沟通，招募专业的团队，在短期内发布高质量、高阅读量、高互动性的软文和活动，确保赞助商的权益得到保障。

案例 5-2

比音勒芬与西甲的"跨界合作"传播战略

"跨界合作"、"异业联盟"是指品牌与品牌之间强强联手，相互渗透相互融合。2017年最新的一个案例，是中国体育服装品牌企业与西甲的"跨界"。

比音勒芬，中国知名中高端服饰品牌，中国国家高尔夫球队合作伙伴，2017年8月，比音勒芬看准旅游风口，率先发布全球首个定位轻奢度假旅游的服装品牌——比音勒芬度假旅游系列，再创服装业新蓝海。西甲（西班牙甲级联赛），作为欧洲五大联赛之一，在世界体坛，地位显赫，享有盛誉。

此次，比音勒芬与西甲强强联合，将度假旅游系列所推崇的幸福快乐与西班牙人对足球的痴迷与热爱相结合，提炼出"KEEP PASSION KEEP HAPPINESS——越燃越尽兴"的活动口号，向世界传递开心幸福，激情饱满的生活态度。

此次跨界，比音勒芬是如何开展营销推广，传播事件影响力的呢？

策略一：与广州市宣传片同期抵达西甲赛场

2017年9月24日，西甲第六轮赛事，广州市城市形象片首次登陆西甲，伴随着现场悠扬的背景音乐，比音勒芬首次现身欧洲绿茵赛场，为西班牙人队送去"神助攻"，整个赛场都洋溢着中国元素，引发国内外球迷热议，打响跨界第一战。

策略二：黄金周焦点赛　看球更看态度

第七轮赛事，皇家马德里VS西班牙人队的比赛于10月2日凌晨打响，恰逢中国国庆黄金周，比音勒芬牢牢抓住球迷看球热点、持续发力，通过全网覆盖让球迷对本场激烈对决的关注，同时，运用系列海报、软文向用户输出#越燃越尽兴#的态度。而这次热点营销成功让比音勒芬成为焦点，获得史无前例的关注与曝光。

策略三："西甲"赛场"变身"中国服装秀

经过前两场比赛的大量曝光，观众开始习以为常，在10月14日，西甲第8轮对战前，比音勒芬突然将赛场变为秀场，举行了一场声势浩大的时装秀,这是西甲的首个时装秀,也是中国品牌首个在欧洲赛场举行的时装秀。

这一创举被全球200多个信号源直播,连续多天被全球媒体报道和转载,霎时间,不仅吸引了眼球,更收获了大量美誉,许多网友留言:"厉害了,我的国;厉害了,我的比音勒芬"。

策略四:响应"中国之造"点燃民族自豪感

"我爱中国之造,让世界拥抱中国之造",当中国红飘荡在西甲赛场时,恰逢中国商务部启动"中国之造"品牌计划推出,比音勒芬积极响应,引导粉丝关注"中国之造",关注比音勒芬,关注正在提升国际影响力的中国品牌,点燃国民民族自豪感。

比音勒芬与西甲跨界营销全面诠释1+1>2

跨界西甲"四步曲",精彩紧凑,环环相扣,国内外权威媒体报道、自媒体人,行业关键意见领袖等自发创作了大量的原创内容,让本次事件得到了大量的曝光和传播,也让比音勒芬度假旅游系列未上市已知名,稳稳的向"轻奢度假旅游服饰第一联想品牌"发展。

第三节 赞助商礼遇和服务

一、赞助商礼遇的重要性

赞助商礼遇是赛事组委会工作的一个重要组成部分,是一件事关重大、涉及范围宽广、十分细致而又复杂的工作,其最高境界是使得所有的赞助商都有一种参与感和归属感,使他们感受到自己切实地成为体育赛事的一部分。而想要达到这种程度并不那么容易,需要做好一系列的准备措施。

(一)推广赛事和城市文化,拓展合作机会

赞助体育赛事是企业的一项重要举措。由于体育赛事的特殊性,很多政府官员和各地的企业家都会聚集在体育赛场,一睹举办城市的风采,体验欢乐的观赛气氛,享受比赛的过程。因此,每到体育赛事期间,赛事组委会要对各位来宾进行热情周到的礼遇和无微不至的安排,充分满足他们参观、旅游、美食、娱乐和购物等多方面的需要，让他们乘兴而来，满意而归。

组委会应借助赛事机会，向赞助商们详细介绍体育赛事的相关文化，在发展、实践的过程中创造出体育赛事所需的物质资源及其产生的相关物质产品的物质文化和精神文化。

举办地作为体育赛事的载体，其独有的文化特色也是赛事的一个亮点。城市文化可划分为城市物质文化、城市饮食文化、城市制度文化和城市精神文化。① 城市物质文化是指人类社会在改造自然界的实践活动中获得的物质成果，包括物质产品的丰富程度和生活环境的改善情况。它由城市的可感知的、有形的各类基础设施构成，包括城市布局、城市建筑等人工自然环境。② 城市饮食文化主要是指在城市的长期发展中所形成的饮食习惯、饮食特色以及其独有的烹饪方式和食材处理。③ 城市制度文化主要是指城市经济制度、城市政治制度等，它们多会以法律或规章的形式被确定下来，对城市居民的行为具有强制性的约束效力。④ 城市精神文化是指城市社会的人们在改造客观世界和主观世界中所取得的精神成就和观念性成果，包括社会心理、价值观念以及审美情趣等。①体育赛事吸引赞助商前来，带领他们感受举办地的风土人情和美食，增加他们对城市的好感度，这有利于促进举办地的发展。

赛事组委会在礼遇赞助商的过程中，要更多地宣传有关赛事积极的方面，只有让赞助商看到赞助体育赛事能够获得收益，包括短期的利润和长期的市场潜力，才能够吸引更多的赞助商，扩大合作的机会，为体育赛事以后的发展奠定基础。

（二）维护赛事组委会和赞助商之间的关系

人是一种社会性的动物，有情感上的需求，在与赞助商相处的过程中，不能仅仅满足其基本的权益需求。根据马斯洛的需求层次理论，在礼遇过程中还要充分满足赞助商归属感以及受尊重的需求。例如，在餐饮、旅游、娱乐等方面提供充足的信息和便利，让赞助商有一种宾至如归的感觉，在这种氛围下，赛事组委会和赞助商更容易成为朋友，并且建立长久的合作伙伴关系，实现赛事和企业的双赢局面。

---

① 武胜奇. 体育赛事文化对城市文化核心竞争力的影响及提升路径选择［J］. 天津体育学院学报，2009（6）：480~483.

赛事组委会和赞助商之间的关系维护是双方重要的工作内容，赛事组委会负责商务对接的人员要有较强的服务意识，满足赞助商的合理需求。

（三）提升赛事的档次

体育赛事赞助商礼遇的规模和方式也是体育赛事档次的一种体现。入住什么样的酒店、餐饮的标准、新闻发布会的形式、晚宴的接待规模、赞助商使用的车辆等，都是体育赛事档次的集中表现。赛事组委会要争取在能力范围内为赞助商提供最好的礼遇服务，以高端、大气和国际化的形象展现在赞助商上级各方代表的面前。

提升赛事的档次能够为赞助商留下更好的印象，作为一种附加的服务，获得赞助商的好感度，满足其各方面的情感需求，有利于提高赞助商续约的可能性。

二、赞助商礼遇的形式分类

赞助商礼遇的形式有很多种，在体育赛事进行的不同阶段有不同的表现，主要包括赞助商的出行接待、新闻发布会的召开、组织晚宴、提供门票包厢、安排领导颁奖席位、赠送赛事纪念品和相关主题活动的参与权利等。不同的礼遇形式其目的不同，满足的是赞助商不同的需求，为此，赛事组委会应有针对性地实施礼遇活动。

（一）赞助商出行接待

赞助商出行的接待服务是指赛事组委会为赞助商提供的车辆接送安排，包括飞机航班、地面交通以及酒店住宿等服务。组委会需要根据赞助商中的每一位人员制订详细的接送方案。这些方案一般包括到达时间、离开时间、站点设置、车辆安排等环节。根据到达的人数安排不同规格的车辆。

出行接待服务一定要做好前期准备，根据赞助商的出行安排，制订车辆安排表，有信息不对等的情况时需要及时沟通。同时要做好备选方案，防止出现人数超过车座位数等情况。

赞助商亲临赛场观赛是他们对赛事整体印象的一种直接体现，赛事组委会从赞助落地开始就应给予周到、全面的服务，使得他们更加满意。一般来说，在赛事期间到达赛场的赞助商级别比较高，职位的权利比较大，是赛事组委会重点礼遇的对象。

（二）召开发布会

赛事组委会会召开新闻发布会，向社会各方正式宣布体育赛事的筹备工作和开闭幕式的时间以及重点介绍体育赛事的各个赞助商，在召开新闻发布会的过程中就需要针对赞助商的级别，安排他们在发布会中的位置。

一般来说，顶级赞助商可以作为新闻发布会的嘉宾和赛事组委会领导及当地的政府官员共同坐在展板前介绍相关的信息和理念。合作伙伴等级别的赞助商能在发布会的展板上放置公司或产品的logo，并且在发布会的现场有产品的展示区。

赞助商的信息会在新闻发布会的官方宣传稿中出现，发布在各大新闻媒体平台上，其曝光率和关注度会明显上升。因此，新闻发布会是赛事赞助商比较重要的环节，赞助商会对其格外重视，为此，赛事组委会要配合赞助商，做好相关的准备，保证新闻发布会顺利召开，为赞助商获取更多的利益。

（三）赞助商款待

赛事期间提供的餐饮服务、包厢餐食和官方酒会等服务是赞助商款待的主要形式。在体育赛事的比赛前或者比赛间隙，赛事组委会会邀请一些知名的参赛运动员和部分赞助商参与到酒会中。一些级别较高的赞助商，可以获得组委会官方酒会的邀请函与运动员及当地官员进行交流。为达到赛事各方之间接触和答谢的目的，官方酒会可以分为赛事中期的酒会和赛事结束以后的感谢酒会。这两个酒会都会邀请赞助商前来参加，增加赞助商的曝光率。

近年来，官方酒会这种形式也越来越受到赞助商们的欢迎。很多赞助商都通过官方酒会获得了事业上的进一步发展，也有很多赞助商为了获得官方酒会的参与资格，不断提升自己的赞助等级。

（四）策划与赞助商相关的主题活动

为了丰富礼遇的内容，进一步扩大礼遇的效果，赛事组委会还会根据赞助商的特点和要求安排一些有意义的附加活动。例如，安排一些互动的小游戏，开展文娱活动，让彼此之间有近距离的接触和了解。

以高尔夫运动为例，在高尔夫比赛的现场经常会看到有关高尔夫器材的赞助商设立一个高尔夫现场体验活动，让更多的观众体验高尔夫运动的乐趣，并以此扩大产品的知名度；例如2016年里约奥运会赞助商比音勒芬通过赞助高尔夫运动，设计一些在现场可以亲身体验高尔夫的体感游戏、五星

拓展资源5-4：比音勒芬西甲赛场时装秀营销策略

战袍静态展、有奖推杆、场景拍照等趣味项目，配以丰富的奖品吸引消费者参与。再如，中国网球公开赛经常会在比赛筹备宣传期针对青少年做一些互动类的游戏，开展网球教学体验和中网小画家活动等。2015年，中网公司在莲花球场举办了挑战吉尼斯纪录的活动，目的是让更多的人参与到网球颠球活动中，获得了很好的效果（表5-2）。

表5-2 体育赞助商礼遇的主要形式

划分类型	主要内容
出行接待	赛事组委会为赞助商提供车辆接送安排，包括飞机航班和地面交通等
发布会	展示赞助的logo，介绍主要赞助商的嘉宾，并给予其相应的发言机会
官方酒会	设宴款待，为各个赞助商提供相互认识了解的机会
主题活动	根据不同赞助商的产品或服务，为其提供相应的场地或其他帮助，使其能顺利开展线下主题推广活动

三、赞助商礼遇的实施管理

赞助商礼遇的实施管理在一定程度上影响着赛事的可持续发展，因此赛事组委会必须格外重视。不同的赞助商需求不同，需要对礼遇服务有一个整体的规划，了解不同人员的需求，做出统一的安排。这也是对组委会工作能力的一种考验。

（一）确定赞助商礼遇团队及其负责人

确定赞助商礼遇团队及其负责人是开展赞助商礼遇工作的必要前提。只有做好上层的规划和制度工作，才能更好地实施管理方案。

在确定赞助商礼遇团队过程中，要考虑好对赞助商礼遇的内容，针对不同的礼遇形式选择最适合的人员。例如，在赞助商食宿礼遇方面就要选取比较了解当地美食和各地区饮食文化差异的人，事先摸清赞助商们的饮食习性，如能投其所好，出其不意地满足特殊爱好，就能收到意想不到的效果。在票务礼遇方面，要选择有票务工作经验的人员负责，因为体育赛事的票务需要提前预订，尤其是关注度比较高的体育赛事，有时候一票难求，因此一定要提前规划,根据赞助商的人数和需求做好订票准备。发布会和其他主题活动则应安排有现场活动执行经验的人担任,他们有较好的随机应变的能力,能够处理好现场各类突发事件。

团队的负责人要求具有一定的威望,能够充分调动团队每个成员的工作积极性,使其能全身心地投入到赞助商的礼遇工作中。作为赛事组委会工作的重点,赞助商的礼遇要争取做到零差错。

(二) 制订赞助商礼遇方案

赞助商礼遇有其自身的特点。这项工作的直接对象是人,赛事组委会要针对不同人员的不同需求,为他们提供个性化的服务,提高赞助商的满意度。赞助商礼遇的数量较多,需要针对赞助商礼遇的各个环节进行规划。礼遇方案规划的内容主要包括以下几个方面:

1. 赞助商权益的确认

赞助商权益的确认是体育赞助服务规划中最关键的内容。赞助商付出一定的资金和物资的支持,应当获取一定的权益。组委会在礼遇赞助商的过程中,要以赞助商相应的权益为出发点,有针对性地开展各类营销活动,组委会人员要尽可能按照赞助商的目标去设计一系列活动,充分认识到赞助商的各项权益是赞助商礼遇的核心工作,也是赞助商礼遇成功的主要体现。

2. 组委会时间的安排

时间安排是赞助商礼遇规划的必要内容,在以体育赛事整体的时间计划为基础的前提下,体育赛事组委会要和赞助商协商制定礼遇时间安排,并做出备选方案。赞助商礼遇的时间安排一定要兼具合理性和可行性,以保证礼遇工作有条不紊地进行。

3. 组委会资源的配比

组委会资源的配比主要是指组委会在赞助商礼遇工作中所能够安排的人员、费用和物资。体育赛事组委会成立礼遇团队,确定各项费用的投入方和所需物资的提供方,保证赞助商礼遇所需的各类资源合理配比,实现礼遇工作的目标。

4. 组委会服务的实施

组委会在制订赞助商礼遇方案时,还要针对具体工作做出实施安排,每个部门根据各自业务的不同制订每天的工作细则,并且及时反馈赞助商的意见和建议,做到快速解决赞助商的需求,这是决定赞助商礼遇工作好坏的关键。

在实施过程中，还要带给赞助商客户友好的体验，从赞助商的角度考虑如何来接触和维护关系。此外，在礼遇过程中，可以考虑使用当地的志愿者、礼仪人员等，让他们更好地为赞助商解答举办地的一些基本信息。

复习思考题：

1. 体育赞助企业的选择有哪几种方式？
2. 体育赞助合作的谈判需要考虑哪些原则？
3. 简述体育赞助媒体公关服务的分类。
4. 为什么赞助商的礼遇越来越成为赛事工作者关注的重点？

本章参考文献：

［1］杜勇. 联想集团体育营销策略研究［D］. 四川大学硕士论文，2007.

［2］杨晓生，程绍同. 体育赞助导论［M］. 北京：高等教育出版社，2004.

［3］倪刚. 现代体育商务［M］. 上海：华东师范大学出版社，2008.

［4］蔡俊五，杨越. 奥运赞助谋略［M］. 北京：经济管理出版社，2004.

第六章 企业体育赞助的运作

>>> **本章导语** >>>

近年来，越来越多的企业逐步认识到体育所蕴藏的巨大商业价值，纷纷投身体育赞助的行列之中。然而，面对众多类型的体育资源，企业的盲目投资往往会事倍功半，如何挑选与自身契合并能最大化达到营销效果的体育赞助对象就显得尤为重要。只有在明确自身的营销目标，找到契合度高的体育赞助对象后，体育赞助营销方案才能有清晰的指向性。本章从企业赞助目标的差异性、不同体育赞助对象的特征和赞助策划与实施三方面入手，结合体育赞助案例的分析，阐述企业赞助体育的各项步骤。

>>> **学习目标** >>>

掌握并能分析定位企业体育赞助的目标；了解不同体育赞助资源的差异性；学会如何从目标市场、品牌形象和产品业务形态的契合度上寻找赞助对象；了解体育赞助实施从策划、接洽、落实到推广的全过程。

案例导入

体育赞助让阿联酋航空更胜一筹

自1985年成立以来,阿联酋航空一直致力于体育商业赞助。此前,阿联酋航空公司主席兼CEO阿姆德曾表示:"我没有看到有比体育赞助更能在短时间内让品牌迅速扩张的手段,体育赞助给了我们很大的机会,让公司与乘客更紧密地联系在一起。"作为全球最赚钱的航空公司之一,阿联酋航空有足够的资本让其在顶尖体育赛事豪赌。但公司并非有钱就任性,其体育营销具有持续、精准、整体性等特点。把阿联酋航空比作一位兴趣广泛的体育迷一点也不为过。其中,足球是它最大的爱好。阿联酋航空赞助了众多足球国际顶级赛事,包括世界杯、世界俱乐部杯、联合会杯、沙滩足球世界杯、室内五人足球世界杯以及亚足联各项赛事等。此外,阿联酋航空还是AC米兰、皇家马德里、德国汉堡、尤文图斯、阿森纳、巴黎圣日耳曼以及希腊奥林匹亚科斯等欧洲顶级俱乐部的长期赞助商。据英国《每日邮报》报道,阿联酋航空最近又拿下了英格兰足总杯为期3年的冠名赞助合同,赞助金额预计达到3 000万英镑(约合2.87亿元)。对于阿联酋航空来说,在英足总的合约达成之后,它的体育版图将进一步扩张。当然,除了足球之外,阿联酋航空所赞助的体育项目还包括网球、篮球、赛马、高尔夫、橄榄球、帆船等,其中不乏国际高尔夫球巡回赛和网球大满贯赛等顶级职业赛事。通过让参赛人员、球迷与机票挂钩的方式,体育赞助在增加品牌曝光度之余,还直接为公司带来商业收益。

第一节 确定体育赞助目标

企业通过对体育资源的赞助达到一定的营销目标,会根据自身的发展状况和营销策略,制定体育赞助目标,不同企业的体育赞助目标大多存在着明显的差异。一般而言,企业在赞助体育资源时如果把目标仅定位在品牌推广或者促进销售,则会显得过于宏观难以具体落实,应结合自身在市场上的地位、竞争态势、市场策略等,制定更为具体、细化,最好可量化考评的目标,从而使得体育赞助能最有效地服务于企业发展。

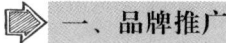

一、品牌推广

(一)提升知名度

企业以提升知名度为体育赞助的目标,这是大部分新兴企业或小企业在进入新市场时制定的首要营销目标,除此之外,也是一些"大而全"的企业在推出新品牌、开拓新市场时的重要目标。在这一阶段,提高曝光率是达到提升知名度的主要手段,除了通过在各类媒体平台上投放广告外,事件营销也是目前体育赞助营销中常用的推广方式。在传统媒体曝光充足的情况下,赞助商通常会借助网络、电视等现代媒体,通过与重大体育赛事的转播和报道建立关联,进一步提升企业品牌的知名度。而近年来,社交网络营销手段也深受各大赞助商的青睐,社交网络及自媒体的迅速发展为赞助商提供了绝佳的沃土,这种灵活度高、极具亲和力以及成本较低的营销方式,将会改变体育赞助营销的模式。虽然知名度不会像产品那样会给企业带来直接的利润,但它却是企业潜在的财富,因为任何经济交往都是从知晓和了解开始的。

1. 企业知名度

企业知名度指的是受众对于企业本身的认知,包括对企业名称、主营业务、企业文化等内容的认知。以阿里体育为例,其成立之初即与国际足联达成合作,成为国际足联俱乐部世界杯2015—2022年的独家冠名赞助商,一举吸引了来自全球的目光。和所有巨头一样,阿里体育的主旨亦是以IP为核心。张大钟坦言,阿里体育的每一项签约,都会调动整个阿里生态系统的资源,把各项合作接连打通,无限延伸。例如签约冠名世俱杯后,阿里体育立即联手阿里旅行打造出几款日本"看球+旅游"的产品。新成立的企业可以通过普遍受欢迎的大型体育赛事IP,向其遍布全球的广大电视和现场观众,告知并宣传新的企业,在短期内迅速提高新企业的知名度,降低由于人们对于企业认知上的混乱而造成的损失。

2. 品牌知名度

品牌知名度指的是受众对于企业品牌的认知,体育赞助本身拥有丰富的曝光机会和平台，是提升品牌知名度的绝佳手段。多数跨国企业在市场上不会满足于一个品牌所占有的市场份额，由于品牌所针对受众的局限性，会让他们衍生出众多子品牌，从而扩大不同品牌定位的市场占有率。

当确定了以提高品牌知名度为目标后，企业对于体育赛事赞助的价值追求其实更多的集中在赛事为赞助商提供的曝光机会上，而最终企业通过赞助体育赛事所获取的电视曝光价值主要由转播电视台的影响、电视转播的曝光时长以及企业标志的显著性三个因素决定。比较典型的如室内场馆比赛场地护栏区域的广告屏，在赛事直播时会有较多的曝光机会；马拉松比赛的道旗广告位将会从赛前几天就开始悬挂，对过往的行人、车辆和参赛当天参赛者、观众形成曝光，并通过直播、转播形式呈现曝光；新闻发布会、记者发布会、记者采访区域背景板的 logo 广告位，将集中性地通过媒体进行曝光。

3. 产品知名度

提升产品的知名度往往是在企业和品牌发展得较为成熟的阶段选择的体育赞助营销目标。企业的发展离不开创新，而创新则集中体现在技术更新和产品开发方面，这也同体育追求"更快、更高、更强"的核心精神相契合。体育为赞助商新产品或者新技术的展示提供了一个绝佳的平台。

案例 6-1

"燕京"从伦敦奥运走出国门[①]

燕京啤酒曾在北京奥运会时创造了品牌奇迹，当然也不会放过伦敦奥运会这个走出国门、让更多外国人了解自己的机会。此次燕京啤酒继续突出奥运主题营销，走中国啤酒民族品牌国际化的道路。燕京的目标是迈进啤酒生产商的世界前五强，为此，燕京啤酒集团与北京演艺集团签署战略合作协议，在 2012 年伦敦奥运会期间共同打造"北京文化周"系列活动。伦敦奥运"北京文化周"期间，燕京啤酒集团将提供 1 200 万元的现金支持。同时，演艺集团也将透过伦敦"北京文化周"各种高端文化项目，依托北京丰富的非物质文化遗产，融入英国艺术和

[①] 赞助体育赛事，提高企业知名度的捷径 [EB/OL]．http://mingjiu.3158.cn/info/20120713/n2421708206191.html，2012-7-13．

奥运元素，全面展现北京文化的深厚底蕴与独特魅力，并表达上届奥运主办城市的美好祝福。更为重要的是，本次"北京文化周"将为燕京啤酒集团搭建立体式品牌宣传平台。

其实，燕京啤酒不仅仅是借助奥运会这一个体育盛会，它还先后赞助了中国皮划艇队、中国女足、北京女排等团队，2012年4月26日，燕京啤酒集团又正式成为中国乒乓球协会官方合作伙伴，全力支持中国乒乓健儿出征伦敦。

正是因为赞助这些高级别的体育赛事，让燕京啤酒在短时间之内提高了知名度和品牌影响力，使其在短时间内迅速成为在全国18个省市拥有40个啤酒生产厂、两个麦芽生产厂和一个玻璃瓶生产厂，年销售额达到170亿的国际品牌。

更难能可贵的是，作为民族啤酒行业的代表，燕京啤酒在热心坚持中国体育事业发展的同时，还将奥运的精神融入企业文化中，凝聚了不断超越、不断创新的进取精神。不断自主研发啤酒产品，引领国产啤酒的潮流。

（二）美化品牌形象

让品牌深入人心是品牌深度推广阶段的宗旨。企业的形象就是消费者对于企业及其产品的概念、印象及信仰的总和。企业赞助体育赛事的最终目标并不是要让企业与名人或一些其他著名的赛事产生联系，而是希望通过将企业与某些具有吸引力的赛事或明星进行关联之后，能够将某些积极正面的价值转移到企业自身形象上，从而提升品牌美誉度和品牌忠诚度，提高品牌销售力。

体育赞助可以帮助企业建立的品牌形象主要有以下4个方面：

1. 承担社会责任

致力于公益性社会活动可以帮助品牌获得好的口碑和形象，是营销的经典办法。在体育营销和体育赞助中，很多球队和赞助商等会选择与公益组织合作。例如，松下的企业哲学是"更好的生活，更好的世界"（A Better Life, A Better World），他们也制定了奥运会、残奥会口号——"分享激情"。松下通过奥运会口号想传达的信息与他们的企业哲学和想传达的企业形象是一致的，都是为追求更好的生活和更好的世界而努力。Dream FITA项目让人通过社交媒体账户，分享自己的愿望和梦想，有机会得到内马尔的回复。一系列的球迷互动环节,吸引了大众对松下与残奥会、内马尔与残奥会的关注。在松下的 Dream FITA 网站上,播放了内马尔挑战盲眼踢球的视频,在增加娱乐性的同时,与残奥会的关联迅速打造了松下企业关注社会和公益的形象,也直接为内马尔树立了良好的社会形象。

2. 提升国际化

目前,无论是国内巨头还是全球跨国公司,走体育赞助之路已是不争的事实。从李宁公司赞助西班牙篮协、TCL 赞助欧洲职业高尔夫巡回赛、联想赞助奥运、中兴成为雅典奥运的 ADSL 供应商,企业不约而同地借助世界体育赛事,着力打造其国际化品牌与渠道,提升其在全球市场的影响力。体育作为世界文化的焦点,受到越来越多人的关注。作为一种世界级的大众文化形式,体育成为跨越肤色、语言与宗教的人类少数共同语言之一,奥运会等国际体育赛事能瞬间让企业成为全球瞩目的焦点。国际体育赛事中信息传播速度快捷,传播范围遍布全球各地,人们快乐地享受体育文化的同时,为体育营销打造国际品牌提供了一个崭新的发展平台。[①]

3. 成为行业领袖

顶级赛事搭配顶级品牌,当企业在市场发展中具有一定规模和影响力的时候,特别是形成垄断或者两三个寡头对峙的局面时,他们会不惜成本,选择那些诸如奥运会的顶级体育赛事,其目标就是向消费者宣示自己在行业中的领袖地位。国际足联 FIFA Partner 计划正是为这类企业打造的平台,该计划为期 8 年,赞助期内有两届世界杯,计划有 6~8 家赞助商,主要来自饮料、汽车、金融、服装等热衷于赞助体育的行业,通过提高赞助金额的门槛,凸显赞助商的实力和地位。

4. 引领年轻时尚

目前,年轻人仍然是市场中最具消费活力和未来消费潜力的群体之一,同时年轻人也是更易于被偶像或个性引导的群体,抓住年轻人市场对培育今后的整体市场格局有着至关重要的作用。体育是年轻群体最为关注的社会活动之一,企业在体育赞助方面的投入,可以帮助企业以一种年轻活力的形象去拉近和消费者之间的距离,引起消费者的共鸣,引发他们的购买欲。

值得一提的是,赛事明星是体育赛事的焦点,是媒体和观众最关注的群

[①] 卓长清. 体育赞助对我国品牌国际化的影响研究 [N]. 企业家天地, 2009 (8): 43~44.

体，通过制造与体育明星之间的关联事件，发掘"明星资源"对品牌宣传的亮点。企业在媒体宣传中使用"明星资源"，不仅仅可以利用明星号召力迅速将受众的注意力吸引到品牌上来，还能够利用受众对于明星的喜爱提升企业品牌的影响力和美誉度。

5. 推动科技领先

进入 21 世纪，体育的科技含量正在不断提高，竞技体育的目标是挑战极限，而在运动员挑战极限的过程中，最新的科学技术得以在体育竞赛中不断展示和应用，而赞助商正是推动体育科技化的主要力量。在索契冬奥会期间，大众汽车作为官方用车合作伙伴，为冬奥会提供了超过 3 000 辆旗下品牌商务用车。特别是 Amarok Polar Expedition 极地远征版的车型，在冬奥会中极端天气下有着良好的操控表现，使大众汽车的品牌形象得到了进一步提升。

二、促进销售

（一）实现可测算销售

体育赞助可以帮助企业提供有效的销售机会，通过促销、建立渠道、获取用户数据等方式，完成特定的销量，其重要性几乎是所有寻求赞助商考虑准则的第一原则。[1]例如，切尔西足球俱乐部首席执行官 Ron Gourlay 表示："我很高兴能与飞利浦合作，为我们的支持者营造能够尽情观赏切尔西比赛的最佳照明环境。切尔西足球俱乐部再一次走在了创新的前沿，我们也很期待能够在采用这一全新泛光照明系统的斯坦福桥球场举办更多令人难忘的赛事。"通过切尔西俱乐部的投入，逐渐有其他的场馆愿意加大在照明设备上的投入。

（二）进行产品体验

产品体验指的是企业利用赞助赛事所取得的资源和竞争优势，在市场中宣传和推广产品或服务，使得体育赞助可以对市场推广活动产生有利的支持。耐克赞助上海国际马拉松赛 4 年，不遗余力地推广专业的配套服务，使合作双方不管是在知名度还是参与度方面，都有了显著提高。与 Nike + Running 一脉相承，Nike+Run Club（简称 NRC）也由 Nike+社区延展出来，

---

[1] 郑骋. 体育赞助的目标细分与案例分析 [J]. 四川体育科学，2015（4）：124.

融入以实体店铺为基地的线下跑步团体与服务体验，打造了一个面向所有跑者的会员制跑步生态体系。而在跑步体验中，耐克会提供最新跑鞋的试跑体验，与耐克跑步社区的服务相辅相成，间接给用户植入选择耐克产品的理念。在把跑步文化做大后，用户对装备的需求就会明显上涨，这时自然而然地就会收到服务体验为销售带来的贡献。①

（三）获取招待礼遇的机会

企业可以通过体育赞助，利用体育赛事、场地或明星资源，招待企业重要的客户，强化企业与分销商或供应商之间的联系。例如，杜邦在达灵顿国际赛车道举办的一次赛事中招待了 2 000 名顾客、雇员及合伙人，提供参观赛车修理站的经历以及优质的餐饮服务，比赛开始后在包厢观赛。招待机会通常用来当作一种企业对重点客户目标的营销策略。企业可以借由这种机会来培养与优良客户的关系。这就是企业所指的影响力与创造人际关系的网络。2013 年，美国银行利用赞助美国高尔夫巡回赛来改善与他的重要客户的关系。企业创建了哈根小巷，这是一个设有交谈地点、食物、娱乐的优质乡村俱乐部。联邦快递利用他们与美式橄榄球联盟的关系，在没有比赛时的体育馆内提供招待会服务，为企业招待重要客户，实现销售。②

案例 6-2

卡塔尔航空签下巴塞罗那俱乐部胸前 LOGO 球星效应拉动业务③

　　根据相关数据显示，巴塞罗那足球俱乐部在世界范围内拥有近 4 亿球迷，其中中国球迷超过 1.4 亿。伴随着世界范围内体育赞助市场的高速增长，职业体育俱乐部的赞助飞速发展。与此同时，对俱乐部喜好程度的提升也逐渐形成了"球迷"这样一个社会群体，而这一群体的忠诚无疑是俱乐部最宝贵的财富。巴塞罗那的赞助级别由主赞助商、高级合作伙伴、官方合作伙伴和区域合作伙伴四层体系组成，涉及服装、银行、

---

① 搜狐体育. 耐克与上海国际马拉松赛五年战略合作签约仪式［EB/OL］. http://sports.sohu.com/20160202/n436654214.shtml，2016-2-2.

② 郑骋. 体育赞助的目标细分与案例分析［J］. 四川体育科学，2015（4）：125.

③ 陶政彦. 球迷忠诚对俱乐部赞助商品牌信任及购买意向影响研究［D］. 上海体育学院博士论文，2016.

航空、啤酒、软饮等各行各业（表6-1）。

表6-1　巴塞罗那足球俱乐部赞助体系

赞助级别	赞助商列举	数量
主赞助商 （Main Partners）	耐克（球衣）、卡塔尔航空（胸前广告）	2
高级合作伙伴 （Premium Partners）	贝科家电（袖口广告）、ESTRELLA 啤酒、LA CAIXA 银行、奥迪汽车	4
官方合作伙伴 （Official Partners）	英特尔（球衣内侧广告）、佳得乐运动饮料、安联保险、可口可乐、松下电器……	14
区域合作伙伴 （Regional Partners）	象牌啤酒（泰国）、苏宁易购（中国）、TECATE 啤酒（墨西哥）、爱泊满房产中介（日本）、阿联酋银行（阿联酋）……	17

（资料来源：陶政彦.球迷忠诚对俱乐部赞助商品牌信任及购买意向影响研究[D].上海体育学院博士论文，2016.）

卡塔尔航空是世界上规模最大的航空公司之一，在最近几年取得了飞速的发展。2013年，成为巴塞罗那俱乐部赞助商之后，其飞往巴塞罗那和马德里的航线呈双倍增长。卡塔尔航空和巴塞罗那俱乐部开展密切的合作，致力于战略性开发巴塞罗那这一品牌在亚洲大陆的影响力。这一合作取得了积极的进展。据统计，亚洲—太平洋地区前往加泰罗尼亚首府的游客数量有了显著提高。

球迷表示会对卡塔尔航空产生一定的品牌信任，例如，由巴萨球员梅西、内马尔、皮克、伊涅斯塔和苏亚雷斯主演某广告介绍了卡塔尔航空公司的全新商业模式，每一名球员都乘坐卡塔尔航空公司的航线到了马尔代夫、达拉斯、巴黎和首尔等不同的目的地。这一广告在现场以英语、阿拉伯语和加泰罗尼亚语播放，球员们在每一个目的地都以不同的方式参加了很多活动。2016年，巴萨众球星们还为卡塔尔航空拍摄了新的广告。在广告中我们可以看到，梅西、苏亚雷斯、内马尔、皮克、拉基蒂奇、马斯切拉诺等球星悉数登场亮相。

> 这则长达 4 分钟的广告旨在让乘客们在登机后关注有关飞机安全设施的讲解,在视频中,我们能看到穿着救生衣走进球场的苏亚雷斯,为乘客们做安全讲解的皮克,还有许多巴萨球迷也参与到了视频的拍摄之中。此外,这则视频也包含许多巴萨俱乐部的元素,如球队大巴、诺坎普球场等。据悉,广告主要是在诺坎普进行拍摄。
>
> 球迷对于俱乐部的偏爱会使其更偏向于购买俱乐部及其赞助商的产品或服务。随着长期的赞助合作,球迷会将赞助商视作俱乐部的一部分,而球迷的忠诚度也会对赞助商的一系列行为产生相应的影响。

第二节 寻找体育赞助对象

企业在明确了营销目标之后,第二步的任务则是对众多的体育赞助资源进行分析和选择。一般而言,企业在赞助协议达成后,可以从体育赞助资源处获取广告曝光、包厢门票、新闻宣传、赛场使用等各种权益和回报,但需要注意的是,不同的赞助权益和回报在实现企业营销目标时会表现出较大的差异性。随着当前体育赞助的快速发展,企业赞助的方式也从简单的资金投入、依赖体育赞助资源方的提案向自主性更强、方式更多元的创新营销转变,这种变化给企业带来了巨大的挑战和机遇。

为了让企业能够精准、有效地选择体育赞助资源,需要强化"契合度"这一核心标准,而在赞助实践中,契合度可以分别表现在目标市场、品牌形象以及产品或业务形态三个方面,而在此之后,企业需对不同赞助资源的特征进行比较深入的分析和了解,并在此基础上锁定潜在赞助对象。

一、目标市场的定位

(一)市场细分

要想使体育赞助营销获得最大的效益,明确营销受众是至关重要的,换言之就是弄清楚谁是消费者,谁将会成为产品或服务的购买者。每一项体育运动都有自己特定的消费人群,并且不同体育运动的消费群体所拥有的人群特征也不同。例如 NBA 的球迷粉丝与电竞爱好者就有着不同的兴趣爱好,这也是根据体育项目特征而形成的差异性。确定哪一类社会群体是产品的主要消费者的这个过程称为消费市场细分。市场细分就是根据年龄或收入等指标将社会人口进行划分，锁定产品的目标顾客群或者潜在消费群体（表6-2）。

表 6-2 体育产业进行市场细分一些划分指标

划分指标	操作化变量
人口特征	收入、年龄、性别、职业、受教育情况、居住地、籍贯、社会阶层、家庭构成、婚姻状况等
心理特征	兴趣、习惯爱好、思想观念、期望、生活方式、目标顾客群余暇时间使用情况
商品使用率	人们多长时间购买一次产品，大批量消费人群、中量消费人群和小量消费人群
产品受益	消费者对消费品所带来的最大收益的不同看法
关系纽带	消费者和体育产品之间是否具有相对牢固的情感纽带

（资料来源：［美］布伦达·G.匹兹. 体育营销案例分析［M］. 秦椿林，石春健，编译. 沈阳：辽宁科学技术出版社，2005.）

（二）目标市场

在对消费者市场分析之后，接下来就需要锁定目标顾客群，然后集中对这一消费人群实施有效的广告宣传。这个过程叫作目标市场的定位。市场细分是目标市场选择的前提，而目标市场选择是市场细分的直接目的。[①]在体育赞助中，赞助商在制订营销方案时，需要对自身的目标市场与体育赞助资源的目标市场进行匹配。只有在双方目标市场一致的条件下，企业的赞助行为才是有效且精准的，才能够最大限度地节省财力、物力和精力，将企业的营销信息通过体育这个媒介或平台传达给消费群体。企业在定位目标市场时，需考虑以下因素：

1. 企业实力

如果企业的生产、技术、资源等实力雄厚，有能力覆盖所有的市场，则可采用无差异性市场营销策略或差异性市场营销策略；若企业的实力有限，没有能力覆盖所有的市场，则采用集中性市场营销策略较为有效。像耐克、

---

① 梁娜，刘军. 浅析市场细分与目标市场选择［J］. 商丘职业技术学院学报，2011（4）：51~52.

阿迪达斯等市场较为全面的体育用品制造业，他们在选择签约科比等体育明星时，就是以全世界篮球迷作为其目标受众的。

2. 产品特征

有些产品自身变异性小，消费者的需求偏好大致相同，如饮料类产品的差别不大，顾客对这些产品的差别也不太重视，这些产品比较适合无差异性市场营销策略，因此，如可口可乐以"全体育"理念长期赞助奥运会。相反，如汽车等产品本身的花色、款式、性能等具有较大的差异性，或如博彩等有明确消费群体的品类，可采取差异性市场营销策略。

3. 竞争者

企业在选择目标市场时，如果不考虑竞争者状况及其采取的策略，就难以生存与发展，正所谓"知己知彼，百战不殆"。一般而言，假如竞争者实行无差异性市场营销策略，那么企业应采取差异性市场营销策略，以便建立相对竞争对手的差别优势；如果竞争者已采取差异性市场营销策略，企业则应在进一步市场细分的基础上，采取差异性市场营销策略或集中性市场营销策略。当然，企业还可以根据自己的实力和市场的具体情况而定。如阿迪达斯与安德玛各自的市场细分是有极大区别的，安德玛将市场目标定位在专业力量型体育项目消费市场，除了赞助威尔士健身馆外，从近几年的明星签约来看，已退役的综合格斗世界冠军乔治·圣·皮耶、NFL卡罗莱纳黑豹队四分卫卡梅隆·牛顿、NFL新英格兰爱国者队四分卫汤姆·布雷迪、世界职业拳击联盟的中量级冠军阿尔瓦雷兹都是典型的具有力量型形象的顶级运动员；而阿迪达斯是第一个关注运动休闲品类的品牌，在市场投入方面，阿迪达斯近年来签下一些明星艺人作为代言人，但在体育方面的投入没有因此减少，并且阿迪达斯擅用将体育与娱乐形成联动效应，如同时赞助伦敦奥运会与Kano演唱会吸引青年人参与街头运动，签约成立国际滑板队伍都是阿迪达斯权衡体育与时尚的表现。这样，消费者在选择时就有着相当清晰的思路。而两者在进行体育赞助营销时，给消费者的品牌形象也是具有差异性的。

体育赞助活动开始时，企业应确保体育组织的活动或者产品定位了一个或者多个赞助商核心受众。企业与体育赞助对象的目标市场越吻合，赞助商的营销效果越好。需要强调的是，这里的目标市场指的是那些确实可以接受赞助商所提供营销信息的群体，而非仅仅是指赛事的参与者而已。一方面，赞助资源的受众可以包括赛事的现场和电视观众、联赛或俱乐部的球迷、体育明星的粉丝等直接受众，也可能包括赛事志愿者、城市社区居民、社交媒体的转发和阅读者等间接受众。另一方面，体育资源自身需要不断挖掘和拓展受众群体，通过赛前广告投放、新闻发布会等赛事和媒体推广活动以及大量的路边、场馆和赛事广告牌，向非直接受众传递赛事信息。从企业的角度来看，其目标市场也包括：① 现有顾客；② 具备现有顾客特征的潜在顾客；③ 新开发的潜在目标群体；④ 中间顾客，如零售商、代理商和分包商等；⑤ 内部顾客，如赞助商员工和股东。而企业所要做的就是在他们中间寻找赞助资源的突破口。

案例 6-3

华为玩转体育赞助　中国品牌成功逆袭海外市场[①]

全球化进程使越来越多的企业走出国门。当一个企业来到一个新的市场，如何能快速地提高该品牌在当地的知名度和市场占有率？赞助体育行业不失为一个快速的方法。

以华为为例，华为在2014年成为法甲豪门巴黎圣日耳曼的赞助商，随着"大巴黎"在国内外赛场的高奏凯歌，华为也一步步打开了法国的市场。2015年年底，华为在法国市场的占有率为5%，并预计在2016年年末市场占有率将达到10%。在阿根廷，华为同时成为博卡青年和河床队这两支南美传统豪门的赞助商，其目的也是希望通过这两支球队在南美洲强大的号召力来迅速打开海外市场。

近年来，华为在欧洲五大联赛赞助上动作频频，与多家顶级俱乐部建立长期合作伙伴。英超阿森纳、西甲马德里竞技、德甲多特蒙德、意甲AC米兰、法甲巴黎圣日耳曼，都是球迷耳熟能详的老牌俱乐部，纷纷成为提升华为在消费者市场品牌影响力的利器，收获了品牌知名度和销量的双提升。这一系列品牌赞助活动，极大提升了华为品牌在全球消费者中的知名度和美誉度。

---

① 华为玩转足球营销，中国品牌成功逆袭海外市场 [EB/OL]．环球网科技，http://tech.huanqiu.com/comm/2015-02/5639025.html，2015-2-10．

> 综合来看，该模式的特点为，企业选择一个在该国家或该地区非常有影响力的球队或赛事。通过赞助，快速地获得知名度和关注。然后结合该国或该地区的特有文化传统和消费习惯来制定自己独特的销售策略和广告宣传，传达一个品牌本地化的信息，来拉近与该国消费者的心理距离，使得品牌形象和企业价值观深入人心，只有这样才能获得当地市场广泛认可。适用这种模式的企业如国际型的电子、科技公司和汽车企业等。

 二、品牌形象的契合

自1990年亚运会开始，中国体育赞助市场经历了近30年的发展。企业赞助体育的首要诉求主要是品牌推广，其主要原因有三：第一，大部分企业的品牌或者产品不止一个，而品牌与品牌之间，产品与产品之间以及他们的目标市场定位，往往存在着较大的差异，这种差异性也会导致他们在体育赞助选择方面有所不同；第二，大部分的体育赞助决策是由企业的营销或公关部门做出的，针对单一产品或品牌的体育赞助提案，有利于降低其所受到的质疑和竞争，而且在很多公司，体育赞助决策大多由品牌推广团队来决定；第三，品牌推广部门一般都会有单独的营销预算，而对于这些部门的考核多以品牌知名度或美誉度的上升作为指标，针对品牌的体育赞助项目显然可以更加直接地达到这些目标，因此也更容易获得赞助投入。很多业内人士认为，体育赞助应该回归到品牌赞助的本义，但不是一种低级回归，应放弃传统以品牌曝光量为终极考量的方式，注重更精准且更有长效影响力的品牌文化传递。

企业建立与赞助资源之间的品牌关联是大多数赞助营销的主要目标之一，这就要求两者本身在品牌形象上就有着较高的契合度。这种契合度集中体现在形象上，但是其表现形式却有着很大的不同。

第一，表现为企业品牌和运动项目形象上的契合。例如，马术是运动项目中的"奢侈品"，在马术赛事或马术明星身上不乏发现各类奢侈品牌的身影，珠宝品牌"I DO"成为2015第二届中国马术场地障碍公开赛的唯一合作的珠宝品牌，珠宝品牌给人以珍贵的形象与马术运动的高贵优雅气质不谋而合，这就让受众不自觉地认为两者之间非常契合。"I DO"珠宝的优雅、高贵等品牌形象，与马术的项目特征和魅力都是高度一致的。

第二，表现为企业品牌形象与竞技过程中的元素契合。例如，足球场上身体碰撞频繁，易造成运动伤害，而注重理赔、人生财产安全的平安公司以及其提供安全赔付的保险赞助，与激烈的足球运动形成了一种互补、形象契合关系，这也使得平安赞助中超联赛取得了一定的效果。

第三，表现为企业品牌形象与赛事等级之间的契合。以奥运赞助为例，奥运会是全球范围内最有影响力的赞助资源，奥运"TOP 计划"控制赞助商数量，导致奥运赞助商之间竞争越发激烈，每届奥运会只有少数的企业能够最后获得奥运会的官方赞助席位，因此，与世界最高级别大型综合赛事的合作也从侧面反映其企业的实力与在该行业的领先位置。例如，2016 年巴西奥运会顶级赞助商，可口可乐、通用电气、松下、宝洁、三星电子都是被公认的在该产业领域中的领军品牌，国际顶尖品牌和国际顶级赛事可谓完美地契合。

第四，表现为企业品牌形象与体育赞助对象某些特质（如明星个性或俱乐部文化）之间的契合。在 2010 年南非世界杯期间，奇瑞曾花 500 万欧元请梅西代言瑞麒品牌，引发业内外的关注。但这种关注度并未能持续多长时间，也并未给奇瑞带来多大的实际收益。这其中的原因主要是梅西的特质在于惊异的平衡性与超群的速度，瑞麟虽是承担了开拓奇瑞高端轿车市场的任务，但一方面还没有达到如梅西这般顶级运动员的级别，另一方面也没有突出同梅西球技上的特点。不少人表示，奇瑞和梅西的结合听上去并不具备多大的说服力，也没有什么意义。相比之下，捷豹选择小贝作为中国品牌大使则聪明得多。因此，企业在赞助时，要深刻分析自身品牌形象与赞助对象特征上的吻合程度，只有高度契合才能达成一项成功的体育赞助营销。①

三、产品或业务形态的吻合

体育赛事的举办、体育联赛的进行、体育俱乐部的运行等，都有赖于大量有形物资和无形服务的支撑，如果在此过程中可以使用或展示赞助商的产品或服务，那么对于赞助商展现产品设计、功能、技术、文化和品质等，都

---

① 汽车企业体育营销模式需找准契合点［EB/OL］．中国行业研究网，http://www.chinairn.com/news/20140613/123720376.shtml，2014.

会起到无可比拟的功效。

在产品或业务方面,企业应特别注重实物赞助VIK(Value-In-Kind)的机会,相对于现金赞助,VIK是指赞助商为赞助对象提供的实体商品或服务。赞助商使用这种赞助形式来降低营销成本,同时赞助对象亦能获得相应所需的商品或服务。赛事使用赞助商的产品,可以向赛事观众、运动员和工作人员展示赞助商的产品设计及技术实力,是难得的产品体验和推广的机会,同时也为赞助商的产品品质提供了强有力的支撑。

一般而言,体育赞助对象可以在以下方面与企业的产品或服务具备吻合的可能性:① 以球衣、球鞋、电脑、运动器材、饮料和酒类、汽车、LED显示屏为代表的实体产品;② 以酒店服务、餐饮服务、金融服务、翻译服务、物流服务为代表的软服务;③ 以能源解决方案、信息管理系统、计时计分设备及系统等为代表的整体技术服务。综上所述,可以和体育资源发生关系的产品品类或业务形态是非常丰富的,企业也以此为出发点寻找最佳的体育赞助对象。

> **案例 6-4**
>
> **体育赞助的忠实拥护者　倍耐力轮胎专注赛车领域**①
>
> 体育赞助具有很强的行业集中性,而轮胎企业绝对是其中的积极分子。如果非要从众多轮胎品牌当中挑选一个忠实的体育拥护者,倍耐力应该会得到更多的选票。倍耐力从1907年就开始涉及赛车运动的赛事赞助。1922年,倍耐力获得了一项用于足球制造的橡胶专利。1926年,吉奥瓦尼的儿子皮耶罗·倍耐力还曾出资建造了米兰城的地标建筑圣西罗体育场。
>
> 轮胎与赛车运动本身就是天作之合,倍耐力也深知这一点。世界上影响力最大的赛车运动毫无疑问是F1,这项赛事也成了众多轮胎厂商拼杀的战场。2016年年初,米其林曾高调宣布竞标2017—2019年的F1轮胎独家赞助权,不过倍耐力有F1掌门人伯尼撑腰,加之倍耐力深知F1需

---

① 禹唐体育. 从足球到赛车,在倍耐力看来,体育赞助也是一种长情的陪伴 [EB/OL]. http://www.ytsports.cn/news-12285.html, 2016-12-14.

要什么，按章办事，并做好充足的准备，致使米其林的计划最终落空。当然，可以预见，2020年F1的轮胎争夺战又是一片血雨腥风。

从最新的合同来看，倍耐力与F1的合作将至少持续至2019年。作为F1的独家轮胎供应商，倍耐力需要针对车队对轮胎性能的要求，不断改进轮胎技术。如2013年，倍耐力推出的P ZERO银飚轮胎正是在这个背景下研发的。

赛车的世界并不是只有F1，2008—2010年这三年间，倍耐力还成为WRC（世界汽车拉力锦标赛）的唯一官方轮胎供应商，直到2011年，倍耐力才将注意力转向F1。不过在2014年，倍耐力又重回WRC，当时米其林已经成为新的官方合作伙伴，倍耐力只能为少数几支车队提供支持。此外，倍耐力还与世界超级摩托车锦标赛（WSBK）合作了超过十年，创造了赛车运动史上单一轮胎合作的最长纪录。

四、体育赞助资源的分析

企业通过从目标市场、品牌形象和产品或业务三个方面的契合度入手，会圈定多个可供选择的潜在体育赞助资源，此时还需进一步分析体育赞助资源的差异性和风险，做出恰当的决策。

1. 赞助运动员

签约运动员是体育赞助的常见形式，尤其以明星代言为主要的体育赞助形式，如李娜个人代言了耐克、劳力士、奔驰、泰康人寿、昆仑山、伊利等品牌。除此之外，运动员赞助的形式还有专属产品、开发以及其他的公关活动机会。赞助运动员有着以下几点优势：个性特征明显有利于打造品牌形象、受众忠诚度高且购买意向强烈、吸引媒体关注、有利于展示产品的专业性能。但是，体育明星也是最具风险的体育赞助对象，会受到运动员竞技状态波动、个性特征、经纪团队等方面的影响。此外，运动员赞助的周期也是较短的，体育运动员的影响力和人气往往是参加一场比赛后迅速蹿升的，像贝克汉姆"一球成名"、林书豪"一夜成名"等，这就需要企业有很强的市场敏锐度和观察力，也需要企业的整个决策层有很强的应变能力，从而在瞬息万变的明星代言市场中抓住商机。

2. 赞助赛事

体育赛事充分集合了媒体、观众、运动员、民众、组织方等各方利益相关者，曝光度高、关注度高、回报率高是赛事赞助的特点。赛事赞助往往不局限在一个赞助商上，主办方通常会根据不同的赞助金额、赞助回报和赞助形式进行赞助商分级。赞助体育赛事一般可获得丰富的权益和回报，赛事自身的平台也能帮助赞助商的推广，通过与体育赛事一起出现在媒体与消费者面前，企业或产品标示等广告出现在比赛场地、运动员服装和运动器械等载体上，自然且富有亲和力，其宣传方式及商业目的隐含于赞助行为之中，隐蔽而含蓄，不易引起消费者的反感与逆反心理。但是，体育赛事赞助也会存在周期短和易被伏击营销的风险。

3. 赞助联盟

职业体育联盟也是赞助商追逐的主要对象之一。体育联盟除了现场观众数量众多，还能吸引大量电视、报纸、杂志、网络等媒体受众，其受众数量之多、影响面之宽，是其他各种赞助资源所不能企及的。体育联盟的赞助形式一般包括冠名赞助、合作伙伴、授权产品销售商和供应商等。体育联盟赞助最大的优势在于地域覆盖和电视转播的场次多，此外，较长的宣传周期、强大的推广平台、优质的品牌形象、良好的协会合作关系和较低的赞助风险也是其吸引赞助商的优势，而缺乏与球迷的直接联系和与俱乐部关系具有潜在的利益分歧是联盟赞助的风险。

4. 赞助俱乐部（球队）

俱乐部（球队）赞助介于运动员和赛事之间，是一种传统的体育赞助资源。对于企业而言，俱乐部文化各异，选择范围较大。俱乐部主要的赞助形式有冠名赞助商、球衣赞助商、合作伙伴和供应商以及广告商。俱乐部赞助主要的优势在于在其城市的影响力大、球迷忠诚度高、赞助运作自由度高、俱乐部形象鲜明和体育赞助营销手段丰富多彩等。球迷是俱乐部最有价值的资源，对于企业来说，与球迷的互动是赞助商推广策略的重中之重。俱乐部与赞助商的长期战略合作，便于赞助商制订和开展长期的具有战略性的整体营销计划，如夏普作为球衣胸前广告赞助商曾与曼联保持了长达18年的合作。与此同时，俱乐部赞助也会受到竞技成绩的影响以及来自联赛和协会的限制。

5. 赞助场馆

体育场馆赞助是近年来兴起的体育赞助类型，一般形式是进行冠名赞助、包厢冠名、场馆演出赞助、场内硬件设施赞助和场内软件设施赞助。体育场馆赞助具有长期性的特点，一般会达到 10 年以上。场馆赞助商的品牌曝光不仅体现在对场馆本身的印象和媒体报道，更多的情况下则是通过在场馆内举办的各类活动，间接地对场馆赞助行为进行宣传和曝光，加上其长期性的特点，体育场馆赞助具有充分的稳定性。当然，赞助场馆就意味着和受众的直接互动机会较少，有可能与赛事赞助商形成冲突等风险。

第三节　体育赞助策划与实施

体育赞助是企业所采取的一种营销手段，从内部来说应符合企业的整体发展战略，从外部来说也应有助于企业在与其对手的竞争中建立优势，这些都需要企业市场部门在赞助前进行统一的谋划和部署，因此，在赞助市场有很多赞助合作的达成实际上是由企业也就是赞助商发起的。在这一方面，国际品牌显然要领先于我国民族品牌，他们大多会聘请富有经验的国际管理咨询公司为其制订跨地区、多层次的体育赞助营销计划，在提供潜在赞助对象的同时，也会对企业的体育赞助推广提出框架性的建议。从具体实施的过程来说，体育赞助的策划与推广大体上会经历赞助计划的制订、赞助资源的接洽、赞助资源的推广、赞助的落地实施这 4 个阶段。

一、体育赞助计划的制订

1. 划定市场区域

制订体育赞助计划的首要步骤是将营销市场的区域做一个清晰的划定。划定市场区域主要从全球市场、区域市场、全国市场、地区市场、城市市场这 5 个层级出发。市场区域越小，所要考虑的市场特征和市场偏好就越细致。特别是亚洲区域市场，又详细分成东亚区域、东南亚区域、中东区域三个区域，这三个区域由于区域文化的差异性，在营销策略的选择上也需要有相应的特殊性体现。一般来说，赞助对象的影响力都会有一定的区域范围，企业只有在明确了自身的主要市场区域后，才可能进一步选择在该区域内受到受众欢迎的体育资源进行赞助。

2. 确定目标受众

在此之后，企业则需要确定本次体育营销活动的具体目标受众，也就是决定什么样的人群作为体育赞助营销推广的对象。可供参考的划分维度为：

（1）年龄。体育赞助受众在年龄细分方面经历着两方面的变化。第一种情况，将更多年龄段人群列为消费者，年龄跨度非常大，如马拉松赛事参与人群年龄跨度在13~80岁，国外的足球俱乐部的球迷年龄跨度甚至覆盖了所有年龄段。第二种情况，专门针对特定年龄分组，如青奥会以14~18岁的青年人为主，老年垒球全国冠军赛设有50~70岁以上共5个年龄组的分组。

（2）性别。过去大多数体育消费者都是以男性为主，主办方和营销人员主要是向男性市场推销。但目前在体育参与中，出现了性别偏移的现象，体育产业在很多方面都正在感受女性体育市场的崛起。许多女子马拉松在奖牌制作上，赞助商会着重致力于打造优质的女性赛事服务，如设计女子专属奖牌、搭建赛后化妆室、专属照片服务等。

（3）消费能力。个人可支配收入将会影响消费者的消费能力，从而影响消费选择。故不同的体育赞助项目所对应的消费人群也随之不同，在营销推广时，推广的策略也将要有针对性的制定。

（4）兴趣偏好。例如，消费NBA、MLB的受众或许更对年轻潮流文化有偏好，消费高尔夫、马术的受众可能对优雅品质生活有偏好，而消费F1、冲浪的受众更多地对极限文化有偏好。

3. 制订体育营销目标

制订体育营销目标就是使体育赞助目的具体化。提出有效的体育赞助营销目标应符合SMART原则，S（Specific）指目标要清晰、明确，让赞助营销企业中的赞助营销活动执行者和赞助营销效果考核者都能够准确地理解目标；M（Measurable）指所制订的目标使可量化的，执行者和考核者都可以采用相同的标准来准确衡量活动效果；A（Attainable）指目标要通过努力可以实现，也就是目标不能过低和偏高，偏低了无意义，偏高了实现不了；R（Result oriented）是指目标要以结果为导向；T（Time bound）是指目标要有时限性，即所制订的目标一定要在规定的时间内完成。最后，该目标应与赞助资源的影响力有着较大的关联度。合理的赞助目标不仅能调动各方的积极性，而且也是评价体育赞助效果的重要依据。具体的营销目标可包括以下4类：销售目标、品牌知名度目标、形象关联度、品牌偏好或认同等。①

4. 锁定体育项目

近年来，企业的体育赞助行为正呈现出一种项群化的趋势，也就是说企业通常会选择一个体育项目（如足球、网球等）作为突破口，赞助该运动项目的从国际大赛到城市比赛各级别赛事，或者赞助该项目包括赛事、明星、球队和场馆等在内的各类体育资源，以期达到通过聚焦形成合力的效果，同时，这种策略也有助于企业在不同赞助对象之间创造合作和实现资源互换的可能性。例如，鸿星尔克与上海大师赛携手 8 年，通过选择网球，汲取了这项运动独有的阳光基因，而其倡导的坚忍、拼搏奋斗的精神符合鸿星尔克"To Be No.1"的品牌定位。8 年来，鸿星尔克展示了联合大师赛推出的鸿星尔克专业网球装备，储备精英级球童军团，展开"至 I 高徒"选拔赛活动，举办网球嘉年华，诚邀粉丝到现场挑边，让观众体验 VR 网球游戏等活动，与上海大师赛共同成长，向广大消费者传递了满满的正能量。②

5. 敲定传播计划

在明确了体育赞助对象后，企业还需要制订整合传播计划，通过不同的媒体平台和手段，有计划地向目标市场传递企业体育赞助营销信息。在制订宣传计划时，企业应兼顾营销季度的安排、企业新产品推出的时期、销售淡旺季、学生的暑期档等重要节点，在此基础上对媒体的选择、广告投放的策略、公关促销活动形式进行详细的计划制订，并与相关的媒体方做好接洽。在传播内容上要有统一化的主题来吸引受众的眼球，达到高辨识度的传播效果。像 Cherry GmhH（德国生产电脑周边键盘以及 Switch 公司）在 2015 年 4 月发布会上推出"最快的键盘"CHERRY MX-BOARD 6.0 的同时，与中国电子竞技俱乐部 IG 旗下两个战队进行了赞助签约，并表示所有俱乐部队员都将第一时间使用 6.0 键盘。这一消息引起电竞界的热议，通过 IG 俱乐部的赛事活动宣传与曝光，新产品迅速被受众所知。

---

① 李屹松. 体育赞助关键成功因素研究 [M]. 北京：北京体育大学出版社，2014：74.
② 上阵有我，迈向第一 [EB/OL]. http://mt.sohu.com/20161024/n471163267.shtml，2016-10-24.

二、体育赞助资源的接洽

1. 体育赞助资源的联系

企业与体育赞助资源的联系一般可通过以下三种途径：

一是直接联络。对于企业来说，与体育赞助资源直接联系应作为首选，也是最有可能洽谈到最低价格的途径，这也同样适用于某些不适用代理机构的体育资源。联系时，建议按管理部门及直接相关负责人的级别首选最高级别开始依次往下尝试。有些资源方的官方网站会公布赞助官方联系方式及联系人，此种方式除国际上特别正规并管理规范的体育资源，一般接触到的级别较低，或反馈很慢，有时甚至毫无回应。除此之外，更有效专业的方式是通过该行业领域熟人推荐的方式打听相关负责人引荐。

直接联络成功的案例如鸿星尔克试图赞助 2012/2013 赛季 WTA 年终总决赛，直接发邮件给 WTA 全球官网公布的联系方式，回复人为全球赞助 VP，及时有效地进行了各种层面的沟通并确定合作。这种直接询问的方式对撰写邮件的专业方面的能力要求较高，需要简明扼要地写明需求并有效地证明询问方具备合作的诚意及实力。当然也会有一些失败或者无反馈案例，特别是更为大型的赛事资源方，更难通过此种方式成功建立沟通渠道。例如，国际足联 FIFA，此类组织或赛事一般会有比较成熟的渠道进行体育赞助沟通，同时直接联络是否成功也和赛事方对开发新客户新品类的重视程度和投入的资源直接相关。

二是通过代理机构或经纪公司联系。国际上一些关注度高的体育赞助资源，有时会指定独家或非独家代理机构，协助应对过多的问询及谈判等事务性工作；非热门体育赞助资源有时也需要借助代理机构的关系网络进行市场销售的工作。世界上比较著名的代理机构有 IMG 国际管理集团、Octogon 八方环球和 Infront 盈方等，这些企业大多拥有丰富的体育赞助经验，客户渠道丰富，而自身资金也很充足，会以支付保证金或买断的方式获得独家代理资格。例如，八方环球中国买断北京马拉松的商业代理权后开发全日空、耐克等国际大品牌赞助商并为赞助商提供了专业的策划营销执行方案，实现赛事参与各方共赢的局面。

在非独家代理方面，2011—2012 年 Sport five 英国公司非独家但同时代理多家英超俱乐部广告板资源，选择他们可以提高沟通效率，对于潜在赞助商而言，可以实现和一家洽谈但可同时与多家俱乐部合作，减少了大量沟通和实施成本。

此外，实力有限的品牌公司还可以通过与经纪公司合作，由这些富有经验的经纪公司出面，迅速和赛事资源方或代理机构进行谈判沟通，并最终实现体育赞助行为。一般而言，这种联系方式多见于投入少且周期短的赞助案例，或者临时突发性体育赞助需求使用此种方式也较为便利且有效。

2. 明确体育赞助等级品类和询价

目前大多数的体育赞助资源都会有等级之分，主要分为冠名赞助商、合作伙伴和供应商等级别，一般而言，资源方大多会对每个等级的赞助商数量和价格都有初步的计划和价格区间。而企业在询价前须对赞助资源方的体系进行深入的了解和分析，特别是应就赞助商品牌进行充分的沟通，因为赞助等级和品类是一个体育赞助案最基本的要素，也是下一步谈判的基础，彻底充分地研究体育赞助等级可以有效地帮助企业定位以及在未来谈判中争取更为合理的赞助价格。在初始询价阶段，企业更需要注意把握好分寸，既要达到表现出高度的兴趣和实力还要留有余地为谈判做好讨价还价的准备，一般来说可以选择从能做到独家权益的最低级别开始谈起。

3. 商讨主要回报和议价

企业在进入具体权益和价格谈判前，应比较各级体育赞助的权益区别及投入产出性价比，更重要的是选择适合自己定位及营销方式的权益。首次议价的幅度应尽可能的大，但需要提供一些足够的依据作为支持。较为职业的资源方会坚持或有条件地进行谈判及退让，主要在于一些权益的调整或减少乃至直接降低赞助金额。一般来说会有 2~3 个回合的议价过程，第一次幅度最大，第二次中等，第三次微调最终确定。有意思的是，首次体育赞助或开发出新的体育赞助方式或内容可以获得较低的代价进入。企业也可以寻找合适的进入时机，比如暂时没有强有力的竞争对手时，也有可能以低于市场平均水平的代价成为赞助商。有些较为成熟大型的赛事各级赞助体系完整，为保证同级别不同赞助商相对公平，现金赞助部分议价空间不大，但可以针对不同品牌或产品特性争取一些有针对性的权益内容。

4. 体育赞助协议的条文审查和签署

由于体育赞助所涉及的内容通常会包括广告位的出现、媒体权益、VIK 的提供等，又牵涉到数量、规格等众多复杂内容，所以赞助协议一般都是比较详细而具体的，特别是国际赞助协议则更加繁复。在实际操作过程中，业务对接部门主要审查权益内容细节及匹配的交易金额时间、支付方式、违约条款，而其余部分应交由专业律师审核确认。在签署国际赞助协议时，外方一般采用部门负责人签字并扫描邮件电子版，同时快递原件的方式进行签署，中方则需公司盖章并签字。

5. 体育赞助付款

体育赞助付款一般须在赞助标的如赛事举办前付清大部分费用，结束后支付剩余部分。对于赞助方来说，应合理评估，一旦决定赞助某项赛事，应考虑尽早签订协议，支付首付款获得宣传营销资格。作为被赞助方一般会提前一个月发出支付信息，一是达到提醒的目的，同时也预留了足够的时间给付款方。而作为付款方需要提前根据协议确认权益实现情况，对支付进行确认或调整。尽管有协议约束违约责任，但拖欠赞助款项的现象时常出现，并且在一定范围内会被资源方容忍。此外，企业在支付赞助款项时还应对购买外汇、国际转账和扣税等方面的业务予以考虑。

案例 6-5

鸿星尔克的选择[①]

品牌营销向来是一片"落后就要挨打"的战场，国内众多民族品牌孜孜不倦地在体育营销的舞台上探索前行，安踏签约中国奥委会，爱国者赞助曼联，哈尔滨啤酒牵手奥尼尔，匹克、东风汽车等相继登陆NBA……这是一个大体育营销时代，更多行业品牌的参与，更多的体育资源被深入地开发甚至被争夺。

优秀体育资源的稀缺使得市场对其进行了进一步的细分，国际职业联赛场内广告被誉为最直观的价值回报之一。除了有形回报外，赛事中公众与媒体的曝光价值一直是吸引企业的重要原因。由于赛制的不同，职业联赛本身就具有区别于其他赛事的"比赛周期长，赛事场次多"等特点。因此，在资源拆分的过程中，国际职业联赛的现场广告一般按照

[①] 汤琳.民族企业体育营销之国际职业联赛单场广告策略研究——以鸿星尔克为例[D].上海体育学院, 2012.

"单场"来区分资源价值并且可单独进行资源推广。

鸿星尔克集团在打造国际化品牌的战略进程中,在体育营销之路上坚持不懈地探索前行。近年来更是将主要营销手段放在 NBA、英超和西甲赛场的单场广告投放上。其营销策略主要呈现出以下几个特点:

1. 选择的赛事均为国内关注度极高的顶级国际职业联赛

鸿星尔克选取英超、西甲以及 NBA 联赛,这些都是体育界内备受瞩目的大型赛事。选择这些在国内外关注度极高的职业联赛能够加大品牌的曝光率,提升其品牌形象。

2. 选择的场次均为重点媒体转播的核心场次

强队是大众关注的焦点,收视率的保障也是媒体转播的参考标准之一。以转播作为选择的分界线,最大限度地保证了国内品牌曝光度,有助于实现其营销目的。

3. 现场广告内容更强调标识传播

现场广告是体育赛事最重要的资源之一,属于硬广的范畴,将品牌的 logo 和标语直接展示出来,不仅让现场观众看到,通过转播也可使电视、网络、报纸等观众看到。鸿星尔克的现场广告内容主要是由鸿星尔克的标志和口号组成,英超在允许的情况下会加入鸿星尔克的官网地址。

4. 鸿星尔克单场广告投放的价值评估

(1) 曝光价值评估。由于电视转播的,转播镜头是随着赛事而进行,并不是所有投放的广告都可以完整地呈现在电视上。虽然如此,其曝光价值评估也远远超过了电视广告的价值。以鸿星尔克投放英超为例,平均每场比赛的曝光率高达 60%,而且转播的电视媒体不止一家,有时会多达 10 家。

(2) 其他附加值。在当前信息快速广泛传播的时代,现场广告并不仅限于地域,除了电视媒体,网络、报纸、杂志等媒介渠道都会对鸿星尔克的传播存在潜在的价值。

在市场经济的背景下,中国本土的体育品牌有了更大的发展空间。体育资源的细分是市场发展的必然规律,赛事单场广告本身就属于浅度的体育营销,合作模式简单,灵活性高,性价比极高,适合我国目前处于发展阶段的民族型企业赞助,使平台价值发挥到最大。

三、体育赞助资源的推广

1. 体育赞助资源间的联动

赞助商可以对体育赞助资源之间的共性或互动性进行联动，使体育赞助推广的形式更丰富与多元化，促进体育赞助营销的影响周期。以网球项目为例，同一企业可以同时赞助不同级别或不同区域的网球赛事，如澳大利亚网球公开赛、ATP年终总决赛和上海网球大师赛，以形成在网球迷心目中占据领先地位的品牌知晓和偏好。另一方面，企业还可以围绕网球这项运动，选择不同类型资源间的联动，例如，劳力士赞助的上海网球大师赛和网球巨星费德勒，通过举办明星和赛事之间的联合推广活动，取得了事半功倍的效果。此外，企业还可以创新性地策划体育资源与其他资源间如娱乐文化类活动的互动，以达到跨界营销的宣传效果。

2. 草根活动的拓展

企业在进行体育赞助后，往往会集中在体育比赛的现场或电视转播中进行声势浩大的品牌宣传和产品推介，其受众主要集中于赛事的现场观众和电视观众，不过企业为了配合大型赛事的赞助，进一步扩大宣传效果，也会将受众群体扩展到草根人群中，举办一些普通人有机会参与的大众体育赛事活动，如业余网球大师赛等，成功的草根营销必须是尽可能地让参与者与赛事有零距离的体验。草根活动拓展的方向可以是社区、写字楼或校园，这取决于主要的推广群体。因为这几个区域分别代表了不同类型的草根受众群体，也是他们日常生活经常出入的地方，赞助商可以利用这些区域设置投放相应的草根营销活动，开展与品牌相关的游戏和小型比赛吸引在此区域的受众，让受众在活动过程中感到满足并提升对品牌的知晓度，开拓潜在的顾客，增加用户黏性。

3. 赞助商渠道的延伸

对于企业而言，在做体育营销推广时应打破体育渠道的限制，拓展体育赞助宣传推广的空间和平台。赞助商可以在自有门店开展与体育赞助项目关联度高的活动来吸引消费者的关注，将体育资源融入企业线上线下促销活动中，在合适的位置展示企业和体育之间的合作关系，展示的形式可多种多样，一般包括设计联合商标、赞助名誉权的表达或开发相应的授权促销品等方式。此外，企业可以特别重视热门社交平台的应用及官方网站推广渠道的延伸，如在企业微博上进行广告投放，或与赛事明星的官方微博进行互动及产生话题和转发，也可以与微博进行合作开展促销活动等。

4. 非体育领域的传播

体育所涉及的领域越来越广泛，跨界联动也是目前企业营销策略上的创新之举，往往能取得不错的效果。企业在体育赞助推广中，往往可以从明星生活方式、休闲娱乐、财经、都市生活等角度切入，影响非体育迷群体，扩大赞助的影响面。例如，国内知名视频分享网站"哔哩哔哩（bilibili）"赞助了上海大鲨鱼篮球俱乐部，对于双方来说都是一次空前出色的事件性营销。很多资深的篮球媒体人都在微博或朋友圈中感叹，很多自己平时并不关心篮球的朋友，都在关注这则新闻，而新闻的当事双方则成为被热议和提及最多的对象。达到这样的双赢效果，无疑是成功的。与娱乐联手，让这则冠名赞助的影响力达到了空前的高度，也为双方带来了更多更新的消费人群。

四、体育赞助的落地实施

1. 明确执行机构

体育赞助的具体实施一般需要组建或聘请外包的专门团队完成，根据项目执行复杂程度及工作量一般需要设立一个项目负责人负责各方协调沟通，另配备 1~2 名项目助理协助。如牵涉设计采购及搭建等一系列支出项目，所涉及的供应商每一类别一般需挑选 2~3 家进行比稿竞标，通过者同时进入未来项目首选，但仍需要安排专人进行市场核价及比稿。

2. 制定实施计划

体育赞助的实施计划主要应根据赛前、赛中、赛后的时间顺序，制定安排公关传播、付款、体育赞助实务执行等工作内容，根据时间顺序依次排列各项目细节并指定责任方、责任人、截止时间和需匹配的资源等要素，随时依据进展和变化进行更新调整，如需要明星运动员参与的活动，须提前沟通可选择的时间并做好对接工作。

3. VIK 的落实和到位

实物赞助的类别比较复杂，如果是服装通常会涉及设计、打样、尺码、修改及最终确认环节，需要有经验的专人管理。如果是手机、饮料等较贵重或数量庞大的物品需要确保物流、仓储搬运等环节的安排。涉及高额价值的实物赞助例如汽车的使用和包管回收也需要专业的团队进行管理。特别需要注意的是由于实物赞助临时权属不清，在使用过程要特别注意方式方法，确保 VIK 应该被使用在对体育赞助效果有益的方面，而不是滥用或未有恰当体现，避免出现浪费的情况，合理供应并设计好应对的回收办法。

4. 广告位置和样稿的确认

广告的品牌是普通体育赞助权益的基本内容，应采用书面或邮件的形式对广告位置平面图及样稿进行确认，并在赛前布置时进行现场确认并拍照留证。对于非固定广告形式例如电子广告板滚动播放的形式，应进行赛前试验并保留编程记录，在赛事进行期间进行监督抽查并及时反馈。

5. 现场赞助商区域协调和运行

企业如获得许可在现场指定区域组织游戏或互动活动时，一般会涉及安保、水电、后勤及最重要的赞助权益的执行保障，现场互动展示区的搭建和人员管理，活动开放时间以及回收物料清场等工作内容，需提前与赛事方做好沟通协调，并选择执行团队具体实施。

6. 包厢、门票、工作证件等回报落实

这类回报属于招待礼遇的范畴，应尽早落实并提前对接安排招待客户、员工及相关的合作伙伴。例如，足球世界杯或网球赛事有小组或预赛阶段，此阶段的包厢及门票需求相对较弱，如不预先充分考虑容易造成浪费，可以优先安排员工及合作伙伴前往，到决赛阶段时再安排重要嘉宾及客户，以期达到最高的使用效率。

7. 过程监控和评估

项目负责人除总体把控及协调外还应对过程进行监控和抽查。安排专人按内容进行全程监控记录，并收集各方反馈作为赛后评估依据，也可以采用第三方调研公司的数据进行量化评估。

> **案例 6-6**
>
> **Adizone 打造"我的地盘"**[①]
>
> 在北京奥运会之后，阿迪达斯开始了体育营销的第一个大手笔，就是"阿迪达斯地带（Adizone）"。这是它作为 2012 年伦敦奥运会及残奥

---

① 周静，王艳辉. Adizone 打造"我的地盘"[J]. 成功营销，2009（4）：38~39.

会一级合作伙伴身份的第一步。2008年11月，第一个"阿迪达斯地带"在伦敦哈马特塔楼边开放，它实际上是一个户外体育场馆，包括一些体育设施、网球墙、篮球网和舞区，面积为625平方米。阿迪达斯在伦敦一共开设了5个这样的"地带"，不需要当地居民出钱，但是建成后由当地的居民享有。

奥运会与"酷"元素的联动

"阿迪达斯地带"的设立主要是在伦敦奥运会期间提倡城市中的年轻人更多地参与运动，参与体育，而对于阿迪达斯的营销决策者来说，14~18岁的年轻人很难被打动，于是充满了"酷"元素以及音乐、艺术气息的街头运动成为阿迪达斯的选择。

五辆梅赛德斯奔驰的SUV载着"阿迪达斯地带"篮球队来到青年中心、学校、购物中心以及诺丁山狂欢节、奥运主办权移交派对。每辆车的车身都是独一无二的，而且附有功率为5 000瓦的车载音响、最新的混音装置、定制的全尺寸球篮，鼓励参与者来投篮和扣球，成为一场不折不扣的"大篷车"运动。

"大篷车"运动的参与者有机会赢得阿迪达斯的产品或者免费的Kano（英国著名的歌手）演唱会门票。Kano演唱会是由"阿迪达斯地带"独家赞助的，阿迪达斯地带的开设可谓将Kano演唱会与伦敦奥运会完美结合。这个音乐会的卖点就是即将发行的Kano的新专辑《140 Grime Street》，也因此被称为是当年Grime音乐的最大盛事。为了方便参与者注册获得演唱会的门票，阿迪达斯还设立了一个专门的网站，其中含有不少大篷车运动的视频和细节；网站上所采用的图片也都充满了激情，将职业运动员的画面与大篷车运动中的视频、阿迪达斯地带的地点以及其他令人激动的信息融合在一起。

传播渠道的延伸

除了现场活动、演唱会，阿迪达斯还把"大篷车"运动延伸到了广播电台、杂志以及网络等媒体。"大篷车"运动在MTV Base电台播放，10月期的RWD杂志以及网站上做了有关Kano和英国奥运代表团采访的双封面，运动中被拍摄下来的独特视频也被上传到 MySpace、Facebook 和 YouTube 等网站上。此外，还有不少辅助的宣传方式，如阿迪达斯通过夜总会和零售商发出了 250 000 份传单、海报和刮刮卡，在 Kiss 100 电台和海盗电台做推广，在地铁和 Londonpaper（伦敦著名的免费报纸）上做广告。

在传播内容上，以民众广泛参与体育活动为主要内容，英国奥运代表团以及一些职业运动员的表现只是起到锦上添花的作用；在风格上，采取了年轻人最认同的风格定位，大篷车、效果绝佳的音响、Kano 演唱会、MySpace、Facebook 和 YouTube 都是属于年轻人的语言。

整个推广活动覆盖了 750 万人，超过 5 000 人争相申请 2 600 张免费的 Kano 演唱会门票，演唱会当晚场地爆满。其中，通过网页推广和种子视频的形式，在线推广活动覆盖了 115 万人；通过 Trevor Nelson（英国著名电台主持）的 MV《The Lick》以及 MTV Base 的新闻，46.9 万人受到影响。推广过程中，"阿迪达斯地带"网站的独立访客达到创纪录的 145.1 万人，总访问量超过了 2 500 万次。

复习思考题：

1. 企业想要达成品牌推广、促进销售赞助目标时，具体通过哪些方式？
2. 企业在选择体育赞助资源时需要考虑哪些因素？
3. 企业确定赞助计划需要经过哪些步骤？
4. 企业赞助赛事想要达成品牌推广的目标，应与赛事方洽谈哪些权益回报项目？

本章参考文献：

[1] 马宏霞，汤丽萍，李琪. 体育营销学 [M]. 北京：航空工业出版社，2010.

[2] [美] 布伦达·G·匹兹，戴维·K·斯托特勒. 体育营销原理与实务（第二版）[M]. 裘理瑾主译，沈阳：辽宁科学技术出版社，2005.

[3] 张贵敏. 体育市场营销学（第二版）[M]. 上海：复旦大学出版

社,2015.

[4] 李屹松. 体育赞助关键成功因素研究 [M]. 北京: 北京体育大学出版社, 2014.

第七章 体育赞助策划书的撰写

>>> 本章导语 >>>

广告大师大卫·奥格威说过:"创作成功的广告文案是一门手艺,一部分靠灵感,但是基本上靠知识和勤奋。"这同样适用于体育赞助策划书的撰写工作。体育赞助策划书是达成体育赞助交易的关键一环,其撰写过程有独特的逻辑结构、主题内容和写作技巧。要想写出一份能打动目标客户的体育赞助策划书,不仅需要有驾驭各种文体和多种语言风格的娴熟写作技巧,更需要具有专业市场调研的知识能力、体育商业经营策划的技巧以及严谨的思维、开阔的知识面、丰富的创造力和创新精神。

>>> 学习目标 >>>

通过本章的学习,使学生了解体育赞助专题活动——体育赞助策划书的定义、目的、作用以及类型等概念性内容;基本掌握体育赞助策划书的撰写流程、撰写规范和撰写技巧并最终能独立撰写体育赞助策划书。

> **案例导入**
>
> 燕京啤酒以其清爽新鲜的消费体验与足球赛事的激情四溢相结合，从而让消费者体验到快乐消费的真谛。近年来公司发力体育营销，用心支持中国体育的发展，让每一个体育爱好者都能享受到足球与啤酒带来的激情与快乐。在2016年燕京啤酒赞助的体育赛事包括：2016中国足协杯、2016年北京北控燕京队、中甲联赛等。燕京啤酒找到品牌与足球赛事的结合点，打通品牌与消费者的情感联结，探寻体育精神的真谛，使体育赞助营销开始发挥威力。
>
> 广告大师大卫·奥格威说：每一则广告都应该是一件完整的作品。体育赞助策划书就是体育项目的广告，它是一份推销体育项目的完整作品。初期体育赞助策划书是体育赞助合作双方展开工作的聘约。在首因效应的作用下，迅速了解各自的市场需求，快速达成合作意向，是撰写体育赞助策划书的首要目的。对于正在寻求体育赞助的企业来说，体育赞助策划书撰写的好坏，往往决定了体育赞助交易的成败。

第一节 体育赞助策划书的作用和分类

体育赞助作为体育产业和企业之间进行资源交换的一个结合点，起到了促进体育和经济共同发展的双重作用。体育赞助策划书是广告文案策划的一种表现形式，是体育项目资源方向企业发出赞助活动的邀请函。

一、体育赞助策划书的作用

体育赞助策划书的主要作用是积极向社会推荐体育项目资源，达成赞助交易、创造体育项目资源的市场价值。体育赞助策划书的撰写讲究科学化的程序、规范化的表达、充实性的内容和互惠性的合作。其立足于体育产业发展平台，通过创意策划，整合各种资源，捕捉有利商机，制定可实施的最优化营销方案，以达成有效体育赞助活动为最终目的。

二、体育赞助策划书的分类

伴随经济与信息技术的快速发展，我国体育产业的发展越来越多样化，体育赞助策划书的种类和形式也呈现多样性。根据体育赞助策划书的主体内容、表达方式、表现形式和体育产业的不同分类，体育赞助策划书的分类有：

（1）根据体育赞助策划书的主体内容，可分为招商类体育赞助策划书、资源推荐类体育赞助策划书。

（2）根据体育赞助策划书的表达方式，可分为纯文字类体育赞助策划书、图文并茂类体育赞助策划书、图片类体育赞助策划书。

（3）根据体育赞助策划书的表现形式，可分为纸质印刷类体育赞助策划书、数字信息类体育赞助策划书。

（4）根据不同的体育赞助对象，可分为体育赛事类赞助策划书、体育组织类赞助策划书、体育场馆类赞助策划书等。

（5）根据不同的体育赛事规模，可分为校园类体育赞助策划书、城市类体育赞助策划书、国家或地区类体育赞助策划书。

（6）根据体育赞助商议的进程，可分为初期接触类体育赞助策划书、中期谈判类体育赞助策划书、后期合约类体育赞助策划书。

（7）根据体育赞助策划书的法律效力，可分为要约邀请类体育赞助策划书、要约类体育赞助策划书。

第二节 撰写体育赞助策划书的基本原则和要求

体育赞助策划书作为商业营销策划活动的内容表达，为达到其营销目的，策划书的撰写必须遵循一定的基本原则和要求。

一、撰写体育赞助策划书应遵循的基本原则

好的体育赞助策划书犹如一件优秀的艺术作品，内涵和形式兼备，效用与价值相称。当体育赞助策划书中具有针对性的营销创新思路、资源整合途

径与企业家产生交流时，赞助策划便能将项目和资源有效整合，促成直接的赞助合作交易。那么，什么才是优秀的体育赞助策划书？优秀的体育赞助策划书有何标准？怎样才能写出好的体育赞助策划书？

（一）目标明确，条款清晰

体育赞助策划书是商业广告的一种形式。《中华人民共和国合同法》第15条规定："寄送的价目表、拍卖公告、招标公告、招股说明书、商业广告等为要约邀请。""商业广告的内容符合要约规定的，视为要约。"体育赞助策划书作为平等主体之间达成交易关系的前期商议书面表达，无论是要约还是要约邀请，都以最终达成交易意向、签订合同为目的。因此，无论是要约邀请类体育赞助策划书还是要约类体育赞助策划书，都需要目标明确、条款清晰，为后续赞助合同的商谈、签订、履行、变更、解除、保全、违约等活动，打下坚实的法律基础。

（二）材料充实，操作具体

主体内容是体育赞助策划书的重点部分，要求反映主体内容的材料真实有效，赞助操作过程具体详实。体育赞助策划书的主体内容要求通过综合分析项目资源的内部和外部因素，全面描述项目资源的性质、潜在优势、市场前景、团队构建、项目实施、资源整合利用、财务管理、赞助收益、风险预测与控制以及赞助退出机制等方面的内容。前期的市场调研、主客体匹配分析、赞助活动策划等工作，是撰写体育赞助策划书的重要保障，强调表达主体内容的材料真实可靠，赞助操作具体得当，切忌内容空泛，不切实际。

（三）结构合理，版式规范

体育赞助策划书形式多种多样，不同种类的体育赞助项目资源需要不同的表达；同样的体育项目资源，针对不同的企业情况和市场分析，也可以衍变出多种体育赞助策划书形式。在市场竞争日益激烈的情况下，为达到最佳的信息传播效果，体育赞助策划书应遵循一定的内容结构和版式规范。

体育赞助策划书内容结构应遵循的基本原则有：逻辑性强、条理清晰、重点突出、结构完善。针对体育赞助活动规模的大小，可以适当取舍和调整。赞助策划书的常用结构为：

1. 封面（标题）
2. 目录
3. 正文

(1) 赞助项目市场环境调研分析

(2) 目标企业市场环境调研分析

(3) 主客体市场环境匹配分析

(4) 赞助活动策划执行方案

(5) 存在的问题

4. 随文

5. 封面

一份体育赞助策划书的版式设计是否美观，是评价其优秀与否的一个重要因素。文字排列组合的好坏，直接影响着版面的视觉传达效果。因此，版式规范设计是增强体育赞助策划书视觉传达效果，提高其竞争力的一项重要构成技术。在排版中要提高内容的可读性，更有效地传达作者的意图，表达设计的主题和构想意念。在视觉传达的过程中，必须具有视觉上的美感，能够给人以美的感受。

（四）文体得当，诚实信用

体育赞助策划书的使命是建立信任感，形成赞助动机与赞助欲望，给营销主管一个进行体育赞助营销的确定理由。体育赞助策划书是一种信息传播活动，而传播必须依靠传播者与传播对象均能理解的符号完成，目前，体育赞助策划书主要以纸质形式出现，文字是体育赞助策划书的主要表达符号。随着信息技术的不断进步，体育赞助策划书的表达将不仅仅局限于文字，还包括一切能传达信息的语言符号和非语言符号。

文字是体育赞助策划书传播信息的重要工具，文字表达方式对传播效果具有重要的作用。体育赞助策划书作为应用文体，应倾向采用公文写作体例，表现为用事实说话，既能保持体育赞助策划书庄重务实的文体风格，又能体现其严谨认真的态度。在策划书的写作过程中，语言文字应真实可信，避免主观臆想。文体风格得体恰当，使体育赞助策划书在文体表达中突出市场化、科学化、条理化。

二、撰写优秀的体育赞助策划书应遵循的基本要求

体育赞助策划书的撰写是指对市场信息进行调研、管理、运作、技巧处理或操纵的过程，撰写体育赞助策划书需要结合市场需求，整合各种资源，进行策划、酝酿、决策并运用谋略。一份优秀的体育赞助策划书，撰写时需

要做好以下几点：

（一）采取科学方法

积极开展市场调研，分析市场信息，掌握体育赞助市场动态；与数据合作，基于数据整合需求，深入了解体育赞助市场现有局势，为体育赞助营销目标客户的精准选择提供参考。

（二）遵循市场规律

研究消费者心理学，体育赞助策划书从文字内容到表现风格、从版式设计到纸张印刷、从传播途径到人员接洽，都需要精心准备和设计，契合目标客户心理需求。

（三）创新赞助策划

坚持与时俱进，积极研究目标客户的市场发展趋势，采用新技术手段策划体育赞助合作新模式。从目标客户角度出发，积极提升体育赞助收益。

（四）创建双赢模式

体育赞助策划书的内容应从属于企业的整体市场营销思想和模式，只有在此前提下做出的体育赞助策划书，才是具有整体性和延续性的市场推广行为，体育赞助策划案也只有遵从企业整体市场策划的思路，才能最大限度达成其赞助营销效果，实现体育赞助合作双赢。

第三节 体育赞助策划书的撰写流程

体育赞助策划书是关于企业用户营销需求的设计。作为广告文案的一种，体育赞助策划撰写人员的职责，贯穿体育项目资源从研发到营销推广的各个阶段。体育赞助策划的主要目的是为了让体育项目资源变得更有市场价值，更有效地帮助赞助合作企业做好市场推广。那么体育赞助策划团队不单是考虑体育项目资源的赞助合作实践操作性，也需要具备体育项目资源的市场营销能力、对潜在用户的判断和文案写作技巧。一份合格的体育赞助策划书，不仅要求策划书撰写者具备丰富的体育产业知识、高超文字处理能力、创新方案策划能力、人际沟通协调能力、风险预测预防能力和项目进度控制能力等多方面的素质，还需要科学严谨的撰写流程。

体育赞助策划书撰写流程包括：体育项目资源市场分析、目标客户市场调研、主客体匹配分析、赞助活动策划、文案创作及修订、文案审核、版式设计和纸张印刷等各项工作的布置和安排，具体流程图（图7-1）：

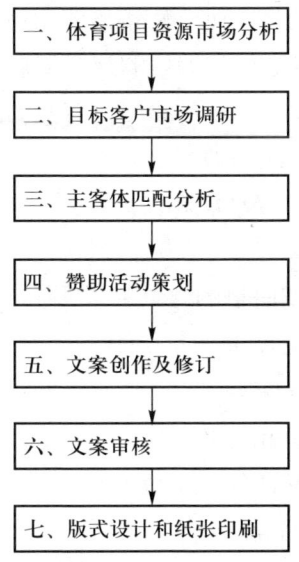

图7-1 体育赞助策划书撰写流程

市场调研与分析就是指运用科学的方法，有目的、系统地搜集、记录、整理有关市场营销信息和资料，分析市场情况，了解市场的现状及其发展趋势，为市场预测和营销决策提供客观的、正确的资料。体育赞助的市场调研与分析是撰写体育赞助策划书的第一步，也是至关重要的一步。详实的调研分析结论，直接影响到以需求为导向的体育赞助目标客户的取舍。

一、体育赞助项目市场分析

《孙子·谋攻》中说道："知彼知己者，百战不殆。"市场调研分析是商战中知己知彼的必修课。体育项目资源市场分析是充分了解自身体育项目资源在市场规模、行业位置、竞争性质、产品特点、市场容量及吸引能力等方面所进行的市场经济分析，强调客观性、系统性。客观性强调调研活动必须运用科学的方法，符合科学的要求，以求市场分析活动中的各种偏差极小化，保证所获信息的真实性。系统性要求市场分析是一个计划严密的系统过程，应该按照预定的计划和要求去收集、分析和解释有关资料。

市场调查的内容很多，有市场环境调查，包括政策环境、经济环境、社会文化环境的调查；有市场基本状况的调查，主要包括市场规范、总体需求量、市场的动向、同行业的市场分布占有率等；有销售可能性调查，包括现有和潜在用户的人数及需求量、市场需求变化趋势、本企业竞争对手的产品在市场上的占有率、扩大销售的可能性和具体途径等；还可对消费者及消费需求、企业产品、产品价格、影响销售的社会和自然因素、销售渠道等开展调查。以需求为导向，寻找目标客户参与体育赞助活动，其市场调研与分析是综合性调查，具体的操作流程如下：

1. 分析体育赞助项目市场环境和发展趋势
2. 确定调研目标客户
3. 明确体育赞助市场调研目的
4. 确认调研内容和数据需求
5. 确认调研内容和数据来源
6. 设计适当的调研工具和方式
7. 收集调研信息，包括任何二手数据
8. 分析和解读市场营销信息

市场分析应向决策者提供科学有效的信息，为后续正确的营销决策服务。

二、目标客户市场调研

目标客户市场调研是在对自身体育项目资源市场调研分析情况下，采用SWOT分析法，对自身所处的市场情景进行全面、系统、准确的研究，从而根据研究结果制定相应的发展战略、明确体育赞助营销目标客户、制定目标客户市场调研方法以及对策等。目标客户市场调研是一次深入了解市场合作者的过程，调研不仅包括其自身内外部发展状况，也包括其竞争对手的市场发展状况。

影响企业进行体育赞助营销的因素很多，故体育赞助的市场调查和分析的范围很广。凡是直接或间接影响企业营销状况的因素都可能需要被列入调查和预测的范围。体育赞助市场调查和分析的内容包括以下几方面：

1. 调查企业体育赞助营销的宏观市场环境
2. 调查企业体育赞助营销的市场需求
3. 调查赞助企业的消费者情况
4. 调查赞助企业自身经营的全过程

5. 调查赞助企业的竞争对手

三、体育赞助主客体匹配分析

体育赞助匹配性常用来指受众对赞助者和赞助体育项目之间关联或相似性感知。研究发现，体育项目与赞助品牌的契合度越高，对赞助企业形象的影响就越大。国内学者卢长宝认为赞助匹配包括产品匹配、市场匹配和品牌匹配三类。

1. 产品匹配，指赞助企业产品在赛事期间被参与者使用
2. 品牌匹配，指赛事影响力与企业品牌实力相当
3. 市场匹配，指赛事受众与企业目标顾客群一致

根据对目标客户的调研与分析结论，研究体育赞助主客体的匹配程度。体育是跨国界的全球语言，作为一种有效的市场沟通工具而受到广大企业的喜爱。赞助体育赛事不仅有助于提高企业品牌和产品知名度，还可以借助体育赛事树立勇于进取、蓬勃活力的正面形象，提升企业及其产品形象，进而影响消费者的购买意愿。许多企业通过赞助体育赛事提高了企业知名度、提升了品牌形象。然而，赞助体育赛事投资不菲，风险巨大，盲目赞助也可能导致力所不逮、投资失利的状况。有研究表明：体育赛事和赞助品牌越匹配，赞助效果越好。体育赛事和赞助商之间的匹配，是影响体育赛事赞助效果的关键因素，也是赞助商和体育赛事组织者选择合作伙伴的重要依据。

一般来说，体育赞助主体依据体育赛事的规模、赛制、参与度和影响力，开发多种赛事资源，根据不同的赛事资源设计多种多样的赞助产品。以奥运会赞助管理为例，国际奥委会根据奥运会全球四年一届的资源稀缺性，采取"TOP 计划"，TOP 排他权的赞助设计充分体现了奥运赞助的宝贵价值，同时，也体现了奥运品牌与全球各行业最著名公司合作的匹配属性；国际奥委会设计的多层次分类管理赞助方案，如国际奥委会的全球合作伙伴、奥组委的合作伙伴、奥运会赞助商、奥运会独家供应商、奥运会供应商等赞助项目，也为国家（地区）行业的领袖企业提供了合作机会，在扩大盈利模式的基础上，充分体现了层级匹配原则。

不同类型的赛事赞助匹配效应对赞助效果的影响显著不同。认知一致性理论认为，人类在他们的认识中有一种寻求一致或追求和谐的倾向。人们记忆最深的信息就是那些与原来经验相一致的信息。赞助活动态度指消费者在

获知赞助活动信息后对赞助活动是否认可、喜爱和满意。信息整合理论阐述了认知判断中多种信息按照某种认知规则实现信息整合的规律。依据信息整合理论，与某事物有关的新信息出现之后，人们会将其与自身已有的对该事物的态度综合考虑，最终形成对该事物的新的态度。在赛事赞助中，对赛事赞助活动的态度形成了对赞助品牌的一个新的信息，消费者会根据此信息相应修正对赞助品牌的评价，赞助活动态度越好，对赞助品牌评价越高。

在体育赞助活动中，运用解释水平理论分析功能性和品牌性二维结构中的匹配运用，具体分析为：

（1）在低解释水平下，消费者对功能匹配型赛事赞助活动的态度要好于对形象匹配型赛事赞助活动的态度；在高解释水平下，消费者对形象匹配型赛事赞助活动的态度要好于对功能匹配型赛事赞助活动的态度。

（2）在低解释水平下，消费者对功能匹配型赛事赞助品牌评价要好于对形象匹配型赛事赞助品牌评价；在高解释水平下，消费者对形象匹配型赛事赞助品牌评价要好于对功能匹配型赛事赞助品牌评价。

在指导体育赞助的匹配性工作时，主要有以下建议：

（1）在赞助实施以及赞助相关产品正式上市前，对赞助活动的传播应以抽象的、一般性信息为主，重点强调企业品牌和赛事的形象匹配，说明企业品牌和赛事在使用者（观众）形象以及品牌个性方面如何一致。当赞助正式实施时以及赞助相关产品正式上市时，对赞助活动的传播应以具体的、细节性的信息为主，重点强调企业品牌和赛事的功能匹配，说明赞助产品如何在赛事中得以运用。

（2）对不同解释水平的消费者，赞助活动宣传的重点不同。如果目标群体是教育程度较高、习惯抽象思维的群体，对赞助活动的宣传应重点强调形象匹配，如果目标群体教育程度较低、习惯具体思维，对赞助活动的宣传应重点强调功能匹配。

（3）对于那些功能不匹配的赛事赞助，可以采取措施操控消费者解释水平，引导其采取抽象思维，关注赛事与企业品牌的形象匹配，或对赛事与赞助品牌之间的形象匹配加以解释说明，从而增强其对赞助匹配的感知，提高赞助品牌评价。

（4）为了提高消费者对赞助品牌的评价，应该考虑如何让消费者对赛事赞助活动形成一个良好的态度，这需要加强对赞助活动意义的宣传，从而提高消费者对赛事赞助活动的理解和认可。

四、体育赞助活动策划

体育赞助策划是体育赞助营销工作中的根基与框架，体育赞助策划书的文字创意部分则是营销过程中的一个重要环节。体育赞助策划可以涉及前期市场调查、分析、提炼等一系列复杂的工序，决定后续体育赞助策划书的创作方向。

体育赞助策划具有前瞻性、预测性。策划是人们在一定思考以及调查的基础之上进行的科学预测，因此具有一定的前瞻性。策划具有科学的创意，是一种思维的革新。如果一个策划连最基本的可操作性都没有，那么这个策划方案再有创意也是一个失败的策划。体育赞助策划把体育项目资源作为平台产品，整合协调自身和企业的各项资源，建立适应企业整合营销的创新模式。体育赞助策划活动在创造体育项目资源最佳市场价值的同时，能够帮助合作企业更有效的市场推广，积极促成双方的共赢。

拓展资源：××城市国际马拉松赛赞助策划方案

五、体育赞助策划书文案创作及修订

体育赞助策划书写作范围包括赞助营销活动中的所有语言文字部分，其构成部分包括：标题、正文、随文等。体育赞助策划书的写作是指文案撰稿人在体育赞助营销目的的规范和要求下，对体育赞助双方合作主题的提炼、材料的选择、结构的安排、语言的搭配和信息表达的过程。是作者采用不同的语言排列组合、不同的表现方式表达体育赞助主题，传达赞助合作信息，以达到广告意图的过程。

体育赞助策划书通过标题、正文、附件说明三个部分，分别传达不同信息，发挥不同作用的信息传递模式。这一模式可以有效地提升信息传达效果，也提供文案写作的基本思路。

（一）体育赞助策划书的文字创作技巧

体育赞助策划文案的文字创作需要深入完整的前期准备和计划安排，在书写之前，不仅要有深入科学的市场调研分析，还要有整体的文案构思。内容的创作主要体现在文案要"说什么"，即如何提炼出最重要的主题信息；语言上的艺术性主要体现在文案"怎么说"更好、更具穿透力、更有吸引力、更能打动受众。内容的创作也指文案在内容真实、科学的基础上所体现出来的表达的独特性。在实践中，好的文案创作有时是与情景、画面同时产生的。

1. 封面标题——信息、趣味和创意展现

封面标题是每一份策划文案作品为传达最重要或最能引起诉求对象兴趣的信息，是在最显著位置以特别字体或特别语气突出表现的语句。封面标题的作用就在于在最短的时间内传递出最重要的信息或者引起诉求对象的注意。

封面标题是文案作品的重要部分。它是文案的关键点，广告大师大卫·奥格威认为："标题是大多数平面广告最重要的部分，它是决定读者读不读正文的关键所在。"它还是文案与创意的纽带，精妙的标题可以一针见血，直指创意核心，让广告的创造性充分展现。要吸引诉求对象，封面标题必须有足够的吸引力，其吸引力蕴含在内容和形式上，引人入胜的标题会使正文的阅读率成倍提高。在封面标题的撰写过程中必须注意以下几个要点：

（1）紧扣创意，把创意的最巧妙之处融入标题，准确、集中、直指核心。（2）避免平铺直叙，虽最能准确表述，但无助于吸引读者，应去寻找出人意料的角度。（3）语言简洁凝练，注意使用个性化的语言，有助于体现产品的特性。

现代策划文案对标题越来越重视，标题的创作也越来越新颖、个性。要想在众多的文案中脱颖而出，更需要一些创造性手法。优秀的标题可以说是整个文案的灵魂，也是整篇文案创造力的凝聚点。只有思路开阔，并且尝试语言文字表达的多种可能性，才能写出有效传达信息或有效吸引读者的标题。

2. 策划正文——体育赞助活动信息的完整表达和深度诉求

正文是策划文案中承接标题，对体育赞助活动信息进行展开说明、对赞助诉求对象进行深入说服的语言文字内容，是诉求的主体部分。出色的正文对于建立体育赞助消费者的信任、令他们产生购买欲望起关键性的作用。正文还能展现企业形象、构筑产品销售氛围。

体育赞助策划文案的语言应视为科学语言与文学语言的融合。也就是说，体育赞助策划文案的语言既要有科学的严谨，又要有文学的审美品质。文案的语体表现形式十分多样，但从表达方式来说无外乎叙述、描写、说明和议论四种表达方式。文案的句式，一般指长句与短句、整句与散句。在表达同一意义时，句式的长句与短句、整句与散句的配合使用，也会给文案的表达带来理想的效果。

体育赞助策划文案写作可借鉴文学技巧。合适得当的修辞可以增添文案的活力。策划文案主要采用积极修辞，随情应景地运用各种表现方法，极尽语言的可能性，使所说所写呈现出形象性、具体性和体验性，凸显新鲜活泼的力量。重点技巧包括："复调""摇摆"属叙事范畴，适用于深度稿写作；"链接"和"磁化"属于修辞范畴，可用于长短各类文章。

技巧一：复调。复调就是文字的和声、是多主题、多线条、多声部的协同，复调带来了密集的信息、丰满的行文和缤纷多彩的效果。把体育赞助营销目的作为一条主线编织到文案里，同时可通过更多的营销线索来烘托和渲染。所有的营销策划都是人的碰撞，体育赞助营销的良好效果来自于这些碰撞时刻，揭示出碰撞背后更为深邃的消费心理、行为及社会商业逻辑。

技巧二：摇摆。节奏是各类时间性艺术的核心。优秀的诗篇、乐章与建筑都呈现出美妙的韵律，文字佳作常常带有音乐美感。摇摆是节奏的关键。节奏是有规律的重复，摇摆则让这种重复在不同维度反复震荡，达到"文似看山喜不平"的效果。"摇摆"起来的行文，摇曳多姿，更贴近人生中最精彩的章节，也更能打动营销对象。

技巧三：链接。体育赞助策划文案写作的常见难题之一就是有太多材料要推介：赞助项目介绍、市场分析预测、主客体匹配研究、赞助活动策划、资源配置利用、人员组织协调等都要合理、有序、生动、艺术化的呈现。"链接"修辞法是一种有效的信息传递武器。循着"链接"的三部曲：寻找支点、扩展意象和控制表露，使策划文案各部分产生联系，这些联系不限于逻辑层面，还有语义及情感；不限于前后段落之间，文句之间，更存在于文章任意两部分之间，字词与句子，句子与段落之间。

技巧四：磁化。对于体育赞助策划文案而言，"磁化"常常是在成文之后，根据表达意图，对其中各部分进行调整，使其方向统一。磁化的目的不仅在于梳理文章使之通顺，而是在逻辑、语法、语义及情感上，使文意朝预设的方向流动，以提升表达效果。

体育赞助策划文案主要分叙事和说理两部分内容。我们要立足于表达的层面，从整篇文案的情境与表达效果来看语言艺术。对叙事部分来说，"复调"和"摇摆"是撰写此部分内容的有力手段；而对说理部分，使用"链接"加"磁化"的方法，可以得到持续递增、清晰的风格及强有力的主题，创造更佳的行文效果。此外，体育赞助策划文案的语言要规范，不要出现诸如错别字、不规范的简化字、繁体字等现象；此外不可滥用外来语及使用一些低俗的词语。

（二）体育赞助策划案撰写内容

体育赞助策划案就是指根据掌握的各种信息，对体育赞助项目进行初步规划，设计出赞助项目的基本框架，提出体育赞助项目的初步规划内容。主要包括：体育赞助项目的名称和地点、主办机构、赞助范围、赞助周期、赞助项目规模、赞助项目定位、项目赞助宣传推广和招商计划、赞助合作计划、赞助合作进度计划、赞助执行管理计划、相关活动计划安排等。根据体育赞助项目规模的大小，或者赞助策划开展工作的具体情况，内容可简可繁，主要有以下几部分组成：

1. 体育赞助项目市场环境分析

包括对体育赞助项目所在产业和市场的情况分析，对国家有关法律、政策的分析，对相关体育赞助项目的情况的分析，对体育赞助项目举办地市场的分析等。

（1）项目概况。包括体育赞助项目的名称和举办地点、参与机构的组成、体育赞助项目的范围、时间、规模、背景、发展历程和定位等。

（2）主办机构介绍。是指负责体育赞助项目的组织、策划和招商等事宜的有关单位。主办机构可以是企业、行业协会、政府部门和新闻媒体等。根据各单位的不同作用，一个体育项目的参与机构一般有主办单位、承办单位、协办单位、支持单位等。

（3）体育赞助项目相关活动进度计划。是指在时间上对体育赞助项目的策划准备、招商、宣传推广和现场管理等工作进行的统筹安排。包括体育赞助项目进度计划、体育赞助项目开幕计划、项目现场管理计划、体育赞助项目开幕计划等。明确在体育赞助项目的筹办和实施过程中，到什么阶段应该完成哪些工作，直到体育赞助项目成功举办。体育赞助项目进度计划安排得好，各项准备工作就能有条不紊地进行。与体育赞助项目同期举办的相关活动最常见的有体育科技创新产品推广会、体育科学研讨会和各种表演等，它们是体育赞助项目的有益补充。

（4）目标受众预测。目标受众预测是对体育赞助项目规模的预判，包括三个方面：一是指体育赞助项目的直接参与人员，如运动员、裁判员、赛会组织人员、媒体人员的参与人数及层次；二是现场参加赛事项目的受众，如观众、参会人员的数量和人口结构；三是间接参与体育赞助项目的观众，如电视转播、平面媒体、网络媒体的受众规模和人口结构。在策划举办一个体育赞助项目时，对这三类受众都要做出预测和规划。

（5）项目资源开发。体育赞助项目的主要资源包括各类媒体的宣传推广、招待礼遇、新闻公关、广告发布、商标使用以及其他资源。以北京奥运会为例，与CCTV在内的数百家媒体，长达数年的强力推广、立体包装、深度整合是赞助企业进行市场营销推广的重要资源内容。

（6）项目市场价值分析。是在深入研究各种体育赞助项目市场信息的基础上，进行赞助项目运营费用及初步预算、赞助合作类型及价格方案的财务分析工作。体育赞助项目初步预算是对举办体育赞助项目所需要的各种费用和举办体育赞助项目预期以获得的收入进行初步预算。在策划体育赞助项目时，要根据市场情况给不同层级的赞助合作类型确定一个合适价格，以吸引目标赞助商参加。

2. 目标企业市场环境调研分析

（1）目标企业宏观市场营销环境分析。指对目标企业进行人口环境分析、经济环境分析、政治法律环境分析、社会文化环境分析、自然环境分析、科技环境分析等，是一种全方位的宏观营销环境的综合因素分析。

（2）目标企业微观市场营销环境分析。微观营销环境是直接制约和影响企业营销活动的力量和因素。分析微观营销环境的目的在于更好地协调企业与这些相关群体的关系，促进企业营销目标的实现。目标企业微观市场营销环境分析包括企业本身及其供应商、市场营销渠道、企业、顾客、竞争者和公众。

3. 主客体市场环境匹配分析

根据上述体育项目资源市场分析、目标企业客户市场调研结果，采用SWOT分析法，开展内部优势、内部劣势、外部机会、外部威胁分析。针对体育赞助项目的主客体市场环境发展需求，进行匹配研究分析，提出开展体育赞助合作的可行性建议或方案。

4. 赞助活动策划执行方案

通过上述可行性分析，证明体育赞助策划方案的市场条件具备，项目具有生命力。结合各种执行方案，策划合理有效，经济可行，风险较小且有一定的社会效益的体育赞助项目策划案。赞助活动策划的内容直接关系到赞助双方的直接效益。赞助活动策划的成功执行，需要做到以下几点：

（1）赞助合作项目主客体资源的充分开发。

（2）赞助合作项目资源的高效配置利用。

（3）赞助合作项目多维信息沟通渠道的建立。

（4）活动参与人员的有效组织和协调：即制定活动参与人员的培训、分工、合作计划，是指对体育赞助项目参与人员进行有效的组织和协调，并按照具体工作进行统筹安排。

（5）赞助合作项目运营的风险控制及评估。

5. 存在问题

（1）待解决的问题：通过以上可行性分析发现体育赞助项目立项存在的各种问题、在可行性分析以外发现的可能对体育赞助项目产生影响的其他问题等。

（2）改进建议。针对上述问题，提出对体育赞助项目立项策划的改进建议，指出要成功举办该体育赞助项目应该努力的方向等。

（3）努力的方向。根据体育赞助项目的办展宗旨和办展目标，在上述分析的基础上，针对存在的问题，提出要办好该体育赞助项目所需要具备的其他条件和需要努力的方向。

6. 随文——最后的推动

随文又称附文，包括获得赞助合作的方法、权威机构的认证标志、与目标客户联系的电话号码、公司的网址、品牌名称与标志，可能还包括特别说明以及意见反馈表格。随文既可以直接列明，也可以委婉的以附言形式出现。一般出现在文案的结尾，但不是可有可无，是正文的补充，是体育赞助诉求的最后推动。

体育赞助策划文案有一定的信息传递模式，但并不意味着按照这种模式就一定能写出成功的文案。在这一框架下，文案撰稿人有广阔的自由发挥空间，展示自己的创造力，写出富有魅力的佳作。

（三）体育赞助策划书的修订

1. 审阅修改法

审阅修改法指核稿人员需对文案从字到词、从词到段，乃至对全文的结构布局仔细查看，发现问题随时留下标记，待全文审阅完毕，再回头对存在问题进行逐项修改。这是最基本、最常用的修改方法。

2. 通读修改法

通读全稿1~2篇，努力把握全文的中心思想、结构层次，然后根据项目策划目标来推敲文稿的思路、结构、逻辑关系，看看思路是否清晰，结构是否妥当，逻辑关系是否严密。如果思路不清，就要首先整理思路，重新安排结构；如果思路、结构基本可以，再考虑下一步具体修改问题。

3. 讨论修改法

内容复杂、事关重大的体育赞助策划书文案，可以组织有关人员进行集体修改，先就文案的内容和形式进行认真的讨论和研究，提出具体的修改意见，然后确定专人汇集整理看法并进行必要的修改。

（四）体育赞助策划书的审核

审稿是体育赞助策划书创作工作中的重要组成部分，是对形成正式合约前的文案进行法律、法规层面的把关。首先，要核查文稿的内容是否符合国家的法律法规。其次，要审核文稿中提出的策划方案、规定的措施和办法是否切实可行。

六、版式设计和纸张印刷

体育赞助策划书版式设计力求美观、大方，印刷制作追求新颖、讲究，尽量不要出现错别字和其他印刷错误。

第四节　不同阶段体育赞助策划书的特征

在体育赞助活动开展的不同阶段，体育赞助策划书的撰写有不同的方式和要求，根据接洽商谈的阶段分为三个阶段：初期的简要赞助建议书、中期的赞助策划书、最终的赞助协议书。

一、初期的简要赞助建议书

一旦有了潜在赞助商的线索，赞助销售者应该设法与公司赞助决策者接触，通过递交一份强调对方商业机会和如何合作帮助对方达到营销目标的简要赞助建议书。这份简要赞助建议书的首要目的是争取一次与赞助决策者的当面会谈机会。撰写简要赞助建议书，概要地说明项目的概况、人口统计数据和消费者心理信息、活动的赞助机会、活动之前的媒体曝光和其他信息。其中重点是如何通过合作来帮助对方进行符合他们市场目标的精准营销活动。在简要赞助建议书中插入一些图片也是非常有效的，这可以帮助潜在赞助商了解他们将要投资赞助的体育赛事活动是一个怎样的活动。简要赞助建议书的撰写特点：

1. 篇幅简短

最好不超过一页纸。引起对方合作兴趣，并且传递重要信息。

2. 目的是促成一次当面会谈

要在很短的篇幅内引起对方兴趣，主要包括三个方面的信息：（1）合作伙伴是谁？与他们合作的机会是什么？（2）通过合作伙伴，公司能接触到的观众是谁？数量？他们的人口统计特征？（3）合作可以获得的利益是什么？在简短的建议书中，不要过多的阐述理由，把关键信息和事实或数据言简意明地列出即可。

3. 约谈确认

在简要的赞助建议书中写明确切与对方再次联系的日期和时间。

二、中期的赞助策划书

当我们在赞助销售过程中已经发现有合作意向的潜在赞助商时，必须努力编制一份使赞助商满意的充满个性化的赞助策划书。这份赞助策划书包括观众的人口统计资料，各种赞助机会，合作伙伴的案例等。当获得会面机会后，要利用各种途径去搜集更详细的赞助机会资料。为了更好地满足赞助商的需要，开展更有效的合作，推进双方的沟通和合作洽谈进程，需要根据赞助商的情况，有针对性地撰写赞助策划书。这份赞助策划书将作为进一步洽谈赞助事宜的基础。这种洽谈可能会来回反复沟通，最后达成一致，形成正式的赞助策划书，它也是最后签合同的文本基础。

当通过反复的沟通了解和磋商逐步达成比较一致的合作意向后，可以编写一份完整的赞助策划书，撰写的基本要点包括：

（一）项目活动简介及匹配分析

大型活动赞助应该是赞助企业的一项重要的市场营销活动，除了接洽的具体负责人需要了解和熟悉本项目活动，往往还需要赞助企业更高管理层的慎重研究和审核批准，所以这份赞助建议书必须将项目活动及其赞助企业在活动中可取得的利益充分展示。首先要对活动进行有针对性的介绍。着眼点在表明这是一个和企业市场定位相匹配的活动，和企业形象相吻合的商业机会。需详细介绍项目活动的规模、规格、档次、观众的人口统计数据及分析、以往的成功经验等。这主要在于引起决策者对此合作项目的注意和好感。

（二）赞助回馈计划方案

赞助策划书中应重点强调赞助回馈方案的设计，最大化满足赞助方的赞助营销活动目的。在赞助建议书中提供给赞助商的回馈方式必须是具体、可操作的。特别是在最后的个性化策划书中，所有事项都应该是明确、具体、可操作的。要强调具体的时间、数量、尺寸、次数、地点、如何做和谁负责等细节并保证操作的细致严谨。在这份完整版的赞助建议书中，要全面、详细和具体地列出各种回馈方式的清单。做到可操作、可检测、可评估，具体到时间、地点、人员和数量。

（三）赞助合作方式

赞助策划书除了写明项目方为赞助商提供的各种回馈方式以外，同时也要明确赞助企业为活动提供的赞助形式、赞助内容和数量。可以是现金赞助、物资赞助、服务赞助等多种形式。具体的赞助合作内容应该与活动主办方提供给赞助商的回馈宣传方式及其宣传效力相对应和成正比。赞助合作方式要列明各项赞助合作内容的具体交付细则，如现金支付的方式、方法、时间；实物交付的时间、地点、数量；人力资源提供服务的形式、内容、周期等。

（四）联系人和联系方式

联系人要涉及多层次多部门，如主管、协调、紧急联系人等；联系方式要多渠道，如电话、邮箱、微信、传真等。

（五）赞助策划书文本制作要精致美观，文字图标要精练达意

在表述清晰的前提下，文字和篇幅越少越好。赞助主客双方经过多轮磋商，最终达成赞助意向，以签订赞助协议书为标准。

三、体育赞助策划书的不同表现形式

随着信息科技的快速发展，体育赞助策划书有着不同表现形式：纸质印

刷版体育赞助策划书、电子数字版（PPT）体育赞助策划书、网络数码设计版（H5）体育赞助策划书等类型。

（一）传统赞助建议书

可以用 WORD 文档（PDF 文档）采取纸质印刷的形式呈现，也可以用 PPT 来制作电子数字版赞助建议书，特别是在用进行演讲时，电子数字版（PPT）有比较好的沟通效果。如果用 PPT 制作赞助建议书，有如下编制建议：

1. 15 张原则

通常市场部每天要接听很多电话，平均每一个电话所花的时间是 1 分钟，看一份赞助建议书所花的时间是 2 分钟。因此 15 张原则是指呈现方案时尽可能简洁明了，超过 15 分钟，人注意力易分散，产生疲劳。

2. 简明扼要地呈现最主要的信息

如第一张 PPT 呈现基本信息，包括时间、地点、内容等，第二张简明扼要地阐述亮点。

3. 元素突出

发给每一位潜在赞助商的赞助建议都应当有个性化处理。如将潜在赞助商的企业 logo 置于醒目位置，以取得良好的第一印象。

4. 个性化策划内容

针对该潜在赞助商的以往经历，附带一些活动参与策划，激发合作意向，让对方大致了解合作方向并且形成对该活动的初步印象。

5. 字体适中，图文并茂，善用表格

发给合作方 PDF 格式，压缩图片处理，一切以方便阅读为宜。

（二）网络数码设计版（H5）体育赞助策划

该方式可推送广告，是体育赞助营销传播的全新方式。H5 广告，就是利用 html5 的编码技术来实现的一种数字广告，目前来说，主要传播途径为移动端媒体。基于移动互联网引领的数码设计浪潮 H5 广告可创建高级图形、版式、动画以及过渡效果，这也使得用户可以随时随地欣赏到炫酷的视觉听觉效果。此外，H5 广告可以显著地降低体育赞助项目营销开发成本，让体育赞助获得更多的发展机遇。

拓展资源：××年长安汽车赛事赞助合作推广方案

复习思考题：

1. 简述撰写体育赞助策划书的一般流程。
2. 体育赞助主客体匹配研究的意义和作用是什么？
3. 撰写体育赞助策划书的基本原则和要点有哪些？
4. 阐述体育赞助策划书的基本结构。
5. 试撰写一份校园体育赛事赞助策划书。

本章参考文献：

［1］周斌．消费心理学［M］．成都：西南财经大学出版社，2012．

［2］于惠川．消费者心理与行为［M］．北京：清华大学出版社，2011．

［3］张衬．广告文案写作［M］．郑州：郑州大学出版社，2010．

［4］徐雯．创意广告语言艺术研究［D］．陕西师范大学，2012．

［5］秦冲．广告文案写作论［D］．西北师范大学，2009．

［6］刘红麟．公文的修辞审美艺术探析［D］．四川师范大学，2011．

［7］戴进．公文写作修改方法研究［D］．长春理工大学，2016．

［8］周尤睿．论公文写作中句式的选择与运用［D］．四川师范大学，2014．

［9］刘淑萍．应用写作教程［M］．北京：科学出版社，2007．

［10］陈果安，何纯，王定．写作学基础［M］．长沙：湖南师范大学出版社，2006．

［11］王凤仙，刘艳芬．现代应用文写作［M］．舟山：中国海洋大学出版社，2003．

［12］孙延稳．试析广告文案创意的基本原则［J］．市场研究，2013（12）．

［13］马连湘，佟文娟．广告文案写作课程内容设计与授课方式的侧重［J］．吉林广播电视大学学报，2010（04）．

［14］糟凤英．浅谈广告文案写作［J］．中国科技信息，2013（05）．

［15］李巧．从消费者的诉求看广告文案的主题表现［J］．应用写作，2012（06）．

［16］孙延稳．试析广告文案创意的基本原则［J］．市场研究，2013

（12）．

［17］郑伶俐．广告文案写作教学改革探讨［J］．南昌教育学院学报，2010（11）．

［18］陈爽．广告文案写作课程教学改革初探［J］．商业文化（下半月），2011（08）．

［19］张常悦．浅谈广告文案的写作规范及发展趋势［J］．写作，2012（Z3）．

［20］朱体正．体育赞助冠名合同的法律适用［J］．天津体育学院学报，2008（05）．

［21］王文浩，楚柔侠．体育赞助的营销策略［J］．企业导报，2010（05）．

［22］杨洋，方正，江明华．赛事赞助沟通对感知匹配的影响［J］．上海体育学院学报，2015（02）．

［23］卢长宝．体育赞助营销策略研究——基于品牌形象转移理论［J］．北京体育大学学报，2011（04）．

［24］万翠琳．赞助动机与品牌忠诚的关系——基于中国企业体育赞助的实证研究［J］．武汉体育学院学报，2010（01）．

［25］刘沐．新媒体广告形态与发展［J］．科技资讯，2010（19）．

［26］李娟．实验教学模式下的广告文案写作课程［J］．装饰，2014．

［27］李刚．中国企业赞助国内大型体育赛事的绩效研究——基于事件研究法［J］．体育科学，2014．

［28］刘玉鉴，李季，程杨等．体育赞助中品牌熟识度和赞助形态对消费者反应的影响［J］．经济科学，2014．

第八章　体育赞助评估

>>>本章导语>>>

赞助效益是企业进行体育赞助的基本出发点，也是评估体育赞助好坏的重要指标，因此科学、合理、有效的评估应当贯彻体育赞助活动的全过程。那么，企业和组织进行体育赞助的依据是什么？有哪些方法和途径？基本流程又是什么？赞助活动结束后该如何进行赞助报告的撰写？这些都是进行体育赞助的成效评估中最基础同时也是最核心的内容。本章将对体育赞助评估的依据、方法、流程及报告撰写等问题进行阐述，以强化赞助双方的评估意识，对指导体育赞助实践活动提供一定的理论价值和现实意义。

>>>学习目标>>>

通过本章学习，了解体育赞助评估的依据，掌握体育赞助评估的基本方法，熟悉体育赞助评估的流程及体育赞助评估报告撰写的要点和注意事项。

第八章 体育赞助评估

案例导入

如何衡量体育赞助价值？[①]

赞助世界杯能产生多少价值？赞助像梅西和罗纳尔多这样的超级巨星又能获得多大回报？想实现投资回报率，企业需要了解5个发现赞助价值的关键指标。国际足联在巴西世界杯期间获得来自20家公司的赞助，赞助额达14亿美元，超过2012年世界杯赞助额的10%。2016年里约奥运会就更不必说，体育赞助商纷至沓来，似乎每一家公司都想从奥运会中分一杯羹。

对于体育赞助所涉及的巨额赞助资金，赞助商们却不完全清楚他们的投资回报（ROI）。行业研究报告显示，大约1/3的美国公司没有系统衡量全面的投资回报，他们因此也付出了高昂代价。为了有效管理赞助支出，广告客户必须确定明确的赞助战略：投资组合的总体目标、目标人群以及消费者决策历程的各个阶段（认知—考虑—购买—忠诚）等，公司基于衡量赞助支出表现的5个指标，设定一个完整的投资回报程序。

1. 单次抵达成本

营销人员应该评估广告每次可辐射影响的具体人数，比如电视、广播、纸媒、互联网中的基础数据。成本不仅包括版权费用，也涵盖活动费用（例如促销摊位和商品）和广告。单次抵达成本计算法是指从"零售商—服务商数据—赞助商—公开渠道"一整套流程下来所形成的成本。有些赞助（如顶尖的高水平运动队）单次抵达成本较高，而其他（如音乐演唱会）成本较低。建立这种数据库还可以确定未抵达目标客户群的赞助额。有了这些认识，公司可以重新分配赞助更优的路径，在相同的成本条件下提高20%的抵达率。

2. 单次抵达的无意识认知度

企业往往在赞助上投入大量资金，却很少在营销活动上投入，如宣传展台和商品推广。从IEG的研究来看，许多公司错失了扩大销售和知名度的有效机会。一家美国消费者包装公司分配了80%的赞助预算，但在营销活动上只投入20%的资金。在进行营销分析之后，公司发现，如

[①] 体育商业评论. 如何衡量赞助价值——五个指标告诉你 [EB/OL]. https://sanwen8.cn/p/327FemA.html, 2016-08-16.

果提高 20% 的营销活动资金比重，可以促进消费者更大程度的无意识认知度，提高他们对品牌的回忆能力。所以在赞助基础上的营销活动，至关重要。

3. 单笔交易的销售和利润

如果赞助活动直接关联销售，对赞助商来说，的确具有挑战性。但采用两种方法可以帮助量化销售。首先是关系上的赞助支出。比如不提示认知度和购买倾向，跟踪每个变量对短期和长期销售的影响。其次是运用计量经济学，通过数据支出建立赞助商和销售之间的长期联系，隔离其他市场营销和销售活动的影响。例如一家手机制造商，建立了季度消费者调查，衡量赞助对销售的影响。通过对数据库的前期分析，公司能够确定真正拉动消费增长的赞助意愿，随后关联销售。数据前 15% 和后 15% 的投资回报率差异可达 10 倍。

4. 长期的品牌属性

赞助必须超越短期投资，塑造长期品牌消费认知。长期的销售增长至关重要，品牌实力可以贡献 60%~80% 的消费额。定性评估或调查，可以帮助企业确定品牌属性及其每个属性背后的赞助支持。这些结果的分析可以帮助营销人员确定哪些赞助商正在加强一个共同的品牌主题。只有确定品牌属性，才能传达正确的产品信息，避免赞助性质错位和出现负的 ROI。

5. 间接效益

赞助可能刺激间接销售。例如，赞助活动的广告主或管理人员也属于平衡贸易承诺的一部分。赞助商分析必须考虑到这些间接优势。公司计算投资回报率时，往往会疏忽或者高估这些来源。例如可参考一些金融机构的赞助经验，将高尔夫球比赛赞助融入客户财富管理业务。分析表明，间接销售比赛的影响及其所涉及的赞助费用将成为投资组合最有效的赞助商。

赞助已经成为市场营销战略的组成部分。然而，许多企业仍然没能有效地量化这些支出的影响。在诸如世界杯、奥运会这样的显著消费事件中，赞助商只是投入资金，而没有综合考虑"ROI"，容易错失许多良机。所以，要想通过分析方法进行系统衡量，需要企业高管为品牌标识创造价值。

众所周知,体育赞助是企业进行品牌宣传、扩大品牌曝光度、提升品牌和企业形象的非常重要的途径。体育赞助的成效如何?企业投入大量资金对体育赛事、体育组织、运动队、运动员进行赞助到底值不值得?评估的依据、成效评估的方法和途径有哪些?实施成效评估的基本流程包含哪些步骤?如何做一份好的体育赞助成效评估报告?本章以价值工程理论为工具对体育赞助的成效评估进行阐述,试图从一个新的视角考量体育赞助的价值和效益。

第一节 体育赞助评估的依据

体育赞助具有重要价值,然而体育赞助的成效到底有多大、如何进行评估、评估的依据又是什么等问题并不是每一个进行体育赞助的企业或组织都能很好理解和把握的,需要从多个方面,通过多种途径来寻找和明确。整体来看,体育赞助评估的依据主要可以从三个方面进行,即经济价值、社会价值、环境价值(图8-1)。①

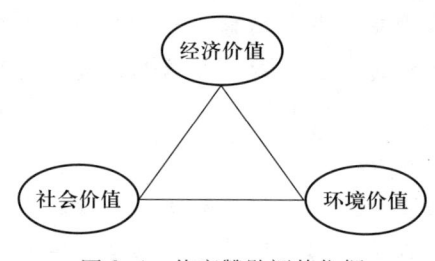

图 8-1 体育赞助评估依据

一、经济价值

体育赞助的经济价值是指体育赞助对于人和社会在经济上的意义。经济价值是经济行为体从产品和服务中获得利益的一种重要衡量方式,故而企业在进行体育赞助活动时要充分考虑其经济价值。总体来说,体育赞助的经济价值至少要从以下几个方面来考虑。

---

① 王虎.国家文物局重点科研基地评估体系研究[D].北京化工大学,2006.

（一）是否能扩大企业产品或服务的销售量

企业进行体育赞助的目标和诉求很多，但不管出于何种需求，最终的目标还是盈利。盈利最直接的途径便是产品和服务的销售量，所以企业在赞助周期内要随时关注产品和服务的销售情况，如果产品和服务的销售没有增长或没有明显的增长，那么可以判断该体育赞助活动是不成功的，企业就该停止对该对象或项目进行体育赞助，挑选其他更加合适的赞助对象进行赞助。1987年健力宝公司拿出250万元赞助六运会，六运会后健力宝订货额突破了2亿元。这充分说明成功的体育赞助对赞助方而言，可以扩大财源，增强活力，同时也是体育俱乐部的主要经济来源，它可促进运动水平的不断提高以及满足人们日益增长的观赏要求。

（二）是否节省企业营销宣传费用

任何企业在其发展过程中都会采取相应手段和措施进行企业、产品或服务的营销和宣传，不同手段和措施其投入水平和产出效用不一样。此时就要考虑进行体育营销是否有利于节省费用，也就是说用更少的资本投入能否实现同样的甚至更好的营销宣传效果。如果可以，那么该项体育赞助活动就实现了其价值，如果没有，那么该项体育赞助就失败了，企业需要寻求或挑选更好的对象或项目进行赞助。统计显示，一个企业想要在世界范围内提高自己的品牌认知度，每提高1%就需要投入2 000万美元的广告费，但通过赞助大型体育赛事，同样的花费可以提高10%。这或许可以解释，为何这么多企业钟爱体育营销。[①]众所周知，企业平时在电视上做一次广告，时间只能以秒计算，并且价钱昂贵。美国黄金时段的电视广告每30秒钟37万美元，我国中央电视台黄金时段的广告每秒钟15万元，而一场比赛往往几十分钟甚至几小时。据统计，一场足球比赛中场附近广告牌的出现时间长达7分37秒，乒乓球、网球等项目赛场四周挡板上的赞助广告出现的时间，几乎相当于整个比赛时间的一半，并且广告画面多次重复出现，给人的印象更加深刻。一些大型比赛，无论是场地使用还是电视转播的重复率都很高，可使广告画面不断重复出现在观众面前，累计的次数和时间比单独刊登广告要超

---

① 禹唐世纪体育.体育赞助的效益如何评估［EB/OL］. http://mt.sohu.com/201602101n437215417.shtml, 2016-02-10.

出好多倍，大大节约了企业通过其他方式进行营销宣传的费用。①

（三）是否提升企业产品或服务竞争力

企业进行体育赞助除了节省成本、提升销售等方面的经济诉求之外，还要有利于提升企业产品或服务竞争力。不可否认，企业进行体育赞助后获得了较高的市场曝光率，拉近了企业与消费者之间的距离，所以理所当然企业产品或服务的社会占有率或市场规模应有所扩大，如果没有，那么企业要反思赞助对象和项目选择的恰当与否，如不恰当则要考虑更换赞助对象。2013—2014年江苏女排俱乐部表现低迷，仅获全国女排联赛末位，为了改变现状及俱乐部运营经费不足的窘境，俱乐部积极联系和沟通潜在赞助商，通过多方面努力，江苏中天钢铁集团对江苏女排俱乐部进行冠名赞助，俱乐部更名为江苏中天钢铁排球俱乐部，江苏中天钢铁集团每年为俱乐部提供300万元冠名赞助资金。接下来的两年江苏中天钢铁俱乐部联赛排名实现了巨大的提升，2014—2015赛季江苏女排从第12位（末位）上升至第3位，2015—2016赛季以微弱劣势屈居联赛亚军。正是有了江苏中天钢铁集团的冠名赞助及资金支持，江苏中天钢铁排球俱乐部才有资金引进中国女排前主帅蔡斌并促成外借主攻手惠若琪的回归。可以说江苏中天钢铁集团的冠名赞助大大提升了江苏中天钢铁排球俱乐部的竞争力，为球迷和社会大众提供了更好的赛事产品和服务。2015年12月9日，阿里巴巴集团在日本东京举行的新闻发布会上，宣布与上海汽车集团联合打造的互联网汽车品牌"阿里巴巴E-Auto"取得2015—2022年国际足联俱乐部世界杯的冠名权。此次合作阿里巴巴将以阿里的数字经济生态带动整个体育产业升级。接下来，阿里体育将吸收阿里巴巴整个生态系统的资源，围绕世俱杯这一顶级IP（知识产权）展开赛事运营、票务运营及衍生品开发等一系列服务。阿里巴巴对国际足联的冠名赞助既提升了受赞助企业的产品和服务的竞争力，也扩大了自身的竞争力和影响力。

二、社会价值

关于体育赞助的"社会价值"，有的学者认为是指企业进行体育赞助活

---

① 禹唐世纪体育. 体育赞助的经济效益与战略选择［EB/OL］. http://www.wtoutiao.com/a/534581.html, 2014-10-05.

动给社会带来物质财富和精神财富的贡献。有的学者认为体育赞助的社会价值是指企业通过体育赞助活动所收获的声誉、威信、信任及与社会之间的良好关系。不难看出，站在不同的角度，两种理解都有其合理性，但实际上，企业进行任何的决策和行动，其出发点首先是为了获得更好的发展。企业进行体育赞助的社会价值具体可从以下几个方面进行考虑。

（一）是否扩大品牌的社会影响力

品牌的社会影响力不同于企业销售的提升和费用的节省，更多是企业品牌的社会知晓度、接受度，这种知晓度和接受度短时间没有办法用货币来衡量，但却可能转化为未来的经济效益。因此在体育赞助活动结束后，可以采用问卷调查等方式对社会大众进行调查，了解企业品牌的社会影响力是否有提升，若不能或提升有限，那么该体育赞助活动对于扩大品牌社会影响力的成效不大，企业应该考虑更换体育赞助的对象和目的。反之，则说明体育赞助活动在扩大品牌社会影响力方面有价值。例如，由IBM协助建立的悉尼奥运会官方网站在奥运会期间的点击次数累计达到2 000万次。日本佳能公司赞助英格兰足球联赛6个月后，在英国的知名度就从19%上升到70%。日本电气公司自从赞助戴维斯杯网球大师赛后，第二年该公司电脑的销售量在英国市场的占有率就从6%上升到10%，而每上升一个百分点，就意味着增加1 000万美元的收入。正因为如此，体育赞助在扩大企业和品牌的知名度方面效果显著。361°公司从2010—2014年的5年时间连续对全国排球联赛进行了冠名赞助，年均赞助金额达3 000万元，与中超联赛及CBA联赛相比，3 000万元的赞助费用相对较低，但361°公司最终还是放弃了赞助排球联赛，花更高的代价赞助了里约奥运会。之所以做出这样的选择主要在于全国排球联赛的受众面较窄，联赛的受欢迎程度及社会影响力较弱，对361°公司进一步扩大品牌社会影响力及国际化推广的作用较小，所以需要一个更大更好的平台对企业进行品牌宣传。

（二）是否树立企业的良好形象

企业形象是指人们对与企业有关的文化、质量、风格、信誉、款式、价格、包装和服务等要素的各种看法的总和，也是企业及其产品的美誉度、可信度以及顾客忠诚度的一个决定性因素。企业进行体育赞助是否有利于树立企业良好形象往往与赞助对象和赞助目的有重要联系。如果赞助对象与企业产品和服务的契合度不高，则很大程度上会有损赞助双方的形象。如2004

年获得奥运会110米跨栏冠军的刘翔与白沙集团签订赞助合同就是一个比较失败的案例。白沙集团是生产烟酒的企业，与刘翔阳光健康的社会形象完全不契合，对于白沙集团企业形象的建立并没有产生实质性的作用，甚至受到社会的反感，这样的体育赞助不利于树立企业良好的社会现象。再比如企业赞助的项目不同，其所取得的赞助效果也不同。例如里约奥运会赞助中国女排和中国男足这两支队伍对于企业树立良好的形象差异显著。赞助中国女排效果明显，对于树立企业良好形象具有积极作用，很多人会把中国女排的良好表现与其赞助商联系起来，而赞助中国男足的企业就没有这么幸运，赞助企业不仅没能获得应有的尊重，很多时候还会受到球迷及社会大众的诟病，将球队的表现与赞助企业等同起来，因此，在进行体育赞助时，需要充分考虑其在树立企业良好形象方面的作用。

（三）是否增加社会曝光度

曝光度是指赞助者及其所要提供的赞助称号、企业或产品名称、标识、商标等要素在现场采访和媒体上曝光的力度和频度。曝光度的评定方法主要采用统计法，详细统计在某一段时间内在比赛现场电视、广播、报纸、杂志、街头广告和网络等有关媒体出现的次数和时间。对于企业而言，进行体育赞助的最终目的肯定是盈利及企业长远的发展，基本途径是实现产品或服务的销售，而基本前提便是增加企业、产品或服务的社会曝光度。怎样的赞助对象才有利于增加企业的社会曝光度？要根据企业自身的实际情况有选择性地进行挑选和甄别。比如奥运会、世界杯、NBA、英超、欧冠、意甲等世界重量级的体育赛事对于提升企业的社会曝光度作用明显，但企业要考虑企业资本实力及投入和产出是否成比。全运会虽然是全国性的重要比赛，但到现场观看比赛的人非常少，很多时候参赛运动员比观众都多，企业选择这样的赞助对象时，其社会曝光度肯定会大打折扣。因此，是否能够增加企业、产品或服务的社会曝光度应当作为体育赞助社会价值实现的重要考虑依据之一。

三、环境价值

体育赞助的环境价值是对企业的体育赞助活动的环境后果的衡量。由于企业进行体育赞助必然会引起环境发生变化，这些变化对企业生存和发展具有重要影响，因此企业需要从自然、经济、人文等多种角度对企业体育赞助活动可能导致的环境变化进行综合评估和衡量。从根本上来说，体育赞助活动的环境价值是其经济价值和社会价值的基础，体育赞助的经济价值和社会价值则是环境价值的后果，三者互为条件，相互影响，是辩证统一的关系。企业的发展目标和使命就是要寻找三者之间得以协调发展的结合点，即能使社会价值、经济价值持续发展、环境价值日益提升的措施和方案。

（一）是否有助于优化自然环境

自然环境指地球上一切生命和非生命的事物以自然的状态呈现，是企业生存和发展的重要依托，无论是企业内部还是外部都需要良好的自然环境。首先，企业进行体育赞助要注重优化外部自然环境。企业进行体育赞助时，无外乎赞助资金、物资、设备、器械等，被赞助方或版权方拥有好的环境和条件后，有利于更好地生产产品或服务，更好地服务于赞助企业。其次，企业进行体育赞助要注重完善其自身环境。受地理环境或地缘环境影响，小城市的企业或产品要走向全国或是国际比较困难，而体育赞助可以让全国乃至全世界的民众接触到企业的产品或服务，摆脱了地理位置或地缘环境的限制，这无疑也是优化企业"自然环境"的一种重要体现。2014年11月华为公司成为华盛顿红皮队官方合作伙伴，并承诺为有8.5万个座位的红皮主场FedEx球场提供无线网络信号。美国作为华为全球重要的战略市场，未来将加大投资。这是华为在美国的第一次大型赞助，在很大程度上完善了红皮主场FedEx球场的观赛环境。2015年11月首届中国体育产业价值创新论坛于北京顺利召开，由于宣传和推广滞后，未能最大限度地获取赞助，赞助商所赞助的物资及资金有限，会议最后安排在北京体育大学科研中心和培训中心举办，虽然产生了比较大的社会影响，但论坛的价值并未充分实现，论坛举办的场地受到部分与会代表的诟病。基于首届论坛的经验和教训，会务组提前进行商业推广和会务营销，最大限度地与潜在赞助单位进行沟通和洽谈，获得了较好的赞助经费支持，2016年11月第二届中国体育产业价值创新论坛入驻鸟巢会议中心，论坛的软硬件堪称一流，会议获得巨大的成功。正是因为体育赞助准备的充分，为论坛举办场地的选择提供了巨大的经费支持，一定程度上优化了论坛的环境和条件。

（二）是否有利于改善人文环境

任何企业和组织都处于一定的社会环境当中，人文环境的好坏直接影响到企业的生存和发展。好的人文环境通常代表着健康的生活方式、价值观念、意识形态,这在很大程度上会渗透到企业当中,对企业文化产生积极的影响。例如某企业一直对中国女足进行赞助,但从来看不到该企业对外做宣传,也看不到公司 LOGO 出现在女足的各项比赛中。有人采访企业董事长"你们为什么要选择这么做?""学习中国女足顽强的拼搏精神,让这种精神影响企业的员工"。通过他的回答,我们看不到直接的经济价值或社会价值的体现,但女足顽强拼搏的精神却实实在在影响着企业的人文环境。

(三)是否有利于改善市场环境

企业的发展离不开健康的市场环境,但很多企业总是忽视这一点,恶性的价格战、不正当竞争等现象层出不穷,不利于营造良好的社会秩序。所以,好的体育赞助应该起到改善市场环境的作用,形成良性的市场竞争关系,共同把行业做大做强。2016 年 11 月,我国著名篮球运动员易建联在比赛进行中脱掉了 CBA 总冠名赞助商李宁公司提供的球鞋,到场下换上了 NIKE 公司提供的球鞋。表面上看,他只是换了一双鞋,但实质上却是各赞助企业的利益博弈。李宁公司为了使自身赞助权益最大化,对其他球队、球员等赞助权益实行完全排他,导致赞助商之间权益冲突。通过深入分析发现,李宁公司这种完全排他性的赞助方式并不利于 CBA 联赛整个市场的良性发展,严重阻断了其他利益相关体参与联赛、分享联赛成果的机会,不利于整个联赛做大做强。不仅如此,还会影响企业品牌曝光率的提升及企业良好社会形象的建立。

案例 8-1

国内外体育营销效用评估方法[①]

一、国内体育赞助营销效用评估方法

体育赞助营销是企业品牌宣传和形象推广的重要传播工具之一。不同于广告等传统传播工具,体育赞助营销依附于某一事件,从而获得与该事件相关的营销机会,并借此影响其目标受众。因此,体育赞助营销效用的提升并非仅仅取决于企业的努力,它还取决于事件组织者的配合及事件的影响力。而从体育赞助营销工具功能来看,它也不是一个自足

---

① 体育赞助网. 体育赞助营销效用评估方法研究 [EB/OL]. http://mt.sohu.com/20161028/n471666140.shtml,2016-10-28.

体,在实施过程中,体育赞助还需要其他营销工具的辅助。事实上,体育事件只搭建了一个传播平台而已。因此,赞助营销风险在于其内在本质——结果无法控制且事件容易混淆。事实上,效用评估一直是企业渴求的控制与量化风险的工具,当然,它也是体育赞助营销研究领域中最难的环节。

体育赞助收益与风险共存,因此,评估非常有必要。研究者认为,赞助评估应包括事前评估和事后评估。事前评估包括企业内外环境分析、赞助目标、赞助赛事观众与企业目标顾客是否吻合、赞助经费安排、赞助提案选择、预测风险及赞助时机地点选择等流程。事后评估主要包括受众心理效果评定:曝光度、到达度、感知度、记忆度和态度5大指标,其中,最重要的是记忆度和态度。

体育赞助评估应包括三部分:

(1) 事前评估:主要包括赞助目标、程序、方案与企业目标之间一致性的评估。

(2) 事中评估:主要围绕内外环境变化、赞助实施情况、阶段效果评价来进行。

(3) 事后评估:主要包括曝光度、到达率、回忆度、形象、销售效果等的评估。

尽管在研究中发现与赞助事件选择有关,但其结论对效用评估很有启发。研究者认为,赞助项目选择必须对其效果的"质"与"量"进行分析,其中,"质"主要考虑的因素有:

(1) 卷入度:指观众参与或收看活动的介入程度。

(2) 干扰度:指观众接触活动时受其他品牌干扰的程度。

(3) 媒介环境:即活动在观众心目中的特定形象,它可为具有类似形象的企业提供适合的媒介舞台。

(4) 品牌环境:指赞助商的多寡决定了品牌共存时的赞助环境。

(5) 相关性:指产品类别、目标对象或宣传内容与活动本身在主题上的相关性。而"量"的评估主要包括成本效应分析,包括5种要素:

(1) 有形收益:包括媒体印象、品牌标志等。

(2) 潜在收益:如顾客忠诚度、品牌专有度等。

(3) 地理覆盖范围及影响力。

(4) 成本/效益比例：即企业投资回报分析。

(5) 赞助商关注因素：如赞助期限等。

有些企业将赞助与销售结合起来评估赞助项目，但此方法操作非常复杂，并非适用于所有公司。

二、国外体育赞助营销效用评估方法

部分国外关于赞助效用的评估方法被认为是可以最恰当评估赞助效果的方法。

第一，基于曝光的方法。这种方法沿袭了广告效用评估的套路，是一种典型的赞助作用广告化的思维方式。它有两种流派：一是统计从赞助事件中获得的媒体覆盖数量和性质；二是估计直接和间接的观众。

第二，追踪衡量方法。所谓追踪衡量也就是在调查基础上，评估消费者对赞助商形象及其产品认知、熟悉及偏好程度。从理论上来讲，这种方法明显较第一种机械式的计算更具有针对性。但是，这种以调查为基础的评估方法根本无法追踪其整体效用。

第三，实验方法。实验方法就如经济学原理建立在大量假设上，虽然它可得出富有启示意义的结论，但结果只能在一定条件下成立。

第四，有关企业短期或长期收益的实证研究方法。即将体育赞助后企业短期或长期效益的实现作为体育赞助效用评价的标准。

第二节　体育赞助评估的方法

体育赞助评估从不同视角可采用不同的方法和手段。从具体的赞助层面来看包括曝光率的评估、到达率的评估、回忆率的评估、企业形象评估、销售情况评估等；从方法层面来看，有定性评估、定量评估、定性定量相结合的评估；从赞助效果层面看分为经济效益评估、社会效益评估、环境效益评估。不管以上哪一种评估的方法，在不同的视角下都是合理的。

目前，就前期的体育赞助评估尚缺乏标准化的评估方法，一些常用的评估法如：① 曝光率测量法。主要是评估媒体的收视率及计算现场观众人数的多少,将赞助效益以量化的方式呈现给赞助商。①② 追踪评估法。以回忆及辨识的方式,了解现场观众对赞助商的印象和感觉。③ 销售量增加比率。通过开展体育赞助前后销售量的变化,多少可看出一些体育赞助的经济效果。计算公式:销售量增加比率=(赞助后平均销售量-赞助前平均销售量)÷赞助费用×100%。销售量增加比率和赞助经济效果成正比,增加比率越大,赞助的经济效果就越好,反之亦然。④ 赞助费比率。通过对体育赞助费用投入量和赞助后销售量之间的关系,衡量体育赞助的经济效果。计算公式:赞助费比率=(赞助费用÷赞助后销售量)×100%。赞助费比率和赞助的经济效果成反比,即赞助比率越小赞助的经济效果越好,反之亦然。

以上的几种方法在一定程度上都可以对体育赞助效果进行评估,但是评估不够全面,本节重点介绍两种新的评估方法:功能评估和成本评估。价值工程理论作为一种成熟的理论,在世界范围内运用十分广泛,已经为世界经济的发展做出了巨大贡献,在我国的其他产业领域,尤其是制造业领域应用十分广泛,但就体育领域来看,运用并不多。价值工程(value engineering 简称 VE)是一种新兴的科学管理技术,是降低成本提高经济效益的一种有效方法。强调以最小成本实现最大的功能,进而实现价值最大化,基本表达式为 $V=F/C$(V=价值,F=功能,C=成本)。因此,体育赞助评估可以从功能、成本两个最核心的维度对体育赞助成效进行评估,即功能评估和成本评估。②

一、功能评估

就价值工程理论而言,功能对于不同的对象有着不同的含义:对于物品来说,功能就是它的用途或效用;对于作业或方法来说,功能就是它所起的作用或要达到的目的;对于人来说,功能就是他应该完成的任务;对于企业来说,功能就是它应为社会提供的产品和效用。总之,功能是对象满足某种需求的一种属性。通过分析不难发现,价值工程理论所阐述的"功能"内涵,实际上等同于使用价值的内涵,也就是说,功能是使用价值的具体表现形式。任何功能无论是针对机器还是针对工程,最终都是针对人类主体一定

---

① 邓里文.体育赞助营销中赞助商品牌形象转移的研究[D].南开大学,2010.
② 肖淑红.体育产业价值工程[M].北京:北京体育大学出版社,2009.

的需求目的，最终都是为了人类主体的生存与发展服务，将体现为相应的使用价值。因此，价值工程理论中所谓的"功能"实际上就是使用价值的产出量①。就体育赞助活动而言，它的功能评估也可以理解为使用价值的产出，也就是体育赞助活动能够为企业带来什么。从体育赞助的效用角度体现为经济价值、社会价值、环境价值，而每一种价值的实现可以用一定的货币符号来表示。例如，为了扩大产品和服务的销售量，企业可以通过多种手段和途径进行营销和宣传，从而扩大销售量，在进行营销和宣传的过程中，企业必定要投入一定量的资金。那么企业进行体育赞助活动是否也能够达成这种目标？如果可以，则企业用其他营销宣传方式所投入的资金量便可以视为体育赞助该项功能的货币计量值。除了扩大销售量这一功能之外，还有提升企业产品或服务的竞争力等众多功能，将所有的这些值相加，便构成体育赞助活动功能的货币计量值。例如，恒大地产集团从 2009 年开始对排球运动进行赞助，成立了恒大排球俱乐部，每年冠名赞助金额 2 000 万元。自恒大女子排球俱乐部成立以来成绩一路高歌，2009—2010 赛季获中国职业排球联赛的 B 级联赛第 1 名，顺利晋升 A 级联赛，2010—2011 赛季获中国职业排球联赛亚军，2011—2012 赛季获中国职业排球联赛冠军，2012—2013 赛季获中国职业排球联赛亚军，2013—2014 赛季成绩稍有下滑，获得联赛第 4 名，2014—2015 赛季恒大中止对排球俱乐部的赞助，俱乐部名存实亡，面临解散。与此同时，恒大地产集团加大了对足球项目的投资和赞助，据不完全统计，2011—2013 年的三年间，恒大对足球项目的投资及赞助额度高达 21 亿元。同样是全国性赛事，恒大为何年投入近 7 亿元赞助恒大足球俱乐部，而不愿继续对恒大排球俱乐部进行赞助，归根归底是"功能"不同。由于中超联赛和中国职业排球联赛在受众面、受欢迎程度、社会影响力等方面差异悬殊，中国职业排球联赛项目无法最大限度地实现树立企业形象、扩大企业曝光度、提升品牌影响力、扩大产品销售等功能，为了实现企业价值，恒大选择了中超联赛，不惜高昂代价投资和赞助恒大足球俱乐部。

二、成本评估

就价值工程理论而言，成本指为了实现某项功能企业或组织要付出的代

---

① 徐良. 浅析价值工程在控制建筑工程造价中的应用[J]. 价值工程，2011（23）：48.

第二节 体育赞助评估的方法

价，具体来说，价值工程中所谓的成本是指人力、物力和财力资源的耗费。其中，人力资源实际上就是劳动价值的表现形式，物力和财力资源就是使用价值的表现形式，因此价值工程所谓的"成本"实际上就是价值资源（劳动价值或使用价值）的投入量。① 就实际的产品或是服务而言，每一项功能的实现都对应一定的成本投入，在功能实现的前提下，成本投入越少，价值越大，反之，价值越小。一般而言，企业要实现扩大企业产品或服务的销售、节省企业营销宣传费用、提升企业产品或服务竞争力等经济功能；实现扩大品牌社会影响力、树立企业良好形象、增加社会曝光度等社会功能；实现优化自然环境、改善人文环境、改善市场环境等环境功能，势必都要消耗企业资源及付出成本和代价，这个代价就是成本。运用体育赞助的方式和其他方式所花费的成本肯定存在差异，在实现同样功能的前提下，如果体育赞助活动的消耗成本较大，那其价值就小，反之，价值增大。该方法是评估体育赞助活动是否具有价值的重要方法之一。

价值工程理论注重以最小成本实现最大功能，从而实现价值最大化。通常情况下，体育赞助的评估要从功能和成本两个方面综合考虑才能真正比较出价值的大小。当功能或成本其中有一项固定的情况下，通过另一项的比较也可明确价值的大小。比如，在功能不变的情况下，通过比较成本大小就可明确其价值大小。同理，在成本不变的情况下，通过比较功能的大小就可明确其价值大小。可以说，价值工程理论是一种评估体育赞助活动价值的重要手段，只要清晰了功能和成本，其价值便一目了然。就价值工程理论的实际运用来看，在实物产品领域的运用已经非常成熟，但对于服务性产品而言，还处在摸索阶段，特别是对功能进行赋值时，还处于方向性和指导性层面，如何科学地对体育赞助活动进行功能赋值直接影响着评估的准确性和操作性（图8-2）。

图8-2 体育赞助评估方法

---

① 任利锋. 浅谈价值工程在市政工程项目管理中的运用［J］. 价值工程，2011（23）：65.

第三节 体育赞助评估的流程

体育赞助评估流程是否合理直接影响体育赞助评估的准确性和科学性，因此无论企业采取何种措施和途径进行评估，都应该尽可能明确评估对象、确定评估维度、寻找评估依据、总结评估结论。

一、明确评估对象

只有明确了评估的对象，评估才能有的放矢。体育赞助的评估对象是指企业进行体育赞助活动所需要进行评价的对象或项目，其评估的内容主要是指企业通过体育赞助活动获得的价值和效益。体育赞助的评估对象比较宽泛，通常包括体育赛事、体育组织、体育场馆、运动队、运动员等。一般而言，大企业或超大型企业进行的体育赞助活动通常较多，那么企业在进行体育赞助评估时，通常不应把所有的体育赞助活动放在一起进行简单的相加来评估功能的实现和成本的消耗。比较科学合理的做法是将每一项体育赞助活动单独列出，然后利用价值工程的评估方法从功能和成本方面进行分析，从而评估出每一项体育赞助活动的价值和效益的大小。在此基础上，再从功能和成本角度进行企业体育赞助活动价值的综合评估。确定好评估对象是进行体育赞助价值评估的重要基础和前提。如果评估对象不明确，评估维度再科学、评估依据再充分，价值评估的结果也没有意义。

二、确定评估维度

从价值工程的理论角度来看，评估某项活动价值的大小，需要从两个方面来进行，即功能和成本。体育赞助活动的价值评估也可以从这两个维度来进行。体育赞助的功能是指企业通过体育赞助活动所实现的功能，更具体讲是指企业通过体育赞助活动所达成的目标或所取得的成效。从宏观角度来看，体育赞助活动的功能一般包括经济功能、社会功能、环境功能等。因为体育赞助活动功能的丰富性以及其功能的货币计量复杂性（需要多学科团队的协作评估），所以体育赞助活动功能的分析和评估难度加大。体育赞助的成本是指企业通过体育赞助活动所消耗的资源，包括资金、人力、物资等方面。由于物资、人力、资金容易计量,因此成本的分析和评估也比较容易操作。从目前来看,解决好体育赞助活动中功能的货币计量问题就解决了体育赞助活动的价值评估问题。总而言之,不管出于何种原因,功能和成本是进行体育赞助活动价值评估的两个重要维度,也是体育赞助活动价值评估的重要方向之一。

三、寻找评估依据

选择恰当、合理的评估依据是科学评估体育赞助活动成效的重要前提之一,因此,当评估对象与评估维度确定以后,就要全方位地寻找评估依据,即我们在第一节中提到的评估依据——经济价值、社会价值、环境价值,更具体一点讲,要充分了解该体育赞助活动是否能扩大企业产品或服务的销售、是否能节省企业营销宣传费用、是否能提升企业产品或服务竞争力、是否能扩大品牌社会影响力、是否能树立企业的良好形象、是否能增加社会曝光度、是否有助于优化自然环境、是否有利于改善人文环境、是否有利于改善市场环境。只有当评估依据比较充分之后,才可从功能和成本两个维度对赞助对象进行评估,从而确定体育赞助评估对象的价值和成效。当然,评估的依据远不止以上提到的内容,并且由于不同的对象其评估的目的和要求有差异,评估依据可以根据评估主体的需要进行适当的调整。

四、总结评估结论

通过前面的基本步骤,可以明确评估对象、评估维度及评估的依据,在此基础上,需要进一步总结评估结论,即了解体育赞助活动是否有成效。体育赞助活动成效评估(即价值评估)的基本表达式为 $V=F/C$,F 代表功能,C 代表成本,V 代表价值,功能与成本的比值即为价值,即体育赞助评估的成效。这里的成效评估主要有两个层面的比较——自我成效评估和比较成效评估。自我成效评估主要是针对体育赞助活动自身进行的评估,体育赞助活动初期的预算价值计为 1(即 $V=1$),成本与功能等值,赞助活动实施以后,功能与成本会发生变化,进而导致价值的变化,若 V 大于 1,那么赞助活动有成效,若 V 小于 1,那么赞助活动没有成效。比较成效评估是指通过比较企业体育赞助活动的价值与企业其他赞助活动的价值,从而得出体育赞助活动成效的评估方法。例如，企业其他赞助活动的功能为 F_1，成本为 C_1，那么其赞助价值（赞助成效）为 $V_1 = F_1/C_1$；企业体育赞助活动的功能为 F_2，成本为 C_2，那么其赞助价值（赞助成效）为 $V_2 = F_2/C_2$；体育赞助活动的比较成效 $\Delta V = \Delta V_2 - \Delta V_1$，若 ΔV 大于 0，那么体育赞助活动有成效，若 ΔV 小于 0，那么体育赞助活动无成效。通过总结体育赞助的评估结论可以帮助进一步明确评估对象，助力体育赞助评估的实施（图 8-3）。

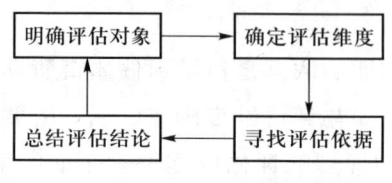

图 8-3 体育赞助评估流程

第四节 体育赞助评估报告的撰写

体育赞助活动的价值和成效只有经过评估才可知晓，因此体育企业在赞助活动结束后，往往需要对赞助效果进行评估，一方面是综合评估本次赞助的投资回报，另一方面是为将来的赞助项目优化做指导。据《2015 年 IEG/ESP 资产赞助决策调查》的描述，比赛后完成体育赞助评估报告是第二大最有价值的投资回收评估服务。[①]对版权方而言，体育赞助评估报告至少有三个方面的价值：第一，帮助赞助商评估投资回报；第二，为赞助商企业内部运营提供参考；第三，推动体育赞助协议的续签。既然体育赞助评估报告具有如此重要的价值和意义，那么体育赞助活动的版权方为赞助企业做好体育赞助活动的评估报告就显得十分重要。通过前面的分析可以看出，体育赞助活动的成效评估可以从经济价值、社会价值、环境价值三个方面来进行评价，但由于赞助商或是版权方，其评估的目标和要求不同，因此，版权方要根据不同利益相关群体尤其是赞助商的需要和诉求来进行评估报告的撰写。

---

① 搜狐体育. 体育赞助商怎么做赛后评估报告 [EB/OL]. http://sports.sohu.com/20161114/n473158965.shtml, 2016-11-14.

第四节 体育赞助评估报告的撰写

 一、体育赞助评估报告撰写的内容

（一）项目介绍

体育赞助评估报告的撰写，一个非常重要的内容就是体育赞助活动的情况介绍，在该部分要对赞助项目是什么、赞助方与运营方是谁、受众是谁、有哪些利益相关群体、评估维度有哪些、评估依据如何等相关内容进行简要介绍。

（二）参与情况

体育赞助评估往往基于一定活动，而活动是否有价值在很大程度上取决于受众的多少，因为受众的参与直接影响到体育赞助活动的价值。因此需要对活动上座情况、出席情况、观众分布情况等相关数据进行分析和说明。

（三）现场曝光

现场曝光是体育赞助方一直以来非常重视的，因此，需要将图像曝光（标牌展示、呈现区域等）、接收信息的现场观众人数等进行详细说明，如果可以，还可将体育赞助活动的曝光数量、地点、位置与预期目标进行比较，以图表的方式更加直观地进行阐述。

（四）广告与媒体曝光

广告与媒体曝光和现场曝光的途径与渠道稍有不同，主要通过电视、网络、杂志、报纸等相关渠道，其影响范围和受众更加广泛，因此需要将体育赞助对象的电视曝光（付费广告、公益广告、新闻报道等）、广播曝光（广播报道等）、纸媒曝光（广告宣传单、赞助相关文章、品牌标志呈现等）、自媒体曝光（邮件、微博、微信、Instagram、Snapchat等）等相关数据进行详细总结与梳理。

（五）赞助成效

不同于传统的体育赞助评估报告，评估项目的参与情况、现场曝光、广告与媒体曝光并不是体育赞助评估的结果，而是体育赞助评估报告评估的依据，因此该部分需借助价值工程理论，从成本与功能的比较来确定体育赞助项目的价值，这里的赞助成效主要根据受众的需要和诉求重点进行呈现。

（六）其他价值

不同的受众，体育赞助项目的评估报告撰写的侧重点不同，但从大的方面来说，主要从经济价值、社会价值、环境价值三个层面进行评价，主要视情况将受众可能关注的价值点进行阐述，如慈善捐助、员工参与（门票销售、志愿服务等）、经济影响等相关内容。

总的来说，体育赞助评估报告的撰写主要包括以上内容，但由于赞助项目和赞助对象的不同，赞助效果评价的内容会有差异，可视具体情况进行增减。值得注意的是，赞助商往往比较注重经济价值的实现，所以在进行体育赞助报告的撰写过程中，经济价值的成效往往需要进行重点呈现（图8-4）。

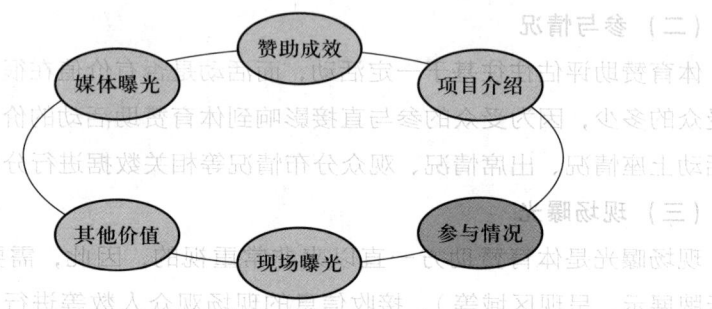

图8-4 体育赞助评估报告的内容

二、体育赞助评估报告撰写的要点

（一）保持实时沟通

体育赞助评估报告要满足多元主体的需求，除了赞助商、运营方、版权方几大重要的主体之外，还包括体育媒体、广告商、观众、社会大众、政府机构等其他利益相关群体，因此，在撰写体育赞助评估报告时应当通过多渠道了解信息，保持实时沟通，掌握各利益相关群体的需要和诉求，再根据多方面的需要，进行评估报告的撰写，且由于各利益相关群体的关注点和需求差异，根据实际需要完成多份评估报告的撰写。就目前体育赞助活动的实际情况来看，越来越多版权方和运营方开始将体育赞助评估报告加入到每年的工作总结中。2014—2015年赛季，NFL旧金山49人橄榄球队从烛台公园球场搬到李维斯球场后，修正了赛事回顾战略，新加入了阶段性的赛季总结，其中，体育赞助评估报告就是赛事运行过程中回顾和总结的一项重要内容。[1]而做好体育赞助评估报告最常规性的工作便是随时保持与各利益相关

---

① 搜狐体育. 体育赞助商怎么做赛后评估报告[EB/OL]. http://sports.sohu.com/20161114/n473158965.shtml, 2016-11-14.

群体的联络和沟通,及时掌握其需要和诉求。

(二)提供数据支撑

随着体育赞助活动的普遍化和常态化,尤其体育赞助活动在提升企业价值方面作用的日益凸显,使得赞助商越来越看重赞助回报,版权方也越来越倾向于在体育赞助评估报告中,加入内部研究和第三方研究的内容。在这一点上,版权方要尽可能用数据说话,而不要加入过多主观的判断。因为,虽然版权方了解赞助项目如何实施,但有可能不了解赞助商、代理商效果评估的标准,并且由于公司效果评估的标准不一,使得每家公司对每种分析工具的看法不尽相同。因此,要使信息更加全面、透明地展现给各利益相关群体,就需要为其提供多方的数据支撑,使合作方接收到更多有用信息。例如,旧金山49人橄榄球队会给每位合作伙伴一个数据包,内容包括来自NFL的分析、第三方研究分析和内部研究信息。这些数据涉及社媒参与度、媒体曝光度和品牌偏好变化等多维信息,球队还会把这些数据附在体育赞助评估报告中。49人橄榄球队在给赞助商提供一系列数据时,非常关注赞助商营销目标的相关信息。比如,球队在给Esurance车保公司的报告中重点提供社媒参与度的相关数据,为百事可乐公司提供更多媒体曝光度的数据。正是在这样一种策略之下,百事可乐公司赞助了"球迷露天平台",并在李维斯球场放置了可乐瓶盖形状的LED视频板。Festivals Inc公司赞助举办了"舌尖上的西雅图"(Bite of Seattle)等多项活动。因此,体育赞助活动的运营方要想打动赞助方不能仅仅提供体育赞助回报率的相关数据,而应该提供内部研究、第三方研究甚至整个行业的相关数据,提高赞助合作签约率。

三、体育赞助评估报告撰写的注意事项

(一)询问赞助商对报告内容的要求

体育赞助评估报告归根结底是给受众的,其中赞助商是体育赞助评估报告最核心的受众,因此,版权方(被赞助方)需要全面了解赞助商赞助目的及营销目标,询问赞助商需要什么数据(重点提供相关数据)以及数据呈现方式(纸质版、电子版或是视频)等,以便更好地策划和撰写赞助评估报告。

（二）充分考虑评估报告的多元受众

体育赞助评估报告具有多元受众，因此进行赞助评估报告的撰写时需充分考虑，赞助双方应通力合作，讨论赞助评估报告需要涵盖哪些内容、目标听众是谁、重点关注领域是什么，尤其要照顾对体育赞助行业不熟悉的人群，如高级管理人员、财务管理人员、新聘员工等。

（三）做好评估报告撰写的时间安排

体育赞助评估报告的撰写要详实且具有针对性，一定是长期策划和准备的结果，因此，赞助评估报告不能等赞助项目结束以后才开始着手，而应该提前准备，如果条件允许，应该在赞助活动初期就安排好专人负责，以确定报告数据搜集的连续性。对于赞助项目和赞助业务较多的运营方或版权方，撰写的时间安排、人员安排、内容安排要基本实现程序化，特殊情况下，视赞助项目的差异进行适当调整。

（四）注意评估报告内容的呈现方式

体育赞助评估报告不仅是一份资料、几幅图或资产列表，而应充分体现赞助双方合作的价值，成为双方继续合作的工具，因此要注意报告内容的呈现方式。一方面，要保证赞助评估报告的完整性。报告必须包括开头、主体和结尾且必须保证数据的准确，避免数据的错误和遗漏。另一方面，要保证赞助评估报告呈现的科学性和直观性。赞助评估报告呈现是用纸质版、电子版还是视频要视赞助报告受众及需求情况做不同的处理，通常情况下需做多种预案。

（五）及时为利益相关群体递交报告

体育赞助评估报告的撰写与制作完成以后，一定要及时递交给各利益相关群体，尤其要及时送达给赞助商。以体育赛事赞助为例，赞助评估报告通常要在比赛结束 30~45 天送达。如果赞助的时间较长，作为版权方（被赞助方）通常还要为常年合作伙伴提供季度报告，让赞助商及时了解项目的赞助成效。此外，在赞助报告递交后一周左右需与赞助商进行进一步沟通，了解赞助商对赞助项目及赞助报告的看法和建议，提升续约的概率。

（六）确保赞助评估报告信息真实可靠

作为体育赞助项目的版权方（被赞助方）需确保赞助评估报告信息的真实可靠，不能为了吸引赞助商而提供一些不实数据和信息，从而误导赞助商的判断，进而给其带来损失。只有真实、可靠、用心的赞助评估报告才有可能维护赞助商，提升赞助商的满意度，进而实现长期合作（图8-5）。

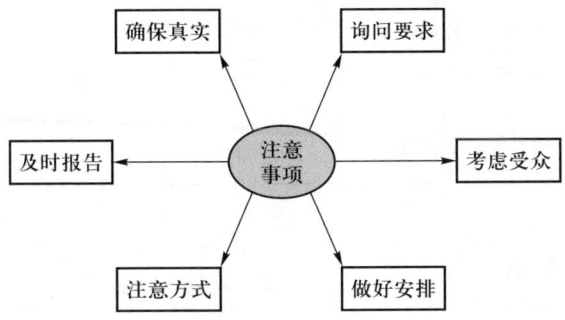

图8-5 体育赞助评估报告撰写注意事项

复习思考题：

1. 2015年11月第一届中国体育产业价值创新论坛于北京成功举办，泰山体育、优视传媒、乐视体育等企业对本次论坛进行了全方位赞助，论坛结束后，会务组需要为各赞助企业提供一份体育赞助评估报告，请根据所学内容论述该体育赞助评估的基本流程。

2. 任务实训

实训名称	体育赞助评估报告的撰写
实训目的	1. 了解体育赞助评估的依据 2. 掌握体育赞助评估的方法 3. 熟悉体育赞助评估的基本流程 4. 明确体育赞助评估报告撰写的要点及注意事项
实训组织	1. 教师介绍本次实训目的及需要提交的成果 2. 搜集相关案例作为参考 3. 内容撰写与自身体会紧密联系 4. 学生分组对不同体育赞助的案例进行评估 5. 小组派代表将评估报告撰写的内容向全班同学进行汇报并进行讨论和交流
实训环境	图书馆、网络资源、企业、教室

续表

实训名称	体育赞助评估报告的撰写
实训成果	1. 撰写分析报告 2. 做好 PPT，每组课堂汇报 8 分钟 3. 教师和学生提出质疑 4. 教师评比考核，计入实训成绩

本章参考文献：

［1］体育商业评论.如何衡量赞助价值——五个指标告诉你［EB/OL］. https://sanwen8.cn/p/327FemA.html，2016-08-16.

［2］王虎.国家文物局重点科研基地评估体系研究［D］.北京化工大学，2006.

［3］禹唐世纪体育.体育赞助的效益如何评估［EB/OL］. http://mt.sohu.com/201602101n437215417.shtml，2016-02-10.

［4］禹唐世纪体育.体育赞助的经济效益与战略选择［EB/OL］. http://www.wtoutiao.com/a/534581.html，2014-10-05.

［5］体育赞助网.体育赞助营销效用评估方法研究［EB/OL］. http://mt.sohu.com/20161028/n471666140.shtml，2016-10-28.

［6］邓里文.体育赞助营销中赞助商品牌形象转移的研究［D］.南开大学，2010.

［7］肖淑红.体育产业价值工程［M］.北京：北京体育大学出版社，2009.

［8］徐良.浅析价值工程在控制建筑工程造价中的应用［J］.价值工程，2011（23）:48.

［9］任利锋.浅谈价值工程在市政工程项目管理中的运用［J］.价值工程，2011（23）:65.

［10］搜狐体育.体育赞助商怎么做赛后评估报告［EB/OL］. http://sports.sohu.com/20161114/n473158965.shtml，2016-11-14.

第九章 体育赞助的法律问题

>>> **本章导语** >>>

体育赞助是社会主义市场经济条件下的一种商业行为,受市场法则的影响和制约,无论是体育赞助合同的签订还是知识产权的保护等,在其进行过程中,所涉及的相关法律问题,是不可回避的重要内容,更关系到体育赞助乃至我国体育事业的健康和可持续发展,本章将着重讨论在体育赞助过程中所涉及的相关法律适用与规制问题。

>>> **学习目标** >>>

了解我国体育赞助规范化的基本演进路径,熟悉体育赞助合同的主要特点,能够掌握并运用所学知识草拟体育赞助合同,理解法律规制的总体框架。掌握体育赞助纠纷的解决方式,理解与运用各种纠纷解决方式。熟悉体育赞助中的运动员姓名、肖像、名誉、荣誉这些无形资产保护的法律依据,理解运动员的姓名权、肖像权、名誉权、荣誉权的特点和保护要求。

第九章 体育赞助的法律问题

案例导入

原告上海东部软件园有限公司（以下简称东部公司）与被告上海申花足球俱乐部有限公司（以下简称申花俱乐部）体育赞助冠名权合同纠纷案：

2001年3月1日，东部公司与申花俱乐部签订了一份《托普集团冠名上海申花足球队协议》。东部公司诉称，协议签订后，东部公司按照协议履行了付款义务，但申花俱乐部并没有按约提供车身广告、电视直播广告与专栏节目广告，致使上海市主要媒体未能使用正确的冠名名称（即申花托普）对其进行相关报道。而且，申花俱乐部在第一年冠名权期间尚余3个月未履行的情况下单方面撕毁合同，于2001年12月将申花托普足球队全部转移至上海申花SVA文广足球俱乐部有限公司，导致东部公司冠名的球队已不复存在，因此东部公司拒绝支付第3期款项75万美元的冠名权费用。

第一节 体育赞助的规范化路径

我国关于体育赞助的立法较为单一，并未形成系统、全面的规范体系，更多的是交由体育行政主管部门、体育行业协会进行规范和管理。总的来说，关于体育赞助的规范经历了激励性管制、严格管制、在合意基础上的适度管制三个阶段。

第一个阶段是以体育法为核心的法律法规对体育赞助做出鼓励性、原则性的规定（并未规定争议解决方式）。1995年10月1日正式实施的《中华人民共和国体育法》（以下简称《体育法》）第四十二条规定："国家鼓励企业事业组织和社会团体自筹资金发展体育事业，鼓励组织和个人对体育事业的捐赠和赞助。"这是关于体育赞助最早的法律规定。随后浙江省、安徽省、甘肃省、辽宁省、内蒙古自治区相继制定了关于《体育法》的实施办法，但均未对体育赞助活动进行具体的规定。此阶段的体育赞助更多的是单向的无条件的奖励、捐赠，与商业性、互利性的体育赞助行为还有较大的差距，国家在管制原则上是鼓励、倡导型。

第一节 体育赞助的规范化路径

第二个阶段是将体育赞助的决定权明确由体育行政主管部门或体育行业协会行使，并对运动员对外参与商业活动进行严格的管理。原国家体委于1996年11月19日颁布《加强在役运动员从事广告等经营活动管理的通知》，通知中规定在役运动员的无形资产包括运动员的姓名、肖像、名誉、荣誉等属国家所有，在役运动员必须经批准，方可进行广告等经营活动。对未经批准参与广告等经营活动的，由国家体委或全国性单项体育协会或运动训练单位提出批评、限期改正、收缴其违纪所得，并视情节轻重，给予处罚，直至追究有关人员的政纪责任。1996年7月5日颁布的《社会捐赠（赞助）运动员、教练员奖金、奖品管理暂行办法》（国家体育运动委员会令〔1996〕第23号，现行有效）要求训练单位、运动队和个人不得接收社会捐赠（赞助）的奖金、奖品。国家游泳队在《国家游泳队在役运动员从事广告经营、社会活动的管理办法》中重申了国家游泳队在役运动员的无形资产属国家所有，在役运动员必须经游泳运动管理中心批准，方可进行广告经营活动和社会活动。

第三个阶段是从合同管理的理念出发，一方面要求运动员与所属协会签订合同，将对外接受赞助的权利交由所属协会行使；另一方面，强调商业开发活动应当服务于项目发展和运动队建设，有利于运动队的教育和管理，不得冲击队伍的正常训练秩序，影响队伍的稳定和发展。国家体育总局在《关于对国家队运动员商业活动试行合同管理的通知》（体政字〔2006〕78号）中指出，各单位应当根据本项目实际情况和工作需要，与进入国家队的运动员签署相关合同，对国家队运动员商业活动进行管理。同时在给出的合同范本中合同双方可以约定，运动员是将国家队运动员身份的商业开发权，还是以国家队运动员身份和以个人身份的商业开发权都归训练单位所有。国家体育总局乒乓球羽毛球运动管理中心要求申请注册运动员必须与其签订《乒乓球运动员标准合同》，并将运动员的肖像权等权利约定由管理中心行使，管理中心据此支付相应的报酬。此阶段的特点更多的是强调当事人之间的合意，运动员与管理中心约定将接受商业赞助的权利交由管理中心对外统一行使。但是，体育赞助合同并不是完全的契约自由，相反还是有反垄断法、广告法等方面的规制内容。

可以看出，我国体育法中对体育赞助进行了原则性的规定，但是相应的配套措施迟迟没有出台，仅停留在激励性的层面。此后，体育行政部门以及体育行业协会相继出台了多项严格的管理规定,将运动员对外参与商业活动的权利集中行使,由运动员管理协会代表运动员对外行使商业活动的权利,并逐步在商业化操作引入合同管理的理念中,允许由运动员管理协会与赞助商进行磋商,签订商业赞助合同。

第二节 合同法视角下的体育赞助合同

体育赞助是体育事业发展的重要动力,国家鼓励体育赞助。体育赞助合同纠纷及其解决影响着体育赞助商与体育事业的共同发展。但关于体育赞助合同的法律性质尚未有统一定论,合同法中也未对体育赞助合同的性质做出分类,从而无法给体育赞助合同的法律适用提供统一的规则,现针对体育赞助合同的性质界定,主要有赠与合同说、买卖合同说及广告合同说等,[1]随着我国体育事业的发展和我国社会主义市场经济改革的推进,与体育赞助相关的民事合同日益增多,作为一种已广泛应用的合同类型,明确体育赞助合同与合同法的关系,非常必要。

体育赞助合同即赞助商对运动员、体育运动队或俱乐部、体育协会或体育赛事提供资助,以获得推广产品或自身名誉、形象等回报,并将赞助商的形象与受赞助方的形象等同的合同。[2]体育赞助合同的当事人有赞助方和被赞助方,提供金钱、实物或劳务等的一方当事人称为赞助方,接受金钱、实物或劳务等的一方当事人称为被赞助方。[3]本节就从合同特点、签订主体以及合同内容具体介绍体育赞助合同。

一、体育赞助合同的特点

作为一种新的合同形式,体育赞助合同具有如下的特点:

(一)体育赞助合同是无名合同

在我国《合同法》中并没有将体育赞助合同确立为一种独立的合同类

---

[1] 蒙雪.论体育赞助合同的法律性质以及立法构想[J].广州体育学院学报,2009:27~31.
[2] 赵毅.意大利法镜鉴下的体育赞助合同——恒大亚冠违约案引发的思考[J].体育与科学,2016(02):71~79.
[3] 朱体正.体育赞助冠名合同的法律适用[J].天津体育学院学报,2008,23(5):409~412.

型，因此，体育赞助合同是一种新型的合同类型，与买卖合同、租赁合同等有名合同不同，体育赞助合同在合同法上没有"名分"，找不到与其适用直接相关的特殊的合同法规定，只能适用合同法总则的一般规定。体育赞助合同属于无名合同。

（二）体育赞助合同具有双务性

体育赞助合同具有双务性，合同双方互负义务。首先，在体育赞助合同中，赞助方负有按约定时间交付赞助金钱或实物的义务，受赞助方则应根据合同的约定给付合同对价，确保赞助方享有冠名权、广告权和其他产品或权利使用权。其次，双务民事合同中规定的先履行抗辩、同时履行和不安抗辩权也可以适用于体育赞助合同中，双方是对等的合同义务，因此，体育赞助合同具有双务性。

（三）体育赞助合同具有有偿性

体育赞助合同的有偿性体现在体育赞助合同双方获得的权利和利益均需要支付一定的对价。赞助方提供金钱、实物给受赞助方，受赞助方向赞助方提供冠名或广告等有利的商业性回报是体育赞助合同能否达成的主要参考因素，受赞助方获得赞助经费是其支付无形资产的主要原因，因此说体育赞助合同是有偿合同。

（四）体育赞助合同具有诺成性[①]

从合同成立条件的角度可以将合同分为诺成合同与实践合同。诺成合同，是指一旦缔约当事人的意思表示达成一致即告成立的合同。体育赞助合同一经成立，双方均负有对应的权利义务，任何一方都不得任意地变更或解除合同，这是体育赞助合同的诺成性体现。从这个角度来看，体育赞助合同不同于一般的赠与合同，赠与合同一般是实践合同，以交付赠与物为合同生效条件。

二、体育赞助合同的主体

体育赞助合同的当事人包括体育赞助中的赞助方和被赞助方，它们是平等的民事主体。民事主体的资格由民法规定，自然人、法人和合法的社会组织享有独立的法律人格，具有独立地参加民事活动并承担民事义务的

---

① 袁绍义.论体育赞助合同的法律适用[J].法商研究，2013（2）：105~112.

资格。

体育赞助中的赞助方是以支持体育事业发展或以最终盈利为主要目的，愿意为体育赛事组织者、运动员、运动队和俱乐部、体育场馆、体育行政部门等提供资金、实物或劳务支持的自然人、法人和其他组织。

体育赞助的被赞助方有各类体育运动组织、体育联盟（俱乐部）、运动员、体育赛事和体育场馆等。

三、体育赞助合同的内容

体育赞助合同的内容应包括双方的权利和义务以及权利义务所指向的对象，在合同中，双方权利义务所指向的对象也叫作合同标的，通常，合同标的不同，合同的内容也不同。合同标的一般是赋予当事人应当为或不为一定行为的义务，体育赞助合同作为一种无名合同，其合同标的也与其他有名合同存在区别，具体表现为赞助方的债的义务和被赞助方的行为义务。具体来说，体育赞助合同的主要内容包括如下方面。

（一）合同的生效和解除

合同一般自签订之日起生效，但也可以由当事人约定特殊的生效条件、生效期限。合同的解除，除了合同法规定的法定解除之外，体育赞助合同的当事人也可以约定具体的解除条件。

（二）权利与义务

赞助方的赞助义务主要包括赞助总额及赞助方式等，被赞助方的主要义务包括为赞助方提供冠名、广告宣传以及标示使用等权益回报内容。

体育赞助合同中所涉及的主要权利有：① 冠名权，如赛事的总冠名权、单项赛事冠名权、体育场馆冠名权、团队冠名权、运动队和俱乐部冠名权、志愿者冠名权等；② 称号使用权，如独家赞助商、合作伙伴、赛事指定产品商、赛事供应商等；③ 会徽、标志、吉祥物、运动项目及体育明星形象使用权；④ 各类广告宣传权；⑤ 商品的赛场专卖权等。

（三）违约责任

违约责任指的是，在一方合同当事人未按约定履行合同所约定的义务时，就违约行为给对方所造成的损失承担赔偿责任。如果合同中没有违约责任条款，只要未依法免责，违约方仍应承担赔偿损失、支付违约金等责任。

体育赞助中的违约类型主要有以下几种：

赞助方违约，例如，不按期履行资金给付义务，或者给付资金少于合同约定数额，使被赞助方无法按计划开展工作。

被赞助方违约，如赛事组织方故意夸大或者错误估计电视等传媒的配合程度，使赞助商获得的媒体曝光度远远小于承诺的预期结果。

赞助双方之外的第三方过失造成被赞助方不能完全向赞助方兑现预期的回报，例如，侵犯独家冠名权、侵犯第三人知识产权等情况，虽然这些情况并不属于直接的违约行为，但也会间接导致合同目的无法实现。

总之，体育赞助合同是在市场经济发展过程中出现的新的合同种类，目前还无法将其准确的安置于任何一种已有的合同类别之中。作为一种无名合同，体育赞助合同具有双务性、有偿性和诺成性等特点，在签订体育赞助合同时，除了要包括一般的合同内容外还应注意合同的生效时间和违约责任。

第三节 法律规制视角下的体育赞助

体育赞助行为具有公益性，体育赞助的行为和结果还会对社会产生公共性的影响，因此，它不单只受到作为私法的合同法规则的约束，还会受到经济法、行政法等法律、法规的规制。

一、体育赞助的行政规制

赞助活动是一类特殊的活动，政府会借助行政法规、地方性法规、行政规范性文件对其进行各方面的管控。其中，行政法规是指我国最高行政机关即国务院依照《宪法》规定的权限和法定程序制定和修改的规范性法律文件的总称。地方性法规是指享有立法权的地方人民代表大会及其常委会根据本行政区域的具体情况和实际需要，在不同宪法、法律、行政法规相抵触的前提下制定的只在本行政区内具有法律效力的规范性文件。①行政规范性文件则是行政机关及被行政机关授权的组织，为实施法律和执行政策，在法定权限内制定的，除行政法规和规章以外的决定、命令等普遍性行为规则的

---

① 张文显. 法理学 [M]. 北京：高等教育出版社，2011：56~57.

总称。

（一）赞助合同内容和形式的规制

虽然赞助行为是赞助方与被赞助方之间的意思自治行为，但赞助合同的具体内容和形式将收到行政规制。

《浙江省体育局赞助管理办法（试行）》就有规定赞助的形式为体育捐赠、体育广告、商业赞助。在商业赞助中，被赞助方可以提供的主要支持与回报有活动的举办权和专有经营权、体育组织和体育团队的名称标志的使用权、场馆和比赛设备的命名权、体育名人的广告权和代理权等。

《国家体育总局工作规则》第四十二条就有规定总局各单位与赞助商、合作伙伴签订赞助合同时，不得将总局领导出席礼仪性活动作为履约条件并明确要求赞助商不得将总局领导的题词、合影等用于商业活动和广告宣传。这说明不是任何赞助内容和形式都可以自由约定，有一些赞助合同的内容和形式是受到限制或禁止的。

（二）被赞助方主体资格的规制

虽然国家鼓励体育赞助活动，但并不是任何主体都有资格参与体育赞助活动，如《社会捐赠（赞助）运动员、教练员奖金奖品管理暂行办法》第五条就有规定："各训练单位、运动队和个人不得接收社会捐赠（赞助）的奖金、奖品。"又如《浙江省体育局赞助管理办法（试行）》第十条也规定："组织赞助活动、接受体育赞助的单位，必须具有独立的法人资格，不得以单项目或个人名义组织任何赞助活动或获取赞助收入。"这意味着只有特定的组织机构有资格才能接受赞助，运动员、运动队是不能私自接受赞助的。

（三）赞助资金、物品分配、管理行为的行政规制

在体育赞助活动中，赞助方往往会给予被赞助方一定的金钱或物品，如果对于赞助金与赞助物品不进行监管，很容易造成问题。因此，赞助的资金、物品的分配与管理活动也是行政规制的重要方面。

在赞助资金物品分配方面，被赞助的运动员、教练员往往不能独享全部赞助金与赞助物品，如《社会捐赠（赞助）运动员、教练员奖金、奖品管理暂行办法》第三条就有规定："捐赠（赞助）者以亚洲及亚洲以上单项比赛或其他名义捐赠（赞助）给运动员、教练员及有功人员的奖金、奖品，由全国性单项体育协会接收，捐赠（赞助）的奖金按不低于70%奖励运动员、教练员及其他有功人员，其余部分留作单项体育协会发展基金"；该办法第九

条则规定："捐赠（赞助）给参加全国及全国以下各类比赛运动员、教练员及有功人员的奖金和奖品的接收、分配，由各省、自治区、直辖市体委结合本地区的实际情况，参照本办法的有关规定，制定具体办法，经主管部门批准后实施，并报国家体委备案。"

在赞助资金管理方面，有些法律也对赞助资金的财务管理进行了详细的规定，如《浙江省体育局赞助管理办法（试行）》第十一条就有规定："赞助收入（包括实物和现金）必须全部交由单位财务部门入账，统一管理，合理使用。中介机构联系赞助的提成最高不得超过总赞助额的15%。用于赞助出资单位宣传、推广等费用最高不得超过总赞助额的5%。省财务局、审计局、纪检监察等部门应当对赞助活动的组织和赞助经费的使用进行监督和检查。"

（四）体育赞助的审批规制

体育赞助活动中的某些内容需要经过相应主管部门的审批，审批通过后方可进行；赞助数额较大、重要性较高的体育赞助活动往往也要进行审批。

《黑龙江省体育经营活动管理条例》第十三条就规定："体育竞赛、体育表演活动的名称、徽标、吉祥物，应当经体育主管部门审批后，到其他部门办理相关手续。"这意味着涉及冠名、吉祥物等内容的赞助活动需要通过相应机构的审批。

《浙江省体育局赞助管理办法（试行）》第九条规定："省局系统组织的赞助活动，由省局体育经济处负责协调管理。赞助数额较大（50万元以上）的重大赞助协议或合同，还必须经省局政策法规处进行合法性审核后，报局分管领导审批。"

（五）体育赞助行政规制的特点与不足

1. 相关法律法规零碎分散、缺乏系统化

目前我国有许多行政性法律、文件对体育赞助活动进行调整，但这些条文常常散见于各种法规、规定、通知中，少有集中性的针对体育赞助的法律和文件，体育赞助法没有构建成完整体系，缺乏系统化。因此，为了更好地促进和规范体育赞助活动，应当对体育赞助活动进行系统化立法，建立单行的法律法规，让体育赞助法形成体系。

2. 被赞助方主体资格单一、个人利益缺乏保障

根据我国现有规定，运动员个人、运动队等都不能以自己的名义接受赞

助，只有特定的机构能够接受赞助，而这些机构往往都是各级体育行政机关，这就使得具有接受赞助的主体资格单一，体育赞助行政主导意味浓重，赞助接受权垄断在行政机关手中。此外，相关运动员个人、运动队无法获得全部赞助资金和物品，只能按比例分成，且相关财务管理规定的设计也不利于运动员个人、运动队权利的保护，这使得运动员个人、运动队在体育赞助活动中处于不利地位。这种规定与我国体育行政主导的管理体制是有关的，这种管理体制具有一定的合理性，但缺乏对运动员、运动队的尊重与保障，且容易引起运动员的不满。在实践中，已出现多起运动员因赞助问题与体育运动队、体育主管部门产生纠纷的案例，如宁泽涛与游泳中心的纠纷。

3. 相关法律陈旧、效力级别较低、立法质量较差

有很多调整体育赞助的法律文件颁布的时间较早，在颁布后没有适时修订，出现了相关规定陈旧过时的情况。如《社会捐赠（赞助）运动员、教练员奖金奖品管理暂行办法》颁布于 1996 年，颁布时只是暂行的管理办法，如今已经过去了 20 年，仍然只是一部暂行办法，而社会经济环境却已相较颁布时已发生巨大变化，导致其内容有很多地方已经不能适应新时代的要求。又如包含许多赞助资金财务管理规定的《全国性单项体育竞赛财务管理办法》颁布于 2000 年，同样也存在着陈旧过时的问题。

另一方面，许多调整体育赞助的法律文件效力层级较低、制定主体级别较低，很多仅为部门规章甚至只是通知和管理办法，在效力层级上远无法和全国人大及其常委会制定的法律、国务院制定的法规相比。此外，有许多文件仅仅是"暂行规定""暂行办法"。

这些情况都导致了调整体育赞助的法律文件质量较差，不利于通过法律对体育赞助活动进行规范引导。为了更好地促进体育赞助发展，应当加强改善立法，让相关规定跟上时代的步伐，提升相关法律的效力级别，提高立法的质量。

二、体育赞助的经济法规制

体育赞助活动具有商业性，有时甚至会影响经济秩序，因此体育赞助活动也受到经济法的规制。经济法是调整国家在协调本国经济运行过程中发生

的经济关系的法律规范的总称。①反垄断法、反不正当竞争法、广告法等法律都是经济法的组成部分,这几部法律中都有一些条款对体育赞助活动进行规制。

(一)反垄断法对体育赞助的规制

许多体育赞助活动与垄断有关,如特许经营、独占许可销售、赛事独家转播等具有排他性的赞助活动可能具有排除、限制竞争的效果性质,因此它们可能会受到《反垄断法》的规制。如在2008年北京奥运会中,中国银行成为奥运会的赞助商,获得了独占奥运门票的销售权,并且中国银行作出规定,如果要预定和购买奥运会门票,必须使用中国银行的银行卡或Visa的银行卡。在这个案例中,中国银行独占了奥运会门票的销售市场,在特定市场中获得了支配地位。此外,中国银行还滥用其支配地位,要求购买门票的消费者必须使用自己的银行卡进行支付,如果消费者没有中国银行的银行卡,需要先在该银行开户,这就构成了"没有正当理由搭售商品,或者在交易时附加其他不合理交易条件"的滥用市场支配地位行为,该行为违反了《反垄断法》第十七条,是我国法律明令禁止的垄断行为。

(二)反不正当竞争法对体育赞助的规制

不正当竞争行为是指违反我国《反不正当竞争法》规定,损害其他经营者合法权益,扰乱社会经济秩序的行为。《反不正当竞争法》列举规定了多种不正当竞争行为,分别是:采用欺骗性标志从事交易行为、商业贿赂行为、虚假宣传行为、侵犯商业秘密行为、压价排挤竞争对手行为、不当有奖销售行为、诋毁商誉行为。这些行为有的侵害了竞争对手的合法权益,有的侵害了消费者的合法权益,均对正常的市场竞争秩序造成了破坏,为《反不正当竞争法》所禁止。

在体育赞助中也会出现不正当的竞争行为,因此体育赞助活动也受到《反不正当竞争法》的规制。体育赞助活动中常见的不正当竞争行为主要是欺骗性标志行为、虚假宣传行为。有时不正当竞争行为是赞助商自己实施的,如赞助商超出授权范围使用赛事相关标识、夸大赞助范围;有时不正当竞争行为是赞助商的其他竞争对手实施的,如伏击营销行为。有的进行埋伏营销行为的行为人未经许可私自生产制造体育赛事特许产品,以虚假标示的

---

① 杨紫烜. 经济法 [M]. 北京: 北京大学出版社, 2014: 22.

方式攫取交易机会；有的假借体育赛事之名对自己进行宣传，或雇佣观众穿戴使用其产品、直接赞助运动员个人让其比赛时穿戴使用其产品，以虚假宣传的方式欺骗消费者。这些行为违反了《反不正当竞争法》第五条、第九条的规定，损害了消费者的合法利益，还损害了赛事主办方、赞助商的合法权益，还会打击企业赞助体育赛事的积极性，减少赛事主办方收入，不利于体育赛事的举办。

（三）广告法对体育赞助的规制

体育赞助活动常常涉及广告宣传活动，有的被赞助方给予赞助方的赞助回报就是广告机会。所有的广告活动都会受到《广告法》的规制，体育赛事中的广告活动也不例外。

在广告宣传内容方面，并不是所有的商品都可以借助体育赞助活动进行宣传。《广告法》第二十二条就明文规定禁止在大众传播媒介或公共场所、公共交通工具、户外发布烟草广告，而体育赛事活动常常通过大众传播媒介进行直播、转播，赛事举办地点常常是公共场所，因此体育赞助是不能为烟草产品进行宣传的。除了禁止烟草广告外，《广告法》中还有许多条文对广告的内容、形式等方面进行规制，如"禁止在大众传播媒介或者公共场所发布声称全部或者部分替代母乳的婴儿乳制品、饮料和其他食品广告"、"广告应当具有可识别性，能够使消费者辨明其为广告"、"广告不得含有虚假或者引人误解的内容，不得欺骗、误导消费者"等，这些条文同样适用于体育赞助中的广告活动。

（四）税法对体育赞助的激励性规制

体育赞助活动除了具有商业性之外，还具有公益性的属性，因此，国家会对一些体育赞助活动提供税收优惠等政策，以鼓励体育赞助，推动体育事业的发展。《财政部、国家税务总局、海关总署关于第29届奥运会税收政策问题的通知》中就有多项规定，如"对国际奥委会取得的来源于中国境内的、与第29届奥运会有关的收入免征相关税收"、"对企业、社会组织和团体捐赠、赞助第29届奥运会的资金、物资支出，在计算企业应纳税所得额时予以全额扣除"等。有时，税收相关部门还会对个别企业的赞助行为做出更为具体的规定，如《财政部、国家税务总局关于中国银行股份有限公司赞助第29届奥运会有关税收问题的通知》等。

总而言之，体育赞助行为关系到公共利益，一套良好的法律规则可以促进体育产业的发展,满足人民日益增长的文化需求,还能为企业提供商业利益,可谓一举多得。想要充分发挥体育赞助对社会的积极影响,就必须规范体育赞助行为,让体育赞助活动合理有序地进行。经济法、行政法的法律和法规作为公共权力调节市场运作的手段,规制了体育赞助活动中的各种行为,为体育赞助的良性发展保驾护航,使得在体育赞助活动中,各方主体都要注意自己的行为,一方面利用好具有鼓励性、优惠性的政策和规定,另一方面也要避免触及法律这一条红线。

 第四节 体育赞助中运动员无形资产的法律保护

 一、运动员无形资产保护的法律依据①

体育赞助与运动员的商业开发密切相关。作为体育赞助的对象,赞助方享有使用运动员的肖像、姓名、签名及其复制件、声音等以及其他与运动员人格和身份有关的各种标识进行商业推广和宣传等活动,具体而言,运动员被要求参与拍摄广告、制作各种电视节目和录音节目、制作或出版各种图书及音像制品、出席现场活动等。在此过程中,运动员的姓名、肖像、名誉、荣誉等无形资产往往成为商业活动中的核心价值形态。

实际上,运动员的姓名、肖像、名誉、荣誉是受宪法、法律保护的人身利益,运动员依法享有姓名权、肖像权、名誉权、荣誉权。

我国《宪法》第三十八条规定:"中华人民共和国公民的人格尊严不受侵犯"。《民法通则》第五章第四节明确规定自然人享有姓名权、肖像权、名誉权、荣誉权等具体人身权;《侵权责任法》第二条将姓名权、名誉权、荣誉权、肖像权作为人身权益加以保护,并规定了侵害他人人身权益应承担的责任方式。

根据《民法通则》与《侵权责任法》,运动员的姓名权、肖像权、名誉权、荣誉权受到侵害的,有权要求停止侵害、恢复名誉、消除影响、赔礼道

---

① 本节的无形资产特指运动员的姓名、肖像、名誉、荣誉。

歉，并可以要求赔偿损失。

二、运动员无形资产保护的认识误区

虽然 1986 年我国就制定了《民法通则》，但对运动员无形资产的人身利益保护自体育商业开发之初就没有得到应有的重视，这里面有认识上的误区，即将运动员的人身利益简单化为国家的无形资产。例如，原国家体委于 1996 年颁布的《关于加强在役运动员从事广告等经营活动管理的通知》中第一条第一款规定："在役运动员的无形资产属国家所有。因此，在役运动员必须经组织批准，方可进行广告等经营活动"。中国游泳协会在 2011 年下发的《国家游泳队在役运动员从事广告经营、社会活动的管理办法》中也强调"国家游泳队在役运动员的无形资产属国家所有"。

一方面，随着竞技体育的商业化、职业化，运动员的商业无形资产在其取得优异竞技成绩的同时，商业价值日益凸显；另一方面，我国现役运动员主要由国家培养，在运动员无形资产国有认识的支配下，在相关法律缺失的情况下，运动员管理机构容易侵犯运动员的权利，运动员的利益也就容易受到损害。例如，2011 年 8 月 29 日，上海游泳世锦赛"双料冠军"孙杨在毫不知情的情况下被国家游泳队单方面决定由其代言商业广告，而印有世锦赛夺冠照片的饮料早已投放市场。

在我国现阶段，国家投入仍然是竞技体育发展的主要渠道和保障。对多数运动项目而言，运动员的名誉、荣誉等无形资产的形成是国家、集体大力投入、培养和保障的结果，同时也离不开运动员个人的努力。另外，随着社会主义市场经济的进一步发展，体育产业的作用日益凸显，尊重运动员的姓名权、肖像权、名誉权、荣誉权，保护运动员的合法权益，将是我国体育法律发展过程中应该高度重视并予以解决的重要问题。

认识上的纠偏需要一定的主客观条件。随着我国经济的发展、竞技体育的改革以及国际体育产业化浪潮的推进，多元化的运动员培养和投资模式对我国某些职业化运动项目的渗透，对运动员人格利益的尊重与保护也开始受到重视。2006 年国家体育总局颁布《国家体育总局关于对国家队运动员商业活动试行合同管理的通知》（同时废止上述 505 号文），围绕国家队运动员的商业活动，以合同管理的方式明确约定管理单位与运动员的基本关系及相关权益的处置。该通知所提供的《国家队运动员商业开发合同（参考文

第四节 体育赞助中运动员无形资产的法律保护

本）》的许多条款要求管理单位（甲方）对运动员（乙方）人格利益的尊重和保护。例如，"甲方保证按照合同约定进行商业开发，并维护乙方的人格尊严、名誉和荣誉"；"在商业开发中，由于甲方原因给乙方形象、名誉、荣誉等造成损害的，乙方有权追究甲方法律责任"。

三、运动员无形资产保护的特点与要求

（一）运动员无形资产保护的特点

从权利主体来看，运动员所享有的姓名权、肖像权、名誉权、荣誉权是专有权，他人不得享有，这体现了姓名、肖像、名誉、荣誉与运动员之间的人身依附属性。

从义务主体来看，除了运动员本人之外，任何人都是义务主体，都负有不得侵害其姓名权、肖像权、名誉权、荣誉权的义务，具体而言，包括不得非法干涉、擅自使用、冒用、诋毁他人上述人格利益。

（二）运动员无形资产保护的要求

在体育赞助活动中，涉及运动员的姓名、肖像、名誉、荣誉等无形资产的，接受赞助方（运动单位、管理单位）一定要树立人格权受保护的法律意识，做到事前征得运动员的同意，并支付合理的报酬。

1. 获取同意

未经同意，擅自使用运动员的姓名、肖像、名誉、荣誉是认定侵害上述人格权的核心要件。因此，为避免侵权，接受赞助方应该事先告知运动员商业开发活动的基本情况，并取得运动员的同意。

2. 支付合理的报酬

接受赞助方因商业赞助而使用运动员的姓名、肖像、名誉、荣誉是能够获取一定经济利益的，应当向运动员合理分配该经济利益作为使用运动员无形资产的对价。接受赞助方不能认为运动员同意其使用就意味着可以无偿使用。《民法通则》第四条规定："民事活动应当遵循自愿、等价有偿、诚实信用的原则。"合理支付报酬是该原则的基本要求，因此，接受赞助方最好在事前以合同的方式与运动员协商确定，免得事后被法院认定为侵权行为，或因合同约定不明确而产生纠纷。

第五节 体育赞助纠纷解决方式

体育赞助已成为体育赛事中不可缺少的一部分。一方面，赞助方希望通过为赞助来提升企业的知名度并从中获得商业价值。另外一方面，由于赛事举办资金的短缺，被赞助方也希望获得赞助，让赛事能够产生更大的影响，从而达到双赢的效果。但是，在体育赞助运行的过程中，赞助方的利益不能得到绝对的保障，时常与被赞助方以及运动员的个人赞助发生冲突。为了更好地协调赞助方与被赞助方的利益关系，建立起规范有序的体育赞助秩序，妥善解决体育赞助中的纠纷问题是体育赞助管理过程中的关键一环。

结合我国目前的司法制度，体育纠纷主要的解决方式包括和解、调解、诉讼与仲裁。

一、和解

和解指的是双方当事人约定互相让步，不经法院以终止争执或防止争执发生。以 2005 年发生的一个案件为例，因中国足协对陕西国力俱乐部进行处罚，作为赞助商的哈啤集团在前期投入的大量资金打了水漂，导致不能履行约定的合同义务，给哈啤集团的声誉和形象带来了伤害。为了妥善解决合同履行的问题，双方经过磋商，最终达成和解。但是，在赞助纠纷发生后，由于双方利益的冲突，更多的纠纷并不能通过和解的途径加以解决。

二、调解

调解是指双方当事人以外的第三者，以国家法律、法规和政策以及社会公德为依据，对纠纷双方进行疏导、劝说，促使他们相互谅解，进行协商，自愿达成协议，解决纠纷的活动。以 2004 年中国足球联赛赞助商西门子的退出为例，在整个纠纷解决过程中，国家体育总局足球运动管理中心作为体育行政主管部门，主持了纠纷解决的整个过程。[1]

---

[1] 周文渊. 西门子退出 2005 中国足球找谁玩？[N]. 中国新闻周刊，2005（06）.

三、诉讼

诉讼指公民、法人、其他组织因其合法权益受到侵害或者与他人发生财产权益争议，可以依照法律规定向人民法院提起民事诉讼。

2007年9月，原告盈方体育传媒广告（北京）有限公司、中国篮球协会诉被告贵人鸟（中国）有限公司侵犯商业赞助权和赛事经营运作权，原告诉称贵人鸟公司未经授权冒充中美巴（中国、美国、巴西）三国国际篮球对抗赛"运动装备合作伙伴"，并盗用中国国家篮球队球员姚明、王治郅、易建联的形象，通过中央电视台第五频道进行广告宣传。而贵人鸟公司辩称，依据贵人鸟公司与"中美巴三国国际篮球对抗赛"组委会的合同，公司有权使用赛事顶级运动装备合作伙伴的赞助商资格，并有权使用涉案球员的肖像权。法院经审理认为，中国篮协、盈方公司作为授权者，贵人鸟公司作为被授权者，二者并不存在对等地位，因此，贵人鸟公司的行为不会对中国篮协和盈方公司获得的国家队相关商业赞助权和赛事经营运作权产生影响。法院因此对诉求不予支持。①在整个诉讼过程中，法院作为国家审判机关对权利义务关系进行审理。

体育赞助合同具有其本身的特殊性，它与普通的民事合同有所不同。除了涉及赞助双方的利益外，还涉及反垄断法等相关问题，在美国，有很多针对体育赞助合同进行反垄断诉讼的案件。体育赞助合同具有商事特征，涉及赞助金额、赞助年限等商业秘密的问题，需要采取不公开审理的方式。

四、仲裁

《中华人民共和国仲裁法》第2条规定，平等主体之间的公民法人和其他组织之间发生的合同纠纷和其他财产权益纠纷，可以仲裁。体育赞助合同双方当事人为平等主体，即使一方当事人为体育行政管理部门，但它在体育赞助合同中是合同的一方当事人，与合同的相对方之间是典型的平等法律关系。《体育法》第三十三条规定："在竞技体育活动中发生的纠纷，由体育仲裁机构负责调解、仲裁。体育仲裁机构的设立办法和仲裁机构范围由国务院另行规定。"仲裁是一项具有高度专业性、保密性并且充分尊重当事人意思

---

① 根据北京市朝阳区人民法院（2007）第02389号民事判决书。

自治的解决方式，符合体育赞助纠纷解决的特点与需求。

在竞技体育活动中，作为体育仲裁范围的体育赞助合同纠纷理所应当地受《仲裁法》的调整。在仲裁申请的程序上，根据《仲裁法》第二十一条的规定，当事人申请仲裁应当符合下列条件：（一）有仲裁协议；（二）有具体的仲裁请求和事实、理由；（三）属于仲裁委员会的受理范围。体育赞助合同的双方当事人可以在纠纷发生前或者纠纷发生后将有效的仲裁协议提交给仲裁委员会。这种体育赞助的仲裁协议是当事人申请民商事仲裁的前提，必须有明确的仲裁意愿并选定具体的仲裁机构。

国际上，体育赞助合同纠纷可以申请专门的国际体育仲裁院进行仲裁，但我国目前并未建立专门的体育仲裁法庭。为了更好地解决好此类纠纷，我国的仲裁委员会应当吸收一些既懂法律也懂体育的综合人才担任仲裁员，尽可能地参与解决体育赞助合同纠纷。

我国体育产业正处于飞速发展阶段，以中超、CBA 等为代表的体育联赛正受到社会公众以及投资者越来越多的关注，可以预见，未来商业赞助而非传统的财政拨款将成为许多体育运动资金来源的主要形式。但另一方面，赞助行为的增多则意味着相关争议也会越来越多。建立专业、公正且高效的纠纷解决机制以及统一、独立的体育仲裁制度解决体育赞助纠纷，为体育市场化的健康发展提供保障，有助于我国体育产业的进一步发展。

最后，随着体育赞助在赛事中地位的提升，如何平衡赞助方与被赞助方的利益已成为影响赞助双方纠纷解决的重点因素。体育赞助本身专业性强，纠纷的解决需要一个更加科学可行的方式。为了更好地发挥体育赞助对体育赛事的推动作用，我们要从实际情况出发，按照公平与效率相结合的原则，灵活运用和解、调解、仲裁等解决办法，争取更加有效的解决纠纷，促进体育赞助管理整体体系的完善。

复习思考题：

1. 我国体育赞助的规制体系主要包括哪些法律？
2. 简述体育赞助合同的主体和内容。
3. 在我国司法体系下，解决体育赞助纠纷的方式有哪些？适用时应注意什么问题？

4. 运动员的"无形资产"是否包括肖像权？国家队运动员应否享有自由使用肖像权的权利？

本章参考文献：

[1] 向会英. 论体育赞助的法律规范与保护 [J]. 体育科研，2011，32 (3)：31~35.

[2] 袁绍义. 论体育赞助合同的法律适用 [J]. 法商研究，2013 (2)：105~112.

[3] 朱体正. 体育赞助冠名合同的法律适用 [J]. 天津体育学院学报，2008，23 (5)：409~412.

[4] 张杨. 试论体育赞助协议的法律效力 [J]. 天津体育学院学报，2001，16 (3)：33~35.

[5] 蒙雪. 论体育赞助合同的法律性质以及立法构想 [J]. 广州体育学院学报，2009，29 (3)：27~31.

[6] 林琼. 比较法视野下刍议我国体育明星商业活动之困境——从孙杨"被代言"事件谈起 [J]. 武汉体育学院学报，2013 (3)：42~46.

郑重声明

高等教育出版社依法对本书享有专有出版权。任何未经许可的复制、销售行为均违反《中华人民共和国著作权法》，其行为人将承担相应的民事责任和行政责任；构成犯罪的，将被依法追究刑事责任。为了维护市场秩序，保护读者的合法权益，避免读者误用盗版书造成不良后果，我社将配合行政执法部门和司法机关对违法犯罪的单位和个人进行严厉打击。社会各界人士如发现上述侵权行为，希望及时举报，本社将奖励举报有功人员。

反盗版举报电话　（010）58581999　58582371　58582488
反盗版举报传真　（010）82086060
反盗版举报邮箱　dd@hep.com.cn
通信地址　北京市西城区德外大街4号
　　　　　高等教育出版社法律事务与版权管理部
邮政编码　100120